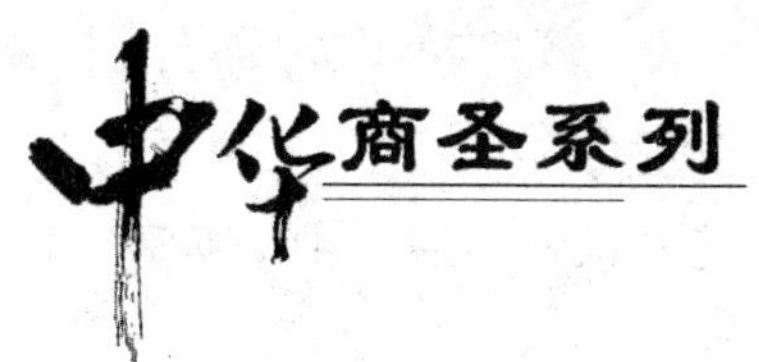

拓台先驱
郑芝龙

姜正成◎主编

中国财富出版社

图书在版编目（CIP）数据

拓台先驱郑芝龙/姜正成主编. —北京：中国财富出版社，2015.2
（中华商圣系列）
ISBN 978-7-5047-5495-0

Ⅰ. ①拓…　Ⅱ. ①姜…　Ⅲ. ①郑芝龙（1604～1661）-传记
Ⅳ. ①K827=48

中国版本图书馆 CIP 数据核字（2014）第 280758 号

策划编辑	王秋萍	责任印制	方朋远
责任编辑	张　静	责任校对	杨小静

出版发行	中国财富出版社		
社　址	北京市丰台区南四环西路 188 号 5 区 20 楼	邮政编码	100070
电　话	010-52227568（发行部）		010-52227588 转 307（总编室）
	010-68589540（读者服务部）		010-52227588 转 305（质检部）
网　址	http://www.cfpress.com.cn		
经　销	新华书店		
印　刷	北京柯蓝博泰印务有限公司		
书　号	ISBN 978-7-5047-5495-0/K·0173		
开　本	640mm×960mm　1/16	版　次	2015 年 2 月第 1 版
印　张	16.75	印　次	2015 年 2 月第 1 次印刷
字　数	239 千字	定　价	38.00 元

前言 QIAN YAN

郑芝龙，字飞黄（飞龙），名一官。福建南安人，生于明万历三十二年(1604年)，卒于1661年清顺治十八年。

郑芝龙自幼好武厌读，16岁便离家远游，到澳门投奔舅舅。这个少年在海贸和武功方面显示了非凡才能。他的商业团伙以台湾为基地，建立起亦商亦军的武装船队，武力夺取金门、厦门两岛，大败福建水陆官军，实力遍及闽南、粤东沿海。20多岁便成为亦军亦商的东南“海上王”。他受招抚以后，多次剿灭海寇，6年内两度抗荷，均获全胜，连连升迁，30多岁便升任福建最高军事长官。然后，官商一体，大兴海上贸易，富甲天下，泽及八闽。清军入闽，他不顾儿子和弟弟反对，毅然向清朝投诚。他的投清，是看透了南明复兴无望，清朝武力统一全国大势所趋，自然也包括清朝许他官爵，可以保住既得利益。儿子郑成功坚持抗清复明，大义大忠，于是，父子分道扬镳。郑成功在与父亲决裂后，致弟信说，“汉有子瑜而有孔明，楚有伍尚而有子胥”。虽然说的是“兄弟之间，各行其志，各尽其职焉”，不也是说明自己的事业与乃父的相承关系吗？郑成功打进台湾，其代表理直气壮地对荷兰总督说："此地非尔所有，乃前太师练兵之所。今天，少主人收复故土来了。"

郑芝龙这样一个开拓台湾的先驱、17世纪的抗荷英雄，为儿子郑成功收复台湾创造基本物质基础（当时中国最具战斗力的郑家水师）的风云人物，长期受着贬斥。史料中的郑芝龙，总是海盗和投降派的形象，陪衬他人。为避美化海盗之嫌，对其伟大历史功绩和贡献，总是一笔抹杀，以致国人皆知郑成功，却很少有人知道郑芝龙。其实，郑芝龙是一位有人生瑕疵的伟大人物。郑氏父子两代相继，才有开拓台湾、收复台湾的不朽功业。

历史进程是复杂的，人的经历和性格也是复杂的。是英雄便没有污点，有污点者便不是英雄，似乎太绝对了。理想化的英雄离实际太远。

古代海上贸易，不管东方还是西方，往往与武装劫掠有关。实行禁海闭关的明朝政府，把违禁出海武装自卫的海商统统视为海盗。专事抢掠的海盗固然有，然而，海商和海盗却大有差异。郑芝龙不搞武装自卫便不会有夺金、厦和大败官军的郑家水师（当然，他也有海上抢掠行为）。然而，他的目标很明确，要求海贸自由，并积极促成招抚，主动承担起维护海疆安宁的重任。他做了明朝军官，发展了海贸，促进了福建经济，肃清了海盗，两次大败荷军入侵。朝野官绅却总鄙薄其海盗出身。倒是他的福建同乡黄献臣撰文热情颂扬他："胸罗十万甲兵，气吞八九云梦，东南半壁，倚为长城。十余年养兵，不费公家一粒；四五郡凋疲，全资搬运诸艘（指移数万灾民到台湾）……历数古今名将，靖国难，建奇勋，代不乏才；至若自给兵粮，解君忧，苏民困，千古一人而已！"

本书对郑芝龙和郑成功的生平大事、个人气魄、为人处世以及策略掌控等方面进行了详尽的分析，全面展现了郑氏父子的成功绝学。

由于编写时间仓促，加之知识的欠缺，我们不可能在有限的篇幅内穷尽郑芝龙的点点滴滴。书中也难免存在不足之处，衷心恳请广大读者在阅读浏览过程中不吝提出批评、指正意见，我们不胜感激。

MU LU

第一章 进退失据：海商无奈抉择

明朝中后期，不断加强的海禁政策一方面使中国逐渐走向了闭关锁国的状态，另一方面让曾经繁华的对外贸易也日趋衰落。一些沿海以对外贸易为生的商人日益不满，他们铤而走险，逐渐成为东南沿海的海盗。

第二章 崭露头角：一代枭雄的崛起

郑芝龙出生在一个海商世家，受到商人气息的影响。而他在因缘际会下成了东南海盗的龙头，更为郑氏的商业提供了后台。郑芝龙虽与官军几次冲突，但他心中仍然希望能够被朝廷“招安”。

第三章 拓台先驱：成为海上霸主

连败官军不过是郑芝龙的自保措施，在熊文灿的诚心劝说下，郑芝龙终于“归顺”了朝廷，成为了一个亦官亦商亦盗的海上王者。他又将在日本的儿子郑成功接回，努力把他培养成为自己的接班人。

第四章 乱世徘徊：奔走新旧政权

就在郑芝龙再次击败荷兰，巩固自己的商业帝国，接回多年未见的妻子，享受着快乐时光的同时，明朝在农民起义军以及关东满军的夹击之下亡国了。面对如此混乱的情形，郑芝龙需要再做一番考虑。

第五章　分道扬镳：父子形同陌路

郑芝龙与郑成功虽然在隆武政权中地位显赫，但父子二人的心情却是迥然不同的。郑芝龙心里清楚，在清朝铁骑的蹂躏下，小朝廷是支撑不了多久的，投降清朝、保全自身利益的念头在郑芝龙心中萌发；而郑成功却有着为隆武帝赴汤蹈火的抱负。从此，父子二人便走上了一条截然相反的道路。

第六章　踌躇满志：扯起抗清旗帜

郑成功最终走上了抗清的道路，他的态度十分坚决。即使清廷一次次派人南下进行招抚，即使郑芝龙也写信劝说，但郑成功始终没有动摇。在他的带领下，郑氏军队开始北伐，希望收复南京，与清朝对峙。

第七章 英雄落寞：海商风姿不再

父亲的死以及抗清局势的下滑并没有让郑成功意志消沉。他继续扛起抗清的大旗，又完成了收复台湾的重任，终于使台湾重新回到了祖国的怀抱。虽然几年后郑成功病逝，其后人也归顺了清朝，但台湾却牢牢地掌握在中国的手中。

第一章 进退失据：海商无奈抉择

明朝中后期，不断加强的海禁政策一方面使中国逐渐走向了闭关锁国的状态，另一方面让曾经繁华的对外贸易也日趋衰落。一些沿海以对外贸易为生的商人日益不满，他们铤而走险，逐渐成为东南沿海的海盗。

史无前例的航海壮举

3万年前，周口店的“山顶洞人”临海而居，弄潮拾贝，妇女戴上了贝饰项链，开创了原始的海洋文化。7000年前，浙江的河姆渡人用整木制造船桨，开创“刳木为舟，剡木为楫”的原始航海；6000年前，中国东南沿海的百越人、龙山人驾舟弄潮，随波逐流，逐岛漂航，把有段石锛传遍太平洋诸岛和拉丁美洲西岸；2500年前，在春秋时期的渔猎攻战纹壶，记载了壮观的古代挥戈水战和中国独特的划桨方式；2100年前，汉武帝开辟海上丝绸之路，连接太平洋、印度洋，开通了欧洲、亚洲贸易通道；1200年前，鉴真和尚东渡日本，将佛经、佛像、佛具以及雕塑、绘画、建筑等唐朝文化传播到日本，成为日本律宗始祖，被封为“大都僧”；600年前的明朝，郑和七次下西洋，将世界航海推向了巅峰，为世界大航海的先驱者及“和平航海”的开拓者。

明成祖朱棣选择郑和来统率这支庞大的船队，是经过慎重考虑的，也是很得当的。

郑和是云南昆阳人，原姓马，有的书上称他为“马三保”。他们家世奉伊斯兰教，其祖父和父亲都曾去天方（今沙特阿拉伯的麦加）朝圣，因而被称为“哈只”，意即巡礼人。洪武十五年（1382年），明军攻灭了云南的梁王政权，郑和被俘入宫，成为宦官，后被朱元璋拨给燕王朱棣听用。郑和在朱棣身边长大，在靖难之役中亲临战阵，“多立奇功”，深受朱棣的赏识和信任。朱棣即位后，命他为内宫监太监，并赐姓为“郑”，从此更名为“郑和”。由这种经历可以看出，郑和是深受明成祖朱棣信任的人。

明成祖朱棣对郑和才能也很了解，知道他堪此重任。据记载，“(郑）和自幼有材智”，“材负经纬，文通孔孟”。有的史书上说“(郑）和有智略，知兵习战，帝（明成祖）甚倚信之”。《明书·郑和传》则说他“丰躯伟貌，博辩机敏”。从这些记载可以看出，郑和身材高大，仪表堂堂，既通文墨，又知兵习战，是具有统率才能的人。

明成祖朱棣选中郑和，还有信仰上的原因。郑和出生于伊斯兰世家，他本人是回教徒。郑和在第五次下西洋时，曾亲自到泉州回教先贤墓行香。在南洋一带，有许多国家和地区的人民信奉伊斯兰教，阿拉伯诸国更是伊斯兰教的世界。由信仰相同的郑和出使这些国家和地区，自然是很适宜的。

另外，郑和还崇奉佛教。明代宦官“最信因果，好佛者众，其坟必僧寺也”。郑和也不例外。在姚广孝题记《佛说摩利支天经》中说：“今菩萨戒弟子郑和，法名佛善，施财命工刊印流通……”郑和施财刊印佛经，还有个“佛善”的法名，足以证明郑和还是个佛教徒。这对郑和出使也是个有利条件，因为众所周知，在东南亚和南亚一代佛教有很大的势力。

为了郑和能顺利出使，明成祖朱棣十分关心建造海船事宜。永乐二年(1404 年)，明成祖即命福建建造 5 艘海船，以备下西洋之用。永乐五年(1407 年)，明成祖又命改造海运船 249 艘。据《明史·郑和传》记载，这些船只很大，长 44 丈、宽 18 丈，可乘千余人。当时，大概只有中国才能建造这么大的船只。这种大船是郑和安全远航的可靠保证。

明成祖朱棣还为郑和组织起人才齐全的出使队伍。郑和这支队伍有 2.78 万人，除军士外，还有各种行政和后勤人员，像医官、文书、通事（翻译)、火长（船长)，凡所需人员，可说是应有尽有。

那么，明成祖朱棣到底为什么这样兴师动众，这样一而再，再而三地命郑和大规模出使呢？这样一个重大的历史事件，应该说是由多种因素促成的。

除了对外友好交往以外，至少还有以下两方面的原因。

第一，明成祖朱棣通过靖难之役夺得皇位后，急需收服民心。从传统上来看，朱棣夺取皇位属于“篡逆”，有悖于封建正统观念，其合法性受到广泛的攻击和怀疑。方孝孺宁被诛“十族”也不为他起草登极诏就是明证。因此，朱棣在大肆诛杀建文旧臣后，迫切需要提高个人声望。在封建专制时代，封建帝王为提高个人声望是不惜任何代价的。明成祖朱棣派郑和出使，“颁正朔”，广施赏赉，以使“太宗文皇帝德泽洋溢天下，施及蛮夷。舟车所至，人力所通，莫不遵亲，执圭捧帛而来朝，梯山航海而进贡”。这种“万邦臣服”“祯祥毕集”的盛况，可以大大提高皇帝的声望，树立自己“代天行命”的天子形象。这对明成祖朱棣收服民心是大有益处的，也是十分必要的。

第二，明代始终存在着所谓“北虏南倭”的压力，深刻地影响了明王朝的内外政策。在明初，南边的倭患尚不甚严重，主要威胁是北边的蒙元残余势力。蒙元势力虽北走沙漠，但仍保留有一支相当强的军事力量。明太祖朱元璋虽屡次遣将北征，但始终未能根本解决问题。明成祖当燕王时，即与蒙元势力进行过多次交锋，对这种威胁有着十分清楚的认识。他即位不久就长驻北京，摆出与蒙元战斗的姿态。纵观明成祖朱棣的一生，除靖难之役外，他的军事生涯差不多都是与蒙元势力周旋。他曾亲自五征漠北，反击蒙元势力的侵扰。北边的这种形势，使明成祖迫切需要一个安定的南方。通过郑和下西洋，发展和南边诸国的友好关系，正是为了贯彻他的这种战略意图。于是，永乐年间就呈现出这样的局面：在北边是进行一次又一次的大规模远征，在南边则是郑和一次又一次的大规模远航。明成祖用兵于北疆，施德于南方，是威德并举的战略。郑和果然不辱使命，在“下西洋”的过程中“施恩布德”，使双方的友好关系建立并增强起来。终永乐一世，除安南外，南方基本没发生什么战争。明成祖晚年，“威德遐被，四方宾服，受朝命而人贡者殆三十国”。这大部分的功劳应归于郑和的出使。

郑和船队有两三万军士，除了可以“耀兵异域，示中国富强”以外，对南洋一带的海寇还可以就地剿捕。例如剽掠商旅的旧港头目陈祖义即被郑和擒获杀掉。这就进一步保证了南方的安宁。

明成祖是一代英主，汉唐是他心目中的盛世。在他看来，“万邦无不归顺者，圣人之统也”。正如汉有“张骞凿空”一样，他派郑和出使西洋，正是为了实现他“帝王居中，抚驭万国”的雄心。他命郑和“往东南诸国赏赐宣谕”，借以达到“敦睦邦交”的目的。

另外，明成祖派郑和下西洋，可能还有牵制帖木儿帝国的用意。这一点虽没有直接材料可以证明，但从当时的历史背景上看，并不是毫无根据的。从时间上看，帖木儿于永乐二年（1404 年）举兵东进，准备来攻打明帝国，郑和于永乐三年（1405 年）出使，时间相合。从出使的行程来看，郑和前三次都是以印度南端为终点站，而没有继续西使。当时帖木儿帝国一度攻占了印度北部，郑和到印度南部牵制他也是合乎情理的。再者，从牵制帖木儿帝国这个角度来考虑，郑和率领了近 3 万人的军士也就不奇怪了。

从永乐三年（1405 年）开始，郑和在永乐年间连续六次大规模远航，在宣德年间进行了第七次远航。郑和的船队一般都是从苏州刘家港出发，先到福建五虎门，由五虎门南下占城（今越南南部），再由占城到满剌加（今马来西亚）、爪哇等，穿过马六甲海峡继续往西行驶。当时的船只都是帆船，需借助风力，所以郑和出使时都是在冬季或早春，以便借助于东北季风。郑和回国时都是在夏季，以便借助西南季风。郑和前三次出使的终点站都是印度半岛南端的古里（今印度卡利卡特）。自第四次以后，郑和才越过印度半岛南端，到达波斯湾沿岸，并与阿拉伯半岛诸国和非洲东岸的一些国家发生了交往。起初，郑和船队是沿海岸线航行，后来，郑和的船队便由印度半岛南端横渡印度洋，直达红海口和非洲东岸诸国。

郑和下西洋无疑是世界航海史上空前的壮举，突出表现在规模大、时间早和技术先进，比西方“地理大发现”时期的哥伦布、麦哲伦、达·伽马等人的航海要早半个多世纪。当时，这种大规模的远航只能发生在中国，也只有像明成祖这样气魄浩大的帝王才能组织起这样的远航船队。

郑和下西洋的成就是巨大的，这首先表现在亚非友好关系的进一步加强上。人们看到，受郑和下西洋的推动，亚非国家来华使节往来不断，其频繁程度为中国数千年封建社会所仅见。洪武末年，只有周围少数几个国家来中国“朝贡”，这种冷落现象在建文时没有什么改变。郑和第一次下西洋于永乐五年（1407 年）回国，“是年，琉球中山、山南、婆罗、日本、别失八里、阿鲁、撒马儿罕、苏门答腊、满剌加、小葛兰入贡”。其中，除少数几个国家外，大都与郑和出使有关。许多国家的使节就是搭乘郑和的船只来中国的。例如，永乐十七年（1419 年）郑和第五次下西洋回国时，就带回了 17 个国家和地区的贡使。永乐二十年（1422 年）郑和第六次下西洋回国，第二年来中国朝贡的共“十六国，遣使千二百人贡方物至京”。这种盛况在中外关系史上虽不说绝后，至少是空前的。

据统计，洪武年间自洪武二年（1369 年）二月开始有贡使来华，到朱元璋死的 29 年间，共有来华使节 183 次。在永乐年间，自永乐元年（1403 年）二月至明成祖死的 21 年间，共有来华使节 318 次。洪武每年平均 6 次多一点，永乐年间则平均每年 15 次之多。这种情况使明成祖“威制万邦”的虚荣心得到极大的满足。

郑和的船队庞大，在出访诸国时有主船队，有分船队，所以一次能访问许多国家。在连续多次远航中，开辟了亚非国家之间纵横交错的交通网，所绘制的《郑和远航图》流传至今，极大地方便了亚非国家之间的往来和贸易。尤其引人注意的是，从第四次下西洋开始，郑和的船队由印度南端经溜山（今马尔代夫），横渡印度洋，直达红海口，访问非洲东岸诸国，从而打通了一条亚非国家间友好交往的新通道。也就是在第四次下西洋时，郑和亲自到了当时被称为天方的伊斯兰教圣地麦加。这无疑是中国和阿拉伯关系史上的一件大事。

在郑和所到诸国，留下了许多纪念郑和的文物和古迹。例如，在爪哇岛上有三宝垅、三宝洞、三宝公庙等，在泰国有三宝寺，在锡兰等地还留有郑和所立的石碑。这些都是中国和亚非国家传统友谊的历史见证。

郑和下西洋，有力地促进了亚非国家间的经济文化交流。郑和在海外对当地国王进行赏赐，赏赐丰厚，物品精美，这都是代表中国皇帝进行的。除此之外，郑和还在当地进行了一定规模的交易活动。这种交易都是在公平友好的气氛中进行的：用中国传统的手工业品换回当地的一些土特产。有的国家担心郑和的船队以后不再来，便要求留下郑和船队中的几个人做人质。受郑和下西洋的影响，各国贡使纷纷来华，除通过朝贡和赏赉所进行的交换外，他们也在中国与民间商人进行了一些交易活动。这样，不仅中国较高的文明对当地产生了广泛的影响，而且中国也从国外学到一些先进的东西。例如，郑和就从海外带回了一些烧制玻璃的技术工人。

受郑和下西洋的影响，沿海人民“往往私造海舟，假朝廷干办为名，擅自下番”。其他国家的一些商人也冒充贡使，来中国进行商品交换活动。中国人前往南洋一带定居的越来越多，起到了先进经济文化传播者的作用。

下西洋成千古绝唱

明成祖去世后，仁宗继位，年号“洪熙”。洪熙至弘治时期是明王朝由盛转衰的时期，尤其是正统年间发生了“土木之变”，成为明王朝由盛转衰的分水岭。与此相适应，国势日衰，对郑和下西洋那样大规模的海外经营已感到力不从心。因此，郑和在宣德年间最后一次下西洋。朝贡贸易日趋衰落，有关海禁的诏令却一再被重颁。

其实，早在明太祖朱元璋时期就已经采取了闭关锁国的政策。朱元璋以一个农民起家的帝王的视野，只见黄土，不见海洋。他陶醉于“天朝上国，富甲天下”，外国的奇珍异宝摆满了皇宫，猎奇心态已经消退；“厚往薄来”的朝贡贸易只是造成“库藏空匮”的“亏本买卖”；沿海边民抗旨实行航海贸易，“倭寇”犯边扰境，扰得沿海不宁，倒不如用“铁关铜锁”将帝国封闭起来，他自白：“朕以海道可通外邦，故尝禁其往来。”

朱元璋在《皇朝祖训》中告诫他的子孙：“四方诸夷，皆限山隔海，得其地不足以供给，得其民不足以使令，徒慕虚名，自弊中土。”中原地大物博，何苦远行劳民伤财。明朝实施高度集权的王朝统治、自给自足的农业经济、根深蒂固的大陆文化体系，以及闭关锁国的对外政策。他既要从海上切断反明势力和来自海上的威胁，又要把王朝建成一个封闭的农业大国，将臣民束缚在自己的土地上，让国家在封建宗族、田赋、兵役的左右下，按照封建朝纲有序运转，沿着封建制度的道路“正规地”生存下去。他不懂得外部世界的巨大变化，也不顾广袤海洋的财富和历代积累的航海传统，拼命用陈旧的封建机器来扼杀海洋上耀眼的蓝色曙光。

封建皇帝感觉不到大航海后潮涌而来的西方资本主义浪潮，拒绝面向世界的开放政策，封杀了来自本国和西方的海洋先进理念，窒息了民族的开放精神与创造活力，背离了时代发展的大趋势，使一个独立自主的封建帝国逐渐隔离、落后于世界。所以，当欧洲的葡萄牙、西班牙和荷兰几个小国的统治者，面对贫瘠而狭小的国土，把目光转向海洋、追求东方的黄金沃土、疯狂冒险闯海、乘着大航海的征帆向东方杀来时，当时的中国封建王朝仍然酣睡在宁静的梦境之中。

朱元璋十分重视将祖训法制化，“凡政事设施，必欲有利于天下，可贻于后世，不可苟且，维事目前。盖国家之事所系非小，一令之善为四海之福，一令不善有无穷之祸，不可不慎也”。他“劳心焦思，虑患防微近二十载”，将他一生经验总结得出的祖训，经他字斟句酌固化在《大明律》中，使封建社会的“重农抑商”政策达到了极致。

《大明律》逆世界潮流而行，将“禁海”政策固化为法律，并严加惩处，彻底断绝沿海地区与海外各国的贸易和文化交流。如《大明律》明文：“擅造二桅以上违式大船，将带违禁货物下海前往番国买卖，潜通海贼同谋结聚及为向导劫掠良民者，正犯比照谋叛已行律处斩，仍枭首示众，全家发边卫充军。”对持有、使用、买卖海外产品的百姓和商人，也实行了严酷的制裁，“将大船雇于下海之人，分取番货，及虽不曾制造大船，但纠通下海之人，接置番货，与探听下海之人，番货物来私卖，贩卖苏木和胡椒至一千斤以上俱发边卫充军，番货并入官”。《大明律》还对禁私运货物出海及私贩洋货做了十分具体的规定：“凡将牛、马、军需、铁货、铜钱、缎匹、绸绢、丝棉出外境货卖及下海者杖一百”，“若将人口、军器出境及下海者绞。因而走泄事情者，斩”。

明成祖还在世的时候，郑和下西洋就遭到不少大臣的反对。只是由于永乐年间国力强盛，明成祖威柄独操，执意出使，所以郑和下西洋才能连续成行。明成祖刚死，仁宗一继位就马上到狱中放出夏原吉。夏原吉是永乐时的户部尚书，与吏部尚书蹇义并称“蹇夏”，同为治国名臣，而夏原吉就是一个激烈反对下西洋的大臣。明仁宗问夏原吉，继位诏书应主要包括哪些内容，夏原吉“对以赈饥、省赋役、罢西洋取宝船，及云南、交阯采办诸道金银课”。明仁宗“悉以从之”。也就是说，仁宗听从了夏原吉的建议，停止了郑和下西洋。在仁宗的继位诏书中，停止下西洋成了重要内容：“下西洋诸番国宝船，悉皆停止。如已在福建太仓等处安泊者，俱回南京，将带去货物仍于内府该库交收。……各处修造下番海船，悉皆停止。……但是买办下番一应物件，并铸造铜钱、买办麝香生铜荒丝等物，……其未买者悉皆停止。”

由此可以看出，凡是和下西洋有关诸事都被停止。不仅如此，郑和与下西洋官军也被安置到南京去戍守。

明仁宗在位不到一年就去世，宣宗继位。由于仁宗推行了一条保守内向的对外政策，在宣宗继位后的前几年，各国来贡者甚少。直到宣德五年（1430年），仍是“外番贡使多不至”。宣宗对这种门前冷落的景况颇不满意，于是又命郑和进行了第七次出使。郑和第七次下西洋是永乐时大规模出使的余绪，是强弩之末，这次下西洋的停止也标志着郑和航海事业的结束。

明英宗在位时，曾准备派都指挥马云“下西洋”，但遭到张昭等人的反对。张昭上疏谏阻说：“安内救民，国家之急务；慕外勤远，朝廷之末策。……望陛下用和番之费，益以府库之财去救济国内饥民，而不应花费巨量钱财‘下西洋’”，因而未能成行。

明宪宗成化年间，在某些人的怂恿下，宪宗皇帝又想下西洋，下令索取郑和下西洋的案卷。兵部尚书项忠派人去取，找了三天也没有找到。原来，这些案卷已被刘大夏拿去提前销毁。掌管案卷的官吏为此遭到项忠的拷问：

“(项）忠诘吏，谓库中案卷宁能失去?”（刘）大夏在旁对曰：“三保下西洋，费钱粮数十万，军民死且万计，纵得奇宝而回，于国家何益？此特一弊政，大臣所当切谏者也。旧案虽存，亦当毁之，以拔其根，尚何追究其无哉!”（项）忠竦然听之，降位曰：“君阴德不细，此位不久当属君矣。”大夏后果为兵部尚书。再加上其他一些官员的谏阻，宪宗这次下西洋的打算只好作罢。

从今天的角度来看，郑和下西洋是那么波澜壮阔，其案卷却被刘大夏等人销毁，实在可惜。但是，刘大夏的这一番话也的确说出了问题的要害，即“下西洋”耗费太大，于国计民生无益。主要因为这一点，导致“下西洋”不断遭到一些大臣的反对。像刘大夏这样违背皇帝意旨、私藏和销毁案卷是可能掉脑袋的大事。即使这样，刘大夏还是冒死力谏，就是在附和下西洋的人看来，这种谏阻也是“阴德不细”。由此可以看出，即使在封建专制时代，严重违背经济法则的事业也是不能持久的：郑和下西洋不讲经济效益，花费太大，再加上封建王朝对海外政策持过分保守态度。

勇于冒险的海上商团

由于明朝政府很长时期内实行海禁，严禁沿海人民私自交通外国，进行海外贸易，试图把与海外国家的交流和往来都控制在一定的范围内。在这种情况下，由于闽地区靠近海洋，反而促成了他们海上商业贸易的行为。浩瀚无边的大海诱惑着闽商到海上进行创造财富的欲望和冲动，使闽商表现出一

种浓厚的重商主义色彩。明朝时期的李光缙曾说，“安平人好贾，坐者列市肆，行者浮湖海”，又说“安平人喜贾，贾吴越以锦归，贾大洋以金归”，“安平人喜贾，少事读书，挟重资，浮海岛外为业，巨姓子弟不免焉”。泉州晋江县的李贽就是出身于世代为商的一个大家族。明朝初期，李氏的一世祖李闾生于元天历元年（1328 年），卒于明洪武十七年（1384 年），是一个有巨大财富的海上商人。后来李氏家族的几代人都是泉州的大商人，甚至有些人还当了明朝官府与海外各国进行海上贸易的翻译官。同时，由于闽商的民间力量获得了较大程度的发展，便进一步推动了海洋贸易的发展，特别是明政府统治力量难以控制的地方。

明朝长时期实行海禁，官方在一定程度上垄断了海外贸易，特别是郑和下西洋之后，官方只允许与琉球等少数国家和地区进行海上往来。成化以前，福州港是明朝与琉球进行贸易的港口，后来官方指定泉州为中国通琉球的港口，并在泉州设立市舶司进行管理。当时琉球国在造船航海方面技术都比较落后，通贡的海船和航海人员多由中国提供。明朝政府曾赐善于操船者三十六姓。所赐予琉球的海船大都以闽东、闽南卫所为主，赐姓也多集中于这些地区。后来，明宪宗将市舶司从泉州移到福州，明朝册封琉球和琉球到中国的船只都从福州港进行往返。这使作为中琉交往的重要港口泉州港开始逐渐走向衰弱。虽然作为官方指定的通琉球的泉州港的使命已经结束，但是闽南与琉球的海上往来并没有结束，还存在时断时续的发展。

明朝官方的政策虽然对闽商的发展有重要的影响，但是不能控制闽商的发展。明朝前期，官方积极支持中国海洋事业的发展，随着时间的推移明政府试图将中国各地与海外国家和地区的交往控制在官方范围内，这迫使闽商民间力量开始发展，一部分人冒险通商，一部分人则移民海外，特别是闽地区宗族势力的日益强大，使国家对社会的控制力量相对减弱，促进了海上贸易的发展。这些强大的宗族势力开展海上走私贸易，使明政府的海禁政策很难彻底执行。随着闽商民间力量的成长，月港、安海等港口日益发展壮大，特别是明代后期官方开放月港，私人贸易取得了合法地位，使闽南成为中国沿海地区发展的一个重要中心。作为官方的中琉贸易的泉州港口逐渐衰弱，但是作为泉州港的一个支港安海港开始繁盛起来。安海古名“湾海”，宋开宝年间称“安海”，明朝时期称“安平镇”，清朝时又复称“安海”。安海地处偏远地区，政府的控制力较为薄弱，又便于与海外进行海上贸易，这使它逐渐成为闽商“泛海通商”的一个重要地方。闽商开辟的海外市场使中国的丝绸等商品，经过西班牙输入欧美地区，美洲的白银等物品也能经过月港等港口不断流入中国。可以说，明朝时期，闽商民间海上力量的发展一定程度促进了中国的海外贸易。

闽商海上贸易的发展促进了港市的兴起，港市的兴起和发展又促进了闽地区人口的增长和社会的繁荣。总的看来，明朝时期闽地区港市的发展历程经历了以泉州、福州等港口为中心的中琉海外贸易时代到以月港等港口为中心的私人海上贸易时代再到以厦门等港口为中心的海上贸易发展时代。

随着海上贸易的不断发展壮大，福州等地相继开办了多种造船厂，特别是福州地区的造船厂技术水平高，除了能建造双桅船外还能造五桅船，并且所造之船非常坚固耐用，可以经受起大风浪的冲击。郑和下西洋所用的一些船只就由福州地区船厂所造，而且破旧之船还经常到福州的长乐港进行维修。戚继光入闽抗倭所用的船也是在福州建造的。可以看出，当时福州的造船业比较发达。

陆地经济与海洋经济是相互依存、相互依赖、协调发展的关系。明朝前期，闽商海外贸易的发展主要靠邻省的支持，如江南的丝织品。明朝中叶以后，随着海外贸易需求量的增加，闽地区逐渐兴起了手工业的浪潮。明朝弘治时期，福州还出现了所谓的“改机”，这种机器的纺织工艺水平很高。明朝宣德三年（1428 年），明政府在泉州设立染局，后来又设置了织造局，这在一

定程度上促进了泉州染业的发展。闽地区当地手工业的发展，又进一步促进了闽商海上贸易的发展。

明朝统治者的政策与闽商的发展有很大的关系。统治者压制闽商，沿海官吏又征收苛税，甚至出现一些官员诬陷出海闽商为海盗的行为，使正在走向世界的海上贸易遭到一定程度的打击。然而，地理环境在很大程度上影响了闽商，使他们敢于突破官方的海禁政策，勇于进行海上冒险，促进了许多港市的兴起。由此可见，政府与民间力量的和谐发展对于闽商的成长壮大具有极其重要的意义。

闽商在海洋贸易的发展过程中，形成了独特的闽商精神；这种闽商精神又反过来推动了海洋贸易的进一步发展。闽商的精神和信念使他们敢于冲破国家禁海的阻碍在未知的海上开展贸易，甚至移民海外。

海水茫茫，波涛凶险，要想出海谋求生计需要很大的勇气。俗话说："走海行船无三分生命。"在海上行船可能会遇到大风大浪，遇到暗礁岩石，轻者船只受损，财物丧失；重者船毁人亡，葬身鱼腹。有时候还会遇上海盗，自已都不知身落何方。即使海上贸易存在如此多的不确性和危险性，闽商铤而走险，还是毅然出海。在闽商海上事业发展的过程中，他们表现出了积极勇敢的冒险精神。这种精神不仅是对海洋的无畏，而且也是对官方海禁政策的突破。在明朝政府实行海禁的时代，闽商敢于走出家门，冲出山门，不顾杀头的危险，犯禁冒险，勇闯海外世界，求得生存与发展。许多闽商以海为市，利用绵长的海岸进行非法的海上贸易走私活动。明朝时期的海寇分为两类：一类是为逃避官方税收等而私自经营的商人，也就是非法走私的商人；另一类是专门掠夺海上贸易的强盗。这两类是合法私人贸易的破坏力量，尤其是后者。

海上的恶劣天气，以及大海的险恶莫测，使闽商在颠沛流离、悲欢离合的苦乐生活中锻炼了坚毅的意志。虽然闽商在海上贸易的发展，相对于中国整个经济体而言只是一种微小的增长，并不能给中国传统经济带来根本性的变革，然而，闽商崇尚商业、敢于冒险的行为和精神，推动了中国海上贸易的发展，并为闽商的进一步发展创造了条件。他们的这种事业和精神是值得继承和发扬的。

重新戴上"紧箍咒"

嘉靖皇帝继位后，针对正德年间海禁废弛的状况进行了多方整饬，尤其是嘉靖二年（1523年）发生了争贡之役后，海禁政策变得更加严厉。

嘉靖二年（1523年），两起日本贡使相继到达宁波，因礼仪问题发生争斗，在宁波、绍兴等地烧杀抢掠，东南沿海为之大震，朝议沸腾，严重影响到明廷的对外政策。仔细看一下对日政策的来龙去脉就会发现，争贡之役的发生不是偶然的，与明廷对日政策摇摆多变、姑息纵容和海防废弛有着必然的联系。

自唐末至明朝建立，日本一直未通中国。朱元璋即位后遣使往谕，日使来贡，恢复了邦交，但双方的关系一直不谐。朱元璋鉴于元军征日惨败的教训，将日本列为15个"不征之国"之一。洪武十三年（1380年）发生了胡惟庸案，朱元璋认为胡惟庸与日本有勾结，故"怒日本尤甚，决意绝之"，当年就拒绝了两起日本贡使。明成祖即位后恢复了邦交，许日本"十年一贡，人止二百，船止两艘"，并给予诸多优待。从《明实录》中可以看到，永乐年间几乎每年都有日使来朝，明廷皆予接纳并给予赏赐。日本使团违禁贸易，私售兵器，明廷也未予惩治。宣德初年又进一步放宽限制，允许日使团人三百，船三艘。有的日本学者将永乐、宣德年间的两次规定分别称之为“永乐条约”和“宣德条约”。实际上，在嘉靖以前，日本根本没有遵守十年一贡的规定，经常借各种理由提前来贡，并干了许多违法之事，明廷尽可能给予优容。由于来中国朝贡有厚利可图，所以日本各势力集团争相得到来贡的权利。日本各势力集团争相来贡，明廷姑息，且海防废弛，遂酿成嘉靖初年的争贡之役。

关于这次事件的经过，大体是这样：嘉靖二年（1523 年）四月，宗设率领的 3 艘船到达浙江宁波港，这是日本大内集团派来的使团。数天后，由瑞佐和宋素卿率领的另一个日本使团也来到宁波，共百余人、船 1 艘，是细川集团派来的。宋素卿原是中国人，熟悉中国情况，通过向市舶太监赖恩行贿，虽然后到，但在宴席上却“坐之宗设上”，这已使宗设颇不高兴。在收验贡物时，也是先收验宋素卿使团的贡物。宗设气愤不已，遂率众对瑞佐、宋素卿等发起攻击，瑞佐当即被杀，宋素卿逃去。宗设追至绍兴等地，未抓到宋素卿，又回到宁波，一路烧杀抢劫，夺船而去。宁波卫指挥袁琎和备倭都指挥刘锦在追击宗设时，也惨遭杀害。

这个事件使明廷大为震动。两个月后，按照地方官的奏报，明廷做出了初步处置，这在《明实录》中留下了记载：

“（嘉靖二年六月）日本国夷人宗设、谦导赍方物来贡。已而瑞佐、宋素卿等后至，俱泊浙之宁波，互争真伪。（瑞）佐被（宗）设等杀死，素卿窜慈溪。（宗设）放火大掠，杀指挥刘锦、袁琎，蹂躏宁（波）、绍（兴）间，遂夺船出海去。巡按御史以闻。得旨：切责巡视、守巡等官，先事不能预防，临事不能擒剿，姑夺俸。令镇巡官即督所属，调兵追捕，并核失事情罪以闻。”

从这段记载可以看出，巡按御史把这次事件归结为两起日本贡使“互争真伪”，而对市舶太监受贿、处置失宜、海防废弛等皆未提及，实际上是想一笔轻轻掩过。对日本贡使在中国土地上的蛮横不法，文中有所指责。对于以后是否允许日本来贡，明世宗命礼部另议。礼部奏称，宋素卿的勘合乃是弘治时所颁降，正德年间颁予的勘合“称为宗设夺去，恐其言未可信，不宜容其人朝”。至于两起日本贡使相攻杀，“衅起宗设，而宋素卿之党被杀甚众”，请谕告宋素卿，要他回国后“查明勘合，自行究治。待当贡之年，奏请议处”。给事中张翀和御史熊兰反对礼部所议，认为“各夷怀奸仇杀，事干犯顺，乞明正其罪”。明世宗遂“命系宋素卿及宗设夷党于狱，待报论决”。

关于对宋素卿的处置，直到两年以后才确定。宋素卿原名宋缟，浙江鄞县人，“潜入日本，更名宋素卿”。至于如何“潜入日本”的，则语焉不详。但以情理推之，宋素卿很可能是在中日间走私贸易中去日本的。他因熟悉中国情形，故受到日本官方的重用。据《明武宗实录》载，他曾于正德五年（1515 年）二月以日本贡使身份来贡，并暗中向刘瑾行贿“黄金千两”，故破例被赐予飞鱼服，“前所未有也”。此次经刑部复奏，明世宗下令，将宋素卿等以“谋叛”罪处死，“其防御失事官员，各谪戍、夺俸有差”。日本使团成员妙贺等人无罪，以礼遣返回国。两个月后，即嘉靖四年（1525 年）六月，趁琉球贡使郑绳等回国，令其顺道将敕谕转达日本国王。敕谕中说：“以宋素卿、中林等凶叛就戮，妙贺等无罪，以礼遣还。其元恶宗设及佐谋倡乱数人，亟捕系，缚送中国，以听天讨，余并罔治。虏去人民，仍优恤送归。否者，将闭绝贡路，徐议征讨。”

这封敕谕虽然词语严厉，但送达方式却近于儿戏，既不是当面交予，也未派专使送达，而是让琉球的贡使转交。这封敕谕是否真的转交到日本，不得而知；再加上当时日本割据势力强大，纷争不已，故谈不上对宗设等人的惩治。因此，这件事也就不了了之。但是，这个事件对明代海外政策的影响却远未结束。

两起日本使团居然在中国土地上相互攻杀，还杀害中国官员，这自然会

刺激一些人加强海禁的呼声。例如嘉靖六年（1527年）九月，浙江巡按御史杨彝奏言："请令布政司移咨本国（日本），今后遣使入贡，务遵定例。如违，定行阻回。仍令行巡海备倭诸臣，修战具，谨烽堠，选锋蓄锐，以戒不虞。"明世宗批准了他的奏请，实际上就是要加强海禁。

由争贡之役所引发，当时任给事中、后任内阁大学士的夏言也上了一道奏疏。嘉靖初年再严海禁，这道奏疏的影响最大。夏言说："……倭寇敢于中华肆行叛逆，各该地方官员先事不能防御，临变不能剿捕，漫无筹策，坐失机宜，以致荼毒生灵，占据城池，劫夺库藏，燔烧官府，戮害将臣，辱国损威，莫此为大。及查据前后章奏，俱各事涉掩覆，而言辞多遁。情纽宽纵，而功罪未明……宗设所领倭夷不满百十余人，而宁、绍两郡军民何啻百万！今乃仍被凶残，肆意攻略，竟无与为敌，尚谓国有其人！……贻国大耻，事出非常。"

他主张严肃查处，严行海禁；其中最直接的一个措施就是废除市舶司。据《明史·食货志五》载："给事中夏言言，倭患起于市舶。遂罢之。"《明史纪事本末·沿海倭乱》也有内容相同的记载，似乎三处的市舶司皆罢去。但据《明史·职官志四》记载："给事中夏言奏，倭祸起于市舶，遂革福建、浙江二市舶司，惟存广东市舶司。"看来，后边的这条记载比较具体和切合实际。

按照明廷的通常做法，当市舶司不存在时，外国来贡事宜则由当地地方官代管。例如嘉靖二年（1523年）以后日本来华的贡使都是由浙江地方官员接待的。因此，因争贡之役而废掉两处市舶司的事是可信的。毫无疑问，废除市舶司是嘉靖初年加强海禁的措施之一。

嘉靖初年对朝贡贸易的管理也严格起来。凡不按贡期来贡者，明廷则不予接纳。像葡萄牙，正德时已许其来中国，嘉靖帝即位不久就处死了葡萄牙的使臣通事火者亚三，将葡萄牙使臣囚于广州狱中。嘉靖帝刚即位时，由于葡萄牙使臣还在中国，葡萄牙的接济船又来到广州，声称“接济使臣衣粮”，“请以所赍番物，如例抽分”。礼部奏言：“佛朗机非朝贡之国……假以接济为名，且夷情叵测……宜敕镇巡等官亟逐之，毋令入境。自今海外诸番及期入贡者，抽分如例。或不赍勘合，及非期而以货至者，皆绝之。”明世宗下令照此执行。这不仅使葡萄牙人不能入境，而且不按贡期来者，或勘合不符者，皆一概拒绝。至于像正德年间那样，海商听取抽份后许自行贸易，更在严禁之列。

从《明实录》等有关文献可以看出，自嘉靖二年（1523年）以后，外国贡使来华者急剧减少。例如安南和占城，原是和中国关系非常密切的朝贡国，以前往往每年来贡，甚至一年数贡，但自此以后则未再来贡。真腊（今柬埔寨）亦是和中国关系密切的朝贡国，但在嘉靖帝在位的45年间，不曾见其来贡过一次，只是到万历八年（1580年）才又入贡。只有暹罗（今泰国）于嘉靖五年（1526年）来贡过一次，其余的南海诸国皆不曾来贡。这种冷落的朝贡景象充分说明，嘉靖帝于嘉靖二年（1523年）申严海禁后，官方的朝贡贸易活动亦大为衰落。

嘉靖初年再严海禁，影响最深远最主要的内容是制定了许多严厉措施，严格禁止私人海外贸易。这时又像洪武年间那样，一而再，再而三地颁布有关的禁令。例如嘉靖三年（1524年）四月，刑部复御史王以旗议：“福建濒海居民，每因夷人进贡，交通诱引，贻患地方。今宜严定律例：凡番夷贡船，官未报视，而先迎贩私货者，如私贩苏木、胡椒千斤以上例（即按旧例受重处）；交结番夷，互市称贷，给财构衅，及教诱为乱者，如川、广、云、贵、陕西例（旧例，亦犯重科）；私代番夷收买禁物者，如会同馆内外军民例（前例，亦犯重科）；揽造违式海船，私鬻番夷者，如私将应革军器出境因而事泄例（此为绞首罪）。各论罪。”

在这里，明廷把过去严禁时所制定的严厉律令又重申了一遍。以前，尤

其是正德年间，有关这类规定已如同一纸空文，这时明令重申，自然是海禁严厉的标志。

嘉靖四年（1525年）八月，明世宗又批准了浙江巡按御史潘倣的如下奏请："漳、泉等府黠猾军民，私造双桅大舡下海，名为商贩，时出剽劫，请一切捕治获之事。下兵部议：行浙、福二省巡按官，查海船但双桅者，即捕之。所载即非番物，以番物论，俱发戍边卫。官吏军民知而故纵者，俱调发烟瘴。"

值得注意的是，这时的中国海商已"时出剽劫"，已不是只限于偷偷摸摸地进行贸易，表明中国海商在严禁的情况下，无法从事正常的贸易，于是就"时出剽劫"，实际上就是小股海商打游击似的武装反抗。这种反抗的规模越来越大，嘉靖中期以后常造成震动全国的祸乱。

嘉靖八年（1529年）十二月，明世宗颁诏："令（浙江）巡视都御史亲诣地方勘审……并出给榜文，禁沿海居民毋得私充牙行，居积番货，以为窝主。势豪违禁大船，悉报官拆毁，以杜后患。违者一体重治。"

牙人在正德以前即已出现，正德时已颇活跃。他们居间估价，对贡使所带私货"给价"时更符合实际价值。时间一久，这些牙人就和海商相结，从中谋利。这时一概被禁止，表明嘉靖初年的海禁较前大为严厉。

嘉靖十二年（1533年）九月，明世宗颁发了一道更加严厉的禁令："兵部其亟檄浙、福、两广各官，督兵防剿，一切违禁大船，尽数毁之。自后沿海军民，私与贼市，其邻舍不举者连坐。"

在这里，不仅"违禁大船"要被毁掉，海商本人要受重罚，而且邻舍不告发者也要受到同样的惩处。这种严厉的措施只有在洪武年间才能看到，充分表明，正德年间所出现的海禁松弛、私人海外贸易发展较快的状况发生了逆转。显然，这种逆转不符合客观形势发展的要求，必然要遭到海商们或明或暗的激烈反抗。

当商人变成海盗

在明政府厉行海禁、残酷打击走私贸易的情况下，闽商不得不武装起来，组织成走私集团，对抗官军的追捕和残杀，这就是明代海外贸易史上的所谓"海寇"。

闽商在海禁面前做出铤而走险之举，如此强烈的反应似乎很难让人理解。其实，如果从闽商经商所凭依的月港、厦门、福州三大港的贸易状况来看，闽商是为了生存，才举起了反抗的大旗。

月港原属漳州八九都地，外通海潮，内接九龙江淡水，其形如月，故名月港，现为龙海县海澄镇。月港是明代中后期我国东南沿海对外贸易的重要港口，它的兴起与福州、泉州不同。明代海禁，私商利用月港地理位置，进行走私贸易。明景泰四年（1453 年），月港的海外贸易开始兴起。成化、弘治年间（1465—1505 年），月港"人烟辐辏"，"商贾咸聚"，成为黔南一大都会，有小苏杭之称。随着海外贸易的发展，月港的海舶到达东西洋的许多国家和地区。但月港贸易的对象主要是东南亚和日本。这与宋元时期的泉州港不同，泉州港贸易的对象主要是阿拉伯国家。每年仲夏至中秋的风汛期，由月港发舶的商船多以百计，输出货物以丝绸、布匹、瓷器、茶叶、砂糖、纸张、果品等为主。湖州的生丝、景德镇的瓷器，也由月港远销国外，输入除传统香料、珍宝外，大部分是农产品、手工业品和手工业原料。此外，大米也是当时进口货物之一。到月港的洋船"除货物外，每船载米或两三百石，

或五六百石”。明代后期，粮食和白银逐渐成为月港的主要进口货。

厦门港原来是和月港相配合的港。月港是一个近内河的港口，必须经厦门港出海，月港的兴起，其实就是厦门港兴起的先声。只是由于月港兴起时，厦门已是中左所，月港则是荒野的海滨，又是漳州的八九都地，可以掩官府的耳目，便于私商活动而已。待到官府准许开设洋市以后，厦门港的地理位置与海港条件对于海洋贸易，无论从哪一方面说，都比月港优越。即所谓“据漳泉之交，扼台、澎之要，为垒闽之门户”。

福州港是在闽江流域与海洋货物转运的基础上发展起来的港口城市，是福建省的政治、经济和文化中心，也是福建省最古的商港城市；汉代已与日本、南洋有航运往来。明成化年间，把原设在泉州的市舶司，移置福州。福州港的海外贸易，早在市舶司移置之前已相当发达，移置之后，至正德年间进入全盛时期；尤其是新港、水部一带，当时“华夷杂处，商贾云集”，是福州最热闹的地区。福州港是闽江流域林副土特产品的集散地，是著名的茶叶、木材市场。福州曾与汉口、九江并称为国内三大茶市；曾与汉口、安东同称为国内三大木材市场。

明政府禁止私人于三大港进行对外贸易，也就断了闽商的经济来源，更加促使闽商向“海寇”进行转化。其实这些海寇并不同于当时到东方来从事侵略、掠夺的西方海盗，他们大多是从事私人海外贸易的商人，只因冲破海禁樊笼触犯了海禁律法而被视为“寇”。这些海寇商人的组成较为复杂，他们之中有的是受官府欺压，冤抑难申，愤而下海为寇；有的是豪门势族为牟利而弃家为寇；有的是海外贸易商经营破产转而为寇；有的是功名未成，失志而沦落为寇；有的是借贷经商，无法偿还而就食于寇；有的是识风水善行舟而被诱为寇；有的是亲属被拘禁而受牵于寇；有的是被抢掠上船而服役于寇。另外，还有潮、惠、漳、泉、宁、绍、徽、歙等地的走私贸易商，以及“迫于贪酷，苦于役赋，困于饥寒”的小民等。

这些海寇商人的活动范围比较广。在沿海一带，他们顺风汛航行，当南风汛时，出广东到福建、浙江而直达江洋；北风汛时，则由浙江到福建、广东，而出洋到海外诸国。大凡福建的走马溪、古雷、大担、旧浯屿、海门、浯州、金门、崇武、湄州、旧南日、海潭、慈澳、官塘、白犬，北茭、三沙、吕磕、苍山、官澳；广东的东莞、涵头、浪北、麻蚁屿、潮州的南澳；浙江的东洛、南麂、凤凰、泥澳、大小门、东西二担、九山、双屿、大麦坑、烈港、沥标、两头洞、金塘、普陀；苏松的丁兴、马迹等均为海寇盘踞之处。

海盗商人的出现与东南沿海一带的地理条件以及海外贸易的巨额利润有密切联系。在东南沿海一带，福建的地理特点是多山少田，“民本艰食，自非肩挑步担，逾山度岭，则虽斗石之储亦不可得。福兴漳泉四郡皆滨于海，海船运米可以仰给，在南则资于广，而惠潮之米为多，在北则资于浙，而温州之米为多”。正常情况下，由两省向福建贩米均可获利3倍，因此，每年运米之船少则几十艘，多则两三百艘不等。这样做不仅方便福建人，而且广东、浙江人亦可得大利。但是当海禁严时，两省商船不通，米价随之昂贵，人民难以存活。另外，在福建本省，从漳泉运货到省城，由海路运者每100斤脚价仅银3分，而由陆路运却价增20倍。觅利甚难，正因为肩挑度岭无从发展之故，所以所产鱼盐反而比浙江更贱。在如此种种情况下，沿海之民无所得食，无以为生，只好冒禁出洋市贩。综观明代前期，从事海外走私贸易最为严重者应数闽省福、兴、漳、泉四郡，如在嘉靖二十三年（1544年）十二月至嘉靖二十六年（1547年）三月的两年多里，到日本从事走私贸易而被风漂到朝鲜，并被解送回国的福建人就达1000人以上，其中仅嘉靖二十三年（1544年）十二月一次被解送同国的漳州人李王乞等就有39人；嘉靖二十六年（1547年）二月一次被解送回国的福清人冯淑等则多达341人。

除了地理条件外，海外贸易的巨额利润也是走私贸易猖獗的另一原因。明代前期这种海外贸易系域外长途贩运贸易，其利润之巨颇为惊人。即所谓

“其去也，以一倍而博百倍之信；其来也，又以一倍而获百倍之息”。在山东沿海，据走私贸易者自述，每放一艘走私贸易船出洋，一年可得船金两三千两，且当船舶返航进港后，船户尚可坐分船货的一半；在浙江以西，“造海船，市丝牟之利于诸岛，子母大约数倍”；在广州望县，因“南走澳门，至东西二洋，倏忽千万里，以中国珍丽之物相贸易，获大赢利”，故本地农民为利所诱，纷纷放弃“力苦利微”的农耕，而随船出海干起走私贸易。正是这巨额的十倍之利才驱使人们“舍死趋之如骛”。虽海禁律法严峻，但“小民宁杀其身，而通番之念愈炽热”。

福建的主要走私贸易港是漳州诏安的走马溪，此地为外国商船由粤趋闽的始发之处，亦是走私贸易的交接之所。港内有东澳，为海寇藏风之处，凡海寇船往来均泊于此，故俗称为“贼澳”。嘉靖年间，给事中杜汝越、参政曹亨、副使方任等人进港巡视，于石上镌刻“天视海防”几个大字，以示此地为一海防重地。嘉靖二十八年（1549 年）朱纨曾在此大破葡萄牙的走私贸易商，擒获海寇头目李光头等 96 人，并就地斩首。

这些走私贸易港由于地处航海要冲，地势险要，洪武初年为巩固海防，往往将岛民内迁，废为荒岛，故在海禁严厉期间，自然就成为走私贸易船的聚集场所。港内交易井井有条，“乃搭棚于地，铺板而陈所置之货，甚为清雅”，俨然与合法贸易一般。同时，由于这些港口地处偏僻，统治阶级鞭长莫及，故海寇商人集团往往以此为基地，出没沿海一带，经营其“亦商亦盗”式的走私贸易。

倭寇患起的真相

嘉靖二十六年（1547年）七月，明廷命朱纨为浙江巡抚，兼提督闽、浙两省军务，严行海禁。

朱纨为官清正，强力敢任，闽、浙两省的事权统一，改变了过去两省互相推诿的局面，这无疑为朱纨提供了一个有利条件。他决心要彻底铲除两省沿海的走私贸易活动。

朱纨上任后看到，两省的海防已败坏得不成样子：“浙、闽海防久隳，战船、哨船十存一二，漳、泉巡检司弓兵旧额二千五百余，仅存千人。”朱纨大力整饬，明军的战斗力有所提高。

朱纨巡视海道，佥事项高和当地的一些士大夫向他建议，“谓不革渡船，则海道不可清；不严保甲，则海防不可复”。朱纨遂“革渡船，严保甲，搜捕奸民”，可谓雷厉风行。在这些所谓“奸民”中，不少是当地的势家大姓。于是，闽、浙沿海的海禁顿时严厉起来。

经朱纨的整饬，闽、浙海防得到加强，海禁变得格外严厉，使自正德以来私人海外贸易的发展受到遏制。他“革渡船，严保甲，搜捕奸民”，雷厉风行，使沿海与海商有牵连的富家大姓惴惴不安。沿海灶船“载土煎盐”，“原无禁约”，朱纨担心这些“以海为家之徒，借此为名，出洋通贼”，于是对他们也加强了管理，进行“编号定界”，不得再像过去那样自由行动。这使得普通百姓的日常生活都受到很大的限制。

闽、浙势家大姓多与海商有染，朱纨厉行海禁，这些势家大姓有不少人受到牵连。因此，他们便伙同在朝的闽、浙官员共同反对朱纨，纷纷上疏弹劾，谓朱纨擅权滥杀。有的言官奏言，改朱纨巡抚他省，以消闽、浙两省人的怨气。“御史（陈）九德劾（朱）纨专擅滥杀”，嘉靖皇帝遂下诏，罢朱纨职，将卢镗、柯乔逮系狱中，遣给事中杜汝桢前往按问。朱纨大惊，知道闽、浙官员不会饶恕自己，遂作绝命词，“仰药自尽”。

从执行明廷海禁政策的角度来看，朱纨的确是个很能干的官员，收到了显著的成绩。嘉靖时的大名士王世贞对此有过很好的评述：“公（朱纨）有文武才略，清强峭深，恶墨吏大猾如仇雠……视事日，系扫一切应酬，早夜申约束通海内地奸民。当是时，瓯、粤诸贵人多家于海，其处者与在朝者谋，务破败公（朱纨）所为。”

但是，自正德以后，私人海外贸易已呈不可遏阻之势，朱纨的举措可以收效于一时，不能行之于久远。他急于事功，极想在短期内收到显效，所以对海商的确用刑过严，只要抓到，不论真倭假倭，也不论首从，“悉杀之”。因此，闽、浙官员攻击他“专擅滥杀”，也不是空穴来风。在这种情况下，朱纨自杀的悲剧也就难免了。

嘉靖二十八年（1549 年）四月，朱纨被“罢职听勘”。嘉靖二十九年（1550 年）七月，朱纨“疑祸及，草生（圹）志，饮鸩卒”。自此以后，“罢巡视大臣不设，中外摇手不敢言海禁事”。闽、浙一代的海禁随之大弛，私人海外贸易得到较快发展，并逐渐形成了一些大的海商集团，使嘉靖后期的海禁和反海禁斗争更加复杂和激烈。

自嘉靖二十九年（1550 年）朱纨自杀后，东南沿海陆续形成了一些大的海商集团，公然与明廷对抗。对此，过去的史书上笼统地称之为“嘉靖倭患”。其实，真倭是极少数，十之八九是中国海商。

不仅在明代历史上，而且在整个中国历史上，“嘉靖倭患”都是一个令人十分注目的大事。那么，产生“嘉靖倭患”的原因到底是什么呢？从根本上来说，这是私人海外贸易集团与明王朝的海禁政策矛盾激化的结果。具体说来，则可以归结为以下几个方面的原因。

第一，嘉靖时的海禁时紧时松，自朱纨自杀后一度明紧暗松，给私人海外贸易以可乘之机。

嘉靖皇帝继位后，针对正德年间海禁大弛的局面，重新申严海禁，废市舶，驱逐葡人，甚至连广东方面的朝贡贸易也被停止。嘉靖二年（1523 年）发生争贡之役后，海禁更严。嘉靖八年（1529 年）林富上疏后，广东方面的朝贡贸易得以恢复，海禁有所放松。由于葡人在广东被逐，遂北上闽、浙，致使闽、浙一带的私人海外贸易迅速发展。嘉靖二十六年（1547 年）朱纨赴闽、浙，“革渡船，严保甲，搜捕奸民”，将葡人和中国海商集团经营多年的双屿港夷为平地，继而经过走马溪等几次大的战斗，使葡人远遁。闽、浙一带的海商集团受到重创。朱纨遭到海商及其代表人物的攻击，被迫自杀，海禁随之大弛，使海商集团再次活跃起来。

朱纨于嘉靖二十八年（1549 年）被罢职，第二年二月，“巡按浙江御史董威请宽海禁，以便渔樵，裕国课，从之”。实际上，即使没有董威的奏请，这时的海禁也已变得松弛。这时的明王朝已很腐败，很难再找到像朱纨那样“清正刚果”的大臣。即使有大臣有这种魄力和才能，但看到朱纨的遭遇，也不愿重蹈覆辙。也就是说，不会再像朱纨那样去严厉地推行海禁。因此，朱纨死后海禁变得松弛是必然的。这正如《明史·佛朗机传》所载：“自（朱）纨死，海禁复弛。佛朗机遂纵横海上无所忌。”

此后，随着私人海外贸易的发展，逐渐形成了一些大的海商集团，因而又引起明廷的不安，陆续派大员到东南沿海加以整饬，对海商集团进行剿捕。有的大员把沿海人民像囚犯一样进行管制。例如，著名的“抗倭”将领谭纶发现，浙江商人经常买一些“通番之货”，抵广变卖，复易广货归浙。本谓交

通，而巧立名目“走广”。为了杜绝这类走私贸易，谭纶创立“牌甲法”严加管理：每十户为一“牌”，牌上写有各户主姓名、人口、住址等，以便随时巡查。各户轮流值班，每过三天一轮，如发现有所谓“走广”或“下番”者，要及时向官府报告。十牌为一“保”，轮流值勤，其主要目的就是查走私贸易者。如有人故意隐匿不报，则一家有犯，十家连坐。可以看出，这是一种很严厉的海禁措施。但是，掌管东南沿海海禁的官员不断更换，有的官员严一些，有的官员就松一些，所以私人海外贸易仍在暗中顽强发展，海商集团也越结越大，甚至公然与官军对抗，致使所谓“嘉靖倭患”日益严重起来。

第二，嘉靖年间，日本进入了战国时期，国内混乱，日本王室无力约束日本海寇来中国沿海抢劫。日本于嘉靖二十七年（1548年）最后一次来贡后，新、旧勘合未及时更换，此后中日之间的“朝贡贸易”断绝。日本又迫切需要中国物品，日本海寇便积极从事与中国海商的走私贸易，并不时配合中国海商来中国沿海抢劫。与日本贸易利润特别高，所以中国海商也大量地去日本从事走私贸易。这一切，都被笼统地称之为“倭患”。

自15世纪末期至16世纪末期的百余年间，在日本历史上称为战国时代，各藩侯间长期征战不休。于是，一些失意的武士、商人和一些破产的农民转为海寇，不时来中国沿海抢劫。他们和中国海商相勾结，这类抢劫活动所带来的危害就更为严重。

第三，朱纨自杀后，闽、浙一带的海防日益废弛，从而给海寇的抢劫活动以可乘之机。

明代的海防废弛已久，只是经朱纨的大力整饬，稍见起色。朱纨服毒自杀，在闽、浙沿海“罢巡视大臣不设”，无专职大臣督责，海防自然日益废弛。据《明史·朱纨传》载：“浙中卫所四十一，战船四百三十九，尺籍尽耗。（朱）纨招福清捕盗船四十余，分布海道，在台州海门卫者十有四，为黄岩外障。副使丁湛尽散遣之，撤备弛禁。未几，海寇大作，毒东南者十余年。”

在这里，称朱纨去世后“海寇大作”，未称“倭寇”，比较合于实际。既然有抢劫行为，自然可称为寇。其中绝大多数是中国海商，如笼而统之地称为“倭寇”，不合事实真相。无论中国人还是日本人，只要抢劫，都可称为海寇。这段记载表明，在朱纨死后的十几年间，“海寇”活动大为猖獗，这也就是前文提及的“嘉靖倭患”。

朱纨去世后，葡萄牙人在中国沿海的活动也渐渐活跃起来。“自（朱）纨死，海禁复弛。佛朗机遂纵横海上，无所忌。”不过，此时葡人的活动主要在广东一带。

第四，自明中期以后，随着政治的日趋腐败，老百姓的生活日益困顿，沿海人民把下海走私当成谋生的重要途径。海禁越严，走私的利润越高，于是就使越来越多的人投入到走私贸易的行列中来，致使海商集团越结越大，公然以武力与明廷对抗。

在闽、浙沿海，尤其是福建漳、泉一带，因土地瘠薄，田不足养，老百姓大都以海为生。这正如嘉靖《龙溪县志》所载：“富者骄溢而日奢，官府催科而日蔽。一穷佃，而田主二三蚕食之，焉得不为逃徙盗贼也。”对这一点，戚继光也看得很清楚。他说：“民间生业日荒，征敛日急……知不从贼将不免于死亡，于是去而从贼者日益多，而贼党日益盛矣。”当时，私人海外贸易一般可获得10倍左右的利润，这是很诱人的。由于所谓“倭患”问题，故明廷对去日贸易一直特别严厉，使得与日贸易的利润特别高。这正像顾炎武所记：“其去也，以一倍而博百倍之息；其来也，又以一倍而博百倍之息。”这种说法可能有些夸大，但与日贸易利润高则是可信的。在这种高额利润的引诱下，大批无以为生的贫民便纷纷投入到海外走私贸易的行列中来，使海商集团越结越大，以致后来敢于公然与官军相对抗，于是就出现了“嘉靖倭患”。

冲破海外贸易的樊笼

嘉靖皇帝刚愎自用，不能因时达变。虽然在镇压海商集团中耗费巨大，但他至死也不肯开放海禁。嘉靖皇帝死后，明穆宗继位，年号“隆庆”。他接受了嘉靖年间“倭寇之患”的教训，刚即位就宣布部分开放海禁。这不仅在明代海外贸易史上，而且在整个中国对外关系史和经济史上都是一个重大事件。

首先，嘉靖年间，海商集团对海禁的激烈反抗是隆庆部分开放海禁的直接原因。这种反抗使越来越多的有识之士认识到，“市通则寇转而为商，市禁则商转而为寇”。这话一针见血地道出了问题的实质和要害。

大臣们慑于嘉靖皇帝的威严，大都不敢向他直陈，而通过其他渠道表达自己的意见。例如刑部主事唐枢在致胡宗宪的信中说：“海禁愈严，贼伙愈盛。”所谓嘉靖三十一年（1552 年）的“壬子之乱”，乃是“海商之为寇也”。曾官至吏部尚书的张翰也说道：“禁之使不得通，安能免其不为寇哉！余以海市一通，则鲸鲵自息。”对此，徐光启也有过生动而深刻的陈述：“譬有积水于此，不得不通。决之使由正道，则久而不溢；若塞其正道，必有旁出之窦，又塞其旁出之窦，则必溃而四出。……朱纨清正刚果，专以禁绝为事，击断无避，当时哗然，终被论劾，愤懑以死。至今人士皆为称冤。冤则冤矣，海上实情实事，果未得其要领。当时处置，果未尽合事宜也。”

在这里，徐光启以生动的比喻说明，海禁是造成所谓“嘉靖倭患”的根本原因。他赞扬了朱纨的“清正刚果”，但却批评他厉行海禁“未尽合事宜”。这是很公允的。在当时士大夫的一些文集中，类似的言论甚多，可谓俯拾皆是，这是促成隆庆开放的有利因素。正像历史上每一次大的农民起义都迫使统治者调整政策一样，嘉靖年间海商集团的武装反抗迫使明王朝部分开放了海禁。

其次，海外形势的变化推动了隆庆部分开放海禁。

明朝初年，周边国家都是中国传统的朝贡国，自认为是中国的藩属，中国也坦然以“天朝上国”自居。周边国家的社会发展阶段比较低，有的甚至还处在刀耕火种的阶段，经济非常落后，对中国商品的需求量十分有限。明中期以后形势大变，西方殖民者陆续来到中国大门口。葡萄牙人最先占据了香料岛和马六甲等地，并进而与中国发生了直接交往。嘉靖时，葡人还租占了我国的领土澳门。继葡人之后，西班牙、荷兰殖民者陆续东来，并分别占领了东南亚的一些地方。于是，在东南亚一带就从根本上改变了唯中国马首是瞻的局面。

再次，欧洲在“地理大发现”之后发生了“价格革命”，物重钱轻，价格飞涨，商品匮乏。中古传统手工业较为发达，像丝绸、瓷器、漆器、伞、折扇等多种产品在欧洲深受欢迎。殖民者在美洲掠夺了大量白银，而中国国内的白银却一直很紧缺，这种双向需要对中外贸易产生了强大的吸引力。它使中国商品获得了一个广阔的海外市场，处于有利的出超地位。中国海商在海外贸易中获利极丰。利之所在，自然是百法难防。这正如曾官至礼部左侍郎的韩世能所说：“……利孔所在，民以死力赴之，而卒不可禁。欲严卒伍以限居民之出入，则小民相容为奸利，吏不得问也。问之，则匕首副其胸矣。”这种海外形势的变化也使越来越多的人认识到，开放海禁非但无害，而且有益。

最后，自明中期以后，逐渐兴起了一股实学思潮，与此相适应，中国社

会出现了一浪高过一浪的改革运动。隆庆开放就是这场改革运动的重要组成部分。

在明代，陆王“心学”逐渐成为理学主流，其末流渐趋于“空谈心性”。一些进步的思想家从理学体系中分化出来，提倡“由虚返实”，形成了一股“崇实黜虚”的实学思潮。商品经济的一定发展和市民阶层的出现为实学思潮提供了社会基础，使实学渐渐构筑起完整的思想体系，成为时代的主流。

实学思潮“崇实黜虚”，提倡“经世致用”，这种批判精神表现在济世经国方面就是进行社会改革。为了挽救明王朝的危机，富国强兵，一些人大胆地针砭时弊，形成了一股社会改革思潮。他们利用自己在政治上的有利地位，将这种思想付诸实践，从而出现了明中期以后的改革运动。在嘉靖、隆庆年间，桂萼、欧阳铎、庞尚鹏、海瑞、高拱等人都进行过局部的社会改革。他们的改革深度和广度不同，成效也不一样，有的改革忽行忽止，但他们都有一个共同特点，即反对空谈心性，鼓励工商，强调经世致用，对不合时宜的“祖制”进行改革。这场改革运动至张居正改革而达到高潮，它涉及经济、军事、对外政策等许多领域。

明穆宗继位不久，就按照福建巡抚涂泽民的建议，下令部分开放海禁：“隆庆改元，福建巡抚都御史涂泽民请开海禁，准贩东西二洋。盖东洋若吕宋、苏禄诸国，西洋若交阯、占城、暹罗诸国，皆我羁縻外臣，无侵叛。而特严禁贩倭奴者，比于通番接济之例。”

隆庆元年（1567 年）部分开放海禁以后，不仅福建一带的私人海外贸易蓬勃发展，而且广东一带的私人海外贸易更趋活跃。葡萄牙人占领下的澳门成了中外海商从事贸易活动的重要据点。

自明王朝建立后的 2 个世纪内，厉行海禁，私人海外贸易一直处于非法状态，受到严厉压制。隆庆开放后，私人海外贸易取得了合法地位，像冲破堤坝的潮水一样倾泻而出，蓬勃发展。海商们纷纷赶造大型海船，“分布东西路”，扬帆出海。到万历时，私人海外贸易进入了盛期。这正像当时人所说：“今之通海者十倍于昔矣。浙以西造海船，市丝枲之利于诸岛，子母大约数倍。”鉴于隆庆开放后私人海外贸易迅速活跃，福建龙溪人张燮亲眼目睹了这种盛况，故撰成《东西洋考》以记其事。他在该书卷七《饷税考》篇末记道：“市舶之设，始于唐宋。大率夷人人市中国，中国而商于夷，未有今日之夥者也。”这个结论是有根据的。

另外，开放月港等港口，特别有利于福建产品的外销。曾任福建提学副使的王世懋著有《闽部疏》，记福建各地物产、风土人情等，皆亲自所见所闻。该书“序”中记道，“福之细丝、漳之纱帽，泉之兰，福延之铁、漳之橘，福兴之荔枝，泉、漳之糖，顺昌之纸”，除了在国内大量销售外，“其航大海而去者，尤不可计”。在这种情况下，闽商又恢复了昔日的兴盛。

以前，不少人提到“永乐开放”，主要是看到永乐年间出现了郑和下西洋的壮举。实际上，那只是扩大了官方往来。从海外贸易的角度来看，那也只是扩大了一些朝贡贸易的规模，而私人出海贸易仍然为非法。因此，那算不上真正的“开放”。隆庆开放则不然，它的最大意义是使私人海外贸易获得了合法的身份，从而真正突破了 2 个多世纪朝贡贸易的樊笼。因此，从发展民间海外贸易的角度来看，隆庆开放才是真正意义上的开放。

隐伏的西方危机

隆庆开放海禁的前后，在西方，随着新航路的开辟，葡萄牙人最先来到中国沿海，西班牙和荷兰人接踵而至。于是，中国传统的海外贸易对象发生了重大变化，海外交往的性质和内容都出现了许多新情况。

15世纪末和16世纪初，西方世界掀起了一浪高过一浪的航海热潮，从而发生了世界史上著名的“地理大发现”。从此以后，亦商亦盗的西方殖民者踏遍了世界各地，也来到了中国。于是，中国与欧洲国家的交往就不必再以中亚、西亚的阿拉伯人为中介，而开始直接与其面对面地打交道。这既是东西方两大文明体系的正面接触，也是社会发展阶段不同的两种社会制度的正面交锋。它孕育着机会，也隐伏着危机。

自15世纪末至16世纪，西欧进入规模日益增大的资本主义原始积累时期。在中国，此时正值明中期，商品经济也有所发展。欧洲各国为了积累资本，迫切要求发展海外贸易，东方世界成了重要目标。欧洲各国早就知道，中国是个极其富饶的东方大国。中国似乎遍地是金银，并盛产丝绸和瓷器，经营这些物品可以获得高额利润。同时，南洋一带盛产香料，也是欧洲人生活所必需。以前，这些物品主要经阿拉伯人之手转运欧洲。欧洲国家如能直接来东方贸易，则可以免掉阿拉伯人攫取的中间利润，这对欧洲各国发展海外贸易来说，是一个极为有利的条件。因此，欧洲各国便竭力探寻通往东方的海上通道。

当时，欧洲已广为流传地球是圆形的说法。欧洲的一些水手坚信，由欧洲西海岸一直往西行驶，便可到达中国或南洋群岛。于是，西欧便兴起了一浪高过一浪的航海高潮。1492 年，哥伦布奉西班牙国王之命，携带着致中国皇帝的国书，一直往西行驶，到了美洲，他误认为是到了印度。1497 年，达·伽马从葡萄牙里斯本出发，于第二年绕过好望角，到达印度西海岸，开辟了通往东方的新航路。1499 年，当达·伽马的船只满载着东方的香料、丝绸等物品返回葡萄牙后，所获利润相当于航行费用的 60 倍。这极大地刺激了西方殖民者的贪欲，开始了对东方大规模的殖民活动。葡萄牙任命了“东方总督”，接着便来到南洋群岛一带，继之首先和中国发生了关系。西班牙人和荷兰人紧随其后，亦纷纷来到中国沿海。

葡萄牙、西班牙等西方国家到东方来，首先是与阿拉伯人竞争贩卖香料和丝绸。当时，西欧国家利用其军事实力很快便确立起在印度洋和南洋一带的海上优势。

葡萄牙人最先来到东方，先是占领了印度的果阿，以此为基地，继续往南洋一带拓展；接着又侵占了被称为香料岛的摩鹿加岛（今印度尼西亚的马鲁古群岛），并于正德六年（1511 年）攻占了满剌加（马六甲）。葡萄牙人几乎垄断了当时东西方的香料贸易。

西班牙人见葡人贩卖香料获利极大，亦积极向东方发展。麦哲伦航海使西班牙人对东方已有了初步了解。为争夺香料贸易的权利，西班牙派武装商船队东来，与葡萄牙争夺摩鹿加岛。嘉靖八年（1529 年）两国缔结条约，葡萄牙人以 35 万得克为报偿，使西班牙将摩鹿加岛让给葡萄牙。此后，西班牙人专注于征服吕宋（今菲律宾）。隆庆五年（1571 年），西班牙人最终以武力压服了吕宋人民的反抗，遂以马尼拉为首府，在吕宋建立起殖民统治。在此后的 330 多年间，吕宋成为西班牙人在南洋一带进行殖民活动的据点，也成为西班牙与中国开展贸易活动的主要基地。

继葡、西两国之后，接踵而至的是荷兰。16世纪末，荷兰殖民者侵入爪哇，并将葡萄牙人的势力从摩鹿加岛排挤出去。葡人向吕宋的西班牙人求援。西班牙人认为这是夺占香料岛的良机，西班牙驻吕宋总督亲自率军往援，并征用在吕宋的华人数百名随征。西人待华人苛暴，以潘和五为首的华人在途中发动起义，杀死西班牙总督，使这次远征不果而还，摩鹿加岛落入荷兰人之手。荷兰人便以巴达维亚（今雅加达）为首府，在爪哇建立起殖民统治。这样，南洋一带的局势发生了重大变化。中国在这一带的传统势力丧失殆尽，并开始直接与欧洲殖民者打交道。

1511年，葡萄牙占领满剌加以后，已无后顾之忧，遂积极发展与中国的关系。这一年，葡萄牙总督派佐治·阿尔伐立斯来到广州东莞县境的屯门岛。佐治·阿尔伐立斯留居该岛时，染疾身死并葬于此地。屯门岛成了葡萄牙人初至中国的屯驻之地。

正德十一年（1516年）及正德十二年（1517年），葡萄牙驻满剌加总督两次派遣安特拉德来华。第二次，并以皮莱资为大使，先至屯门岛，继到广州。葡人有海船两艘，并以火者亚三为舌人（即翻译），称佛朗机国向中国进贡，请准许入城。广州地方官以佛朗机素不通中国，拒绝了他们入城的请求。他们强行将船驶入中国内河，并举炮为礼，“铳炮之声，震动城廓”。葡使进入广州后，葡人声称来中国朝贡，“贡使”皮莱资被安排在怀远驿住下，其贡品也被妥为收藏。明王朝驻广州总督陈金闻讯后急忙由梧州赶赴广州，谓葡人不懂中国礼仪，令其在广孝寺习礼三天，然后接见。因《大明会典》中没有佛朗机之名，不是朝贡国，陈金不敢擅自做主，遂具本奏报明廷定夺。事情迁延好久，皮莱资一行在广州留居两年多，后通过“夤缘镇守中贵”，被允许进京朝见。他们于正德十四年（1519年）底动身北上，第二年初到达南京。这时正值明武宗南巡，皮莱资得以在南京朝见正德皇帝。皮莱资的通事火者亚三本是华人，为人狡黠，又善于阿谀逢迎，通过贿赂明武宗的宠臣江彬，得以侍明武宗左右。火者亚三不时教武宗番语以取乐，一时颇受武宗宠爱。正德十五年（1520年）八月，明武宗动身回北京，火者亚三也得以随行。这时皮莱资已先期到京，住在会同馆。

明武宗于年底始到北京，这时满剌加请求明廷援救的文书亦至，监察御史丘道隆奏言："满剌加，朝贡诏封之国，而佛朗机并之，且啖我以利，邀我封赏，于义决不可听。请却其贡献，明示顺逆。使归还满剌加疆土之后，方许朝贡。脱或执迷不悛，虽外夷不烦兵力，亦必檄召诸夷声罪致讨，庶几大义以明。"

丘道隆的话代表了当时明廷绝大多数臣僚的意见。正德十六年（1521年）二月，明武宗死去，明世宗继位，马上将江彬和火者亚三处死，皮莱资被押赴广州监禁，责令葡萄牙人归还满剌加故土，并号召暹罗诸邻国援助满剌加复国，下令驱逐盘踞屯门的葡人。皮莱资在广州被囚禁三年，死于狱中。

葡人来中国，当时的主要目的是要发展和中国的贸易。对于葡人来说，发展海外贸易是发展经济的迫切需要。中国的情形则相反，仍是一个自然经济占统治地位的封建大国，没有发展海外贸易的强烈要求。明王朝一直推行海禁政策，只有朝贡才允许附带进行少量的物品交换，对私人海外贸易一概禁止。中、葡之间的这种矛盾决定了冲突势所难免。另外，葡人拥有先进的枪炮，面对尚处于冷兵器时代的中国，早存轻侮之心，敢于横行抢劫，公然侵占中国领土。明朝政府尽管已很腐败，但中国毕竟是个泱泱大国，尚有相当的抵御力量，这就决定了中葡冲突必不可免。

1521年，御史丘道隆、何鳌力奏，明廷下令将占据屯门的葡人驱除。明军在汪鋐带领下，进占屯门。葡人寡不敌众，战死甚多，有些则被明军俘虏。从暹罗等地驶往中国的葡萄牙船只也多被捕获。葡人知道已无法固守，其余部在夜间遁去。嘉靖元年（1522年），明廷"敕责佛朗机，令还其（满剌加）故土"，但没有结果。

嘉靖二年（1523年）初，葡萄牙船只五艘来广州，请求通商，遭到拒绝。葡人遂转攻广东新化县西草湾，想重新建立据点。备倭指挥柯荣率军迎击，俘虏葡人42人，斩首35级，缴获船只两艘，并夺回被葡人掠去的中国男女十多人，其余三艘葡船仓皇逃去。

这两次中葡冲突，对中国产生了明显的影响。其一，佛朗机铳传入中国，并开始用于防务。汪鋐从屯门驱除葡人，即缴获了一些葡人的枪炮。“官军得其炮，即名为佛朗机。”汪鋐上疏明廷，极陈此兵器猛烈异常，请求大力仿制，用于边防。当时，明廷北边常有蒙古诸部来犯，边事危机。明廷便听从了汪鋐所奏，且提升汪鋐为右都御史，督办此事，以在边防上广加使用。

其二，由于中葡在广东两次发生冲突，明廷不准葡人前来贸易。也是在嘉靖二年（1523年），两起日本贡使在宁波发生了“互争真伪”的“争贡之役”，嘉靖帝震怒之下罢黜了浙江、福建两市舶司，广东市舶司虽未罢黜，但对南海其他国家来广州的贸易活动也一概加以拒绝。这使得商业一度颇为繁盛的广州顿时显得格外萧条，且严重影响到广东地方财政的税收。因这里海禁顿严，沿海商民便千方百计地北去闽、浙等地。葡人在广东不能得逞，也转向闽、浙沿海一带。中葡之间遂在闽、浙一带又发生了新的冲突。

嘉靖中期，以许栋为首的海商集团盘踞宁波附近的双屿港，进行走私贸易。葡萄牙人和许栋相勾结，在双屿建立据点，一边进行贸易，一边“每每肆行劫掠”。嘉靖二十七年（1548年），浙江巡抚朱纨派都指挥卢镗率兵进攻双屿，葡人全部被驱逐，许栋逃去。他们在双屿的房屋建筑也全部被铲除。

葡萄牙人随后又转移到福建沿海的浯屿（今金门）和月港，与那里的中国走私商人相结合，一边进行走私贸易，一边进行海盗式的抢掠。嘉靖二十八年（1549年），朱纨亲自和福建巡海道副使柯乔率兵进击，葡人的船只从浯屿仓皇逃往诏安。明军截于走马溪，大获全胜。由于中国军民的英勇抗击，葡萄牙在广东、浙江和福建沿海的侵略据点先后被拔除。

葡萄牙海盗商人虽一再被明军所驱逐，但在中国沿海占据一个通商据点的念头始终没有放弃，位于珠江口边的澳门成了他们觊觎的目标。

澳门原属香山县，故又称香山澳。因澳门有南北二湾，规圆如镜，故又称濠镜。在葡商定居澳门以前，曾一度以澳门西南的浪白澳为停泊地，与中国海商进行贸易，但那里交通不便，不是适宜的通商之处。嘉靖三十二年(1553 年)，葡商通过向海道副使汪柏行贿，托言货船遇到大风浪，打湿了货物，请求在澳门晾晒。阴谋得逞后，他们便打算长久居留下去，在澳门修筑房屋，扩充居地，建造炮台，并设官治理。从此以后，澳门就成为西方国家与中国交往的主要据点。

第二章 崭露头角：一代枭雄的崛起

郑芝龙出生在一个海商世家，受到商人气息的影响。而他在因缘际会下成了东南海盗的龙头，更为郑氏的商业提供了后台。郑芝龙虽与官军几次冲突，但他心中仍然希望能够被朝廷“招安”。

浪迹江湖的少年

福建泉州地狭人稠，这种经济资源配置的不平衡性，使泉州人自宋代以来就面临着农耕经济的危机。富有开拓精神的泉州人为维持生计，根据其地理条件的特点，积极开展工商经济，从而使因人稠地狭而造成的生存压力得到缓和，并形成逐末之俗。在商业活动中，泉州人因地制宜，凭海为市，致力于海外贸易。伴随海外贸易的发展而兴起的商业文化，在泉州产生了广泛而深远的影响。传统的重农轻商思想，在现实的生存需要面前显得苍白无力，越来越多的士子也加入了商业活动的行列，从而形成了泉州历史上的儒商传统。

根据有关资料的记载，泉州古代从事商业活动的士子，多为举业未就的儒生。他们或因家境困顿而业贾，或因乡族经商风气的熏陶而喜贾。如张志立“家徒四壁，乃舍儒就贾，拮据奉父”；许眉冒“家倾困顿，乃弃举业，从事计然，恪尽子职”。有的虽没言及家境，但他们从商的动机也可以从其所在乡族贾风之盛得到解释。如晋江县的“安平（今安海）人喜贾，少事诗书，挟重赀，浮海岛外为业，巨姓子弟不免焉”。连一些自泉州府城徙至安海的人，也一改其“世治书，不喜贾”的家风而“行贾周流四方”。石龟许氏则是个世代经商的家族，“尤其值得注意的是，石龟许氏家庭的许多子弟大多是先业儒，然后走上经商的道路，即所谓‘弃儒从商’‘儒商结合’”。当然，泉州古代涉足商业活动的士子中，也有一些是具有功名职衔者。如北宋时位至宰相的晋江人曾公亮，《宋史·曾公亮传》称他“殖货至巨万，帝尝以方张安世”。还有弃仕经商，仍操旧业者。如石龟许氏家族的许廷标，“少代父支家，辍举业逐什一，能以诚信感人，市货者云集，家业一振……后为郡邑椽，三考候选经历，不就仕，逃遗迹桃源，仍逐什一”。但这些人为数较少。

郑芝龙就是出生在这样一个商业气息浓郁的地方。郑芝龙的母亲来自当地著名的海商黄氏家族。郑芝龙的舅父黄程就是个大海商，经常往返于澳门和日本等地，从事海外贸易。据有关文献记载，郑芝龙的母亲黄氏也颇有经商才能，后在郑成功起兵时曾“助洋银十余万”，这些积蓄可能就是她经商所得。

天启元年（1621 年），郑芝龙已是 18 岁的青年，独自离家前去澳门，投靠他的舅父黄程。明代的澳门是广东最重要的港口之一，由于葡萄牙人居此经商，这个港口还与欧洲港口建立了联系。当时福建商人在澳门十分活跃，在福建地方方志记载中，我们可以看到福建商人在澳门经商的例子：福清县施作岐之父，在澳门经商数十年不归，最后“在粤亡其赀，死于澳中”；另有林宏仲其人，也是闽籍商人，寓居澳门有很长的时间，俞大猷平定海寇时，曾向其借用几只船。

闽商在澳门与葡萄牙人的关系不错。广州的外贸市场对葡萄牙人关闭之后，葡萄牙人雇佣福建商人为代理人，前往广州购货，这些人被称为“闽揽”。广东文献记载这些“闽揽”的活动颇为出格，“其闽船四只突入里海者，据番禺报，水客船户，各有姓名，并无违禁货物，已经海道发市舶照例输饷。”“审看得郭玉兴、高廷芳、陈仰昆、包徐良四船，满载番货，排列刀铳，聚集千人，突入省地，通国惊惶。询之父老，此粤中从来未有之创见也。”“蒙察院梁批：郭玉兴等，借闽引以通番，贩番货以闯粤，此走死如鹜之巨奸也。”“总之，闽揽之不利于粤，自有大缘因，而非其目前之谓也。粤之欲去闽揽，自有大主持，而非其数人之谓也。”这都表明：在葡萄牙人租借

澳门之后，闽人长袖善舞，在澳门的事业进一步发展，并形成了一定规模的闽商集团。《澳门记略》记述妈祖阁前的洋船石："相传明万历时，闽贾巨舶被飓殆甚，俄见神女立于山侧，一舟遂安，立庙祀天妃，名其曰娘妈角。娘妈者，闽语天妃也。于庙前石上镌舟形及'利涉大川'四字，以昭神异。"可见，万历年间重修妈阁庙，与闽商是有相当大的关系的。明末福建人旅居澳门的数量可观，《崇祯长编》记载，崇祯三年（1630 年），礼科给事中卢兆龙言："闽之奸徒聚食于澳，教诱生事者不下二三万人。"此处对闽人颇有贬语，但也说明当时寓居澳门的闽人不少。那么，此时澳门有多少人呢？据西方的史料，崇祯三年（1630 年）"在澳门居住的葡萄牙人不足千人，澳门全部人口大约 11000 人。"可见，如果卢兆龙对闽人在澳门数量估计可靠，那么，他们的数量超过了本地人。另一种可能是：卢兆龙为了达到他文章的效果，夸张了在澳门的闽人数量。不管怎么说，不可否认明末闽人在澳门华人中占很大比例。

闽商在澳门的成功与其掌握外语有很大关系。明代隆庆年间的名臣、广东人庞尚鹏这样说澳门："其通事多漳、泉、宁、绍及东莞、新会人为之，椎髻环耳，效番衣服声音。"

这篇奏疏是研究澳门史上极为著名的一篇文献，说明在澳门开港之初，福建的漳州人、泉州人，浙江的宁波人、绍兴人，都在澳门十分活跃，他们穿上有异于内地的奇装异服，且能用"番语"与葡萄牙人经商。值得注意的是：在这四地人员中，漳州人排在第一位，泉州人排在第二位，可见他们在澳门商界的地位之高。明代泉州安平镇人李光缙自述其兄到广东澳门贸易的经过："余家世治书，不喜贾，有之下，但坐窥市井耳，不喜行贾。兄伯自其王父由吾儒林徙安平，安平人多行贾周流四方，兄伯年十二，遂从人入粤。尠少有诚壹辐辏之术，粤人贾者附之。纤赢薄货，用是致赀，时为下贾。已徙南澳，与夷人市，能夷言，收息倍于他氏，以故益饶，为中贾。吕宋澳开，募中国人市，鲜应者，兄伯遂身之大海外而趋利，其后安平人效之为上贾。”

这位李姓商人是泉州商人中的典型，很小年纪就到广东贸易，并进入澳门。由于年纪小，他很快学会了“夷言”，可与葡萄牙人直接贸易，因而他挣了很多钱。在澳门打下基础后，他又到吕宋贸易，当年西班牙人刚到东方，为了打开贸易渠道，对中国商人十分优待，所以，这位李姓商人发了大财，成为一代巨商。这位李姓商人成功的原因和其掌握外语有极大关系：“当是之时，中国之人新与夷交，语言不通，嗜好不同，而译者用事。兄伯身所之夷，与语辄习之。见其国王，王以为异人，是以征贵贱，不复问译，而取信于兄伯，兄伯不之诒也，遂为雁行中祭酒大夫也。凌大海之波，泛条枝之窟，睹扶桑之上下，识鱼龙之变化，而能掉三寸舌，通华夷之情，行忠信于蛮貊，此亦魁然一奇丈夫也。”

事实上，在郑芝龙去往澳门之前，郑氏家族早已有参与在澳门贸易的历史，他们之中有许多人死于澳门。明代《郑氏族谱》记载：郑氏家族的第十世子弟中，有 14 人葬身于澳门；第十二世子弟与第十三世子弟，各有 2 人葬身于澳门。仅就这些史料，可证明郑芝龙的家族经营澳门至少有四代人。

郑芝龙早年在澳门谋生，江日升的《台湾外纪》第一卷记载：“岁天启元年辛酉，一官年十八，性情荡逸，不喜读书，有膂力，好拳棒。潜往粤东香山澳，寻母舅黄程。程见虽喜，但责其‘当此年富，正宜潜心。无故远游，擅离父母。’一官诡答以‘思慕甚殷，特候起居，非敢浪游。’程留之。”“至天启三年癸亥夏五月，程有白糖、奇楠、麝香、鹿皮欲附李旭船往日本，遣一官押去。”这段史料大家都熟悉，不过，《台湾外纪》毕竟是一部小说，虽然许多历史学家都认为此书接近于事实，但还存在许多疑问，例如，郑芝龙为何跑到澳门去谋生，而不是去其他地方？而明末版《郑氏族谱》表明，郑氏家族经营澳门有多年的历史，郑芝龙是南安石郑氏第十一代子孙，在他之前，郑氏家族已经有人在澳门开拓，其中第十代人葬身于澳门的就有 14 人。由于前人打好了基础，郑芝龙才敢到澳门冒险。

西至吕宋，东往日本

天启三年（1623），黄程交给郑芝龙一批货物，搭乘别人的船出海。出海，就是押运货船到日本、吕宋去。

吕宋是中国的棉布、生丝、丝绸等前往海外的中转站，中国商人很早就在这里的马尼拉经商。据说马尼拉之名源自当地一种生长着白艳花朵的湿地树，因为那些白色的花朵开得宛如一双亮晶晶的眼睛，因此得名。马尼拉有一个天然的海港——马尼拉湾，大批的商船就是从这里起程，将中国商人贩运而来的棉布、丝绸等运往葡萄牙、西班牙、墨西哥等地，然后再从那里满载黄金白银和充满异域风情的货物而回。

而随着中国的丝绸等在欧洲的热销，马尼拉的贸易地位也引起了欧洲人的注意。西班牙人捷足先登，派出了他们的舰队在马尼拉湾登陆。吕宋的君主苏莱曼亲自指挥了抵御西班牙人入侵的战争，然而却不幸在海战中阵亡。西班牙人大获全胜，一举占领马尼拉，继而控制了吕宋全境。

西班牙对吕宋的占领，并没有妨碍中国从漳州、泉州而来的商人在这里继续经商。他们很快和西班牙人结成了贸易伙伴，每年都与西班牙人约定价格，然后带着西班牙国内转来的采购清单，回国代为采办。后来很多商人觉得商品运输不便，增加成本，索性将部分生产环节转到吕宋，于是在吕宋出现了大批由华人经营的以棉布、纺织为主的作坊、店铺。他们就地收购棉花，然后就地纺织成棉布，这样就可以直接向欧洲输送，成本大大降低，而利润却大幅提高。

黄程年轻的时候，就曾经一度在马尼拉经商，拥有自己的棉花纺织作坊，而且和当地华人最大的首领李旦有过交往。李旦约比黄程大 10 岁，泉州府同安人，是一位百货业大王，从印度尼西亚泗水到日本长崎，所需生活用品，都能在李旦经营的百货店里找到。

然而，天有不测风云，由于中国商人的出色经营，加上中国的丝绸和棉布在欧洲市场上所向披靡，导致在当时的新兴市场墨西哥，曾经独领风骚的西班牙货都被中国货所排挤。据说，在墨西哥市场上，中国丝织品价格是西班牙同类产品的 1/3、秘鲁的 1/9，在东南亚是荷兰同类产品的 1/3，在欧洲是欧洲产品的 1/4~1/3。甚至，中国铁钉在吕宋市场价格只是西班牙产品的 1/4，致使秘鲁总督卡涅特不得不专门派人赴吕宋购买中国铜、铁制品。

西班牙国内，王室对此大为恐慌，一再下令禁止中国的丝织品在墨西哥等地销售。

正当西班牙对中国的丝织品说“不”时，中国方面，却不知道谁编造出了一个谣言：说吕宋岛上有一个叫做“机易山”的地方，每年出产 10 万两黄金和 30 万两白银。福建的官员听说了这一消息，不辨真假，将其上奏给中国的最高统治者万历皇帝。万历皇帝立即下了一道诏书，派海澄县丞王时和与百户于一成，一道抵达吕宋勘探实情。

中国政府派官员来到吕宋，这引起了西班牙人的猜忌，认为中国政府来勘探是假，想要将吕宋从西班牙人手中夺走是真，于是西班牙人先下手为强，采取了强硬的驱逐当地华商的政策。大规模行动的第一步就是搜查中国商人的武器，甚至包括一应日常用的铁器。这样一来，中国商人自然不愿意，于

是冲突随之发生：西班牙人开始武力镇压，一场血腥的大屠杀开始了。

在这场风波中，像黄程这样的小商人自然难逃其害，幸而黄程见机不好，早早携带家产逃回了中国。

大屠杀之后，中国和吕宋的贸易近乎停滞，每年敢于冒死抵达吕宋的船只不过十多艘而已。黄程和很多人一样，一朝被蛇咬，十年怕井绳，明知道派船去吕宋利润巨大，却始终不敢前往。黄程毕竟是商人，商人所考虑的就是如何千方百计获得利润，于是便做出了让郑芝龙出海的决定。郑芝龙也没有任何的犹豫，事实上也别无选择。他立即收拾了行李，告别舅舅，扬帆起航，奔向吕宋。

郑芝龙在吕宋结识了当时亦商亦盗的泉州籍华人李旦。李旦在16世纪末和17世纪初活跃于日本、印度、英国和荷兰之间，拥有大量资产和大批商船，而且有相当强大的武装力量，足以在海上与前来干预的官兵相抗衡。李旦武装集团控制着吕宋与日本的对外贸易。当时，西方殖民者东来到处寻找市场，李旦便扮演着西方殖民者中间商的角色，甚至合伙共同经营海上贸易。生意越做越大，资本雄厚，船队庞大，是当地华侨的首领。当时朝廷感到李旦的巨大影响力，企图收买他为朝廷所用。据《熹宗天启实录》卷五十三记载："泉州人李旦，久在倭用事……谕旦立功赎罪，旦为我用，夷势孤可图也。"

郑芝龙在这种情况下，寄身于李旦门下，帮助李旦从事对华贸易，逐渐成为了李旦部下最有势力的海商。郑芝龙的才干深得李旦赏识，李旦将他"抚为义子"，交给他一部分资产和船只，让他到日本做生意。

郑芝龙是乘坐一艘前往日本的朱印船抵达平户港的。所谓"朱印船"，是日本一种特殊的允许船只出海贸易的经济政策下的产物。船主必须得到盖有德川家康大将军印的"异国渡海朱印状"，才能够从日本出海，到中国南部的沿海和东南亚国家的港口，与停泊在那里的中国商船进行贸易，买进中国的生丝、丝织品，以及东南亚各地的特产。而日本对外输出的则是大量的白花花的银子，以及成吨的铜，还有大量的铜钱等。

能够得到"朱印状"的船主，在日本都是经济实力雄厚的人物。因为每年出海的朱印船，不过十几艘而已。

至于朱印船的贸易利润，则可以用"惊人"二字来形容。从日本载出的大量的白银和铜钱，换来的是中国大批的生丝、各种丝织品，以及东南亚各国的鹿皮、鲛皮等。日本人将丝、丝织品做成各种服装，体现自己的身份尊贵和豪奢；用各种毛皮制成武士的护胸、裤子、上衣、鞋套、手套、刀鞘、刀柄，以及包裹火绳枪的皮袋……所有的货品都供不应求。每一艘朱印船进港，都会有来自日本各地的大批经销商在这里等着接货、卸货。一次出海，一船商品获得的最少利润，也在百分之百，有的甚至高达百分之二三百，获利之丰，难以想象。

这天黄昏时分，朱印船在平户港靠岸了。经过半年多的航行，满载着东南亚各国特产归来的朱印船一进港就引起了轰动。日本各地的经销商忙着要上船来卸货，船员的家人们则在码头上焦急地期盼着亲人回家团聚。

然而，朱印船靠岸之后，船上的人们却不能马上下船，还要履行最后一道手续：接受检查。

负责检查的是平户当地的官员。而上船来检查的主要内容，实在令人难以置信：他们所要查的，主要是船上有没有外国来传教的传教士，以及有没有信奉天主教的教徒。

天主教此时传入日本，已经超过60年之久。第一个到日本传教的，据史载是耶稣会的创立者之一方济各·沙勿略。方济各·沙勿略是西班牙人，1540年以国王钦使和耶稣会东方传教团首脑的身份，从葡萄牙出海前往东方，在马六甲遇见了流亡的日本浪人弥次郎，后者向他介绍了自己的祖国。于是在1549年，方济各·沙勿略从印度的果阿起程，前往日本，同年八月抵达日本最

南端的鹿儿岛，通过弥次郎见到了当地的大名岛津贵久，并成功获得了岛津的传教许可。

后来，因为受到本土的佛教排挤，传教事业并不顺利，于是方济各·沙勿略决定前往京都寻求天皇的支持，然而却连天皇的面都没有见到。他转而求见权势极大的大名大内义隆，以难得一见的“南蛮物”闹钟、火枪、八音盒等新奇之物获得了大内义隆的好感。大内义隆成为天主教在山口传播的保护者。1551年，方济各·沙勿略又接受了府内的大名大友宗麟和当地葡萄牙商会的邀请前往府内，开辟了府内传教点，九州北部成为日本天主教的主要传播中心。

方济各·沙勿略于1552年病死。十年之后，另外一位传教士弗罗伊斯到达日本，他与当时最有权势的大名织田信长会面，取得了织田信长的信任。织田信长主要利用天主教来打击佛教敌对势力，且借助天主教获得和“南蛮”人贸易的利益和装备军队所需要的枪支。这一时期，天主教在日本的发展达到了最高峰，上至手握兵权的大名，下到贩夫走卒，无不皈依；北到北海道，南到鹿儿岛，都有信徒。京都、安土、府内等地都是天主教鼎盛之地。

然而，当日本进入丰臣秀吉时代，天主教遭遇了第一次沉重打击：丰臣秀吉于1587年发布了著名的《伴天连追放令》，宣布日本为神国，故天主教违反天下御法度，是为“非法”，所有传教士二十日内必须离开日本，不得再来。但允许和“南蛮”人保持商业上的往来。

几年后，1596年，发生了“圣菲利浦”号事件，从而引发日本天主教史上著名的“庆长大殉教”。事情的经过是这样的：有一艘西班牙商船叫做“圣菲利浦”号，在海上遭遇了风暴，遇海难漂到土佐，增田长盛作为日本方的使节上船处理，扣押了所有船员。在审讯时，船长供出了西班牙人是如何利用天主教作为先锋，在取得当地的信任后，建立殖民地的。这一供状迅速交到了丰臣秀吉的手上，令丰臣秀吉惊恐万状，他随即做出了一个决定：全面禁止天主教。第二年，他把各地的天主教信徒和传教士 26 人逮捕，处死于长崎。天主教在日本转入地下。

等到日本进入了德川家康时代之后，一度放宽了对天主教的限制，但是很快德川家康发现，全国的天主教徒竟然超过了 70 万。这个可怕的数字让德川家康大吃一惊，天主教再次被禁。因此，当郑芝龙跟随朱印船来到日本的平户后，才会出现当地官员上船检查有无天主教徒的奇怪一幕。

宝岛拱手让人

郑芝龙刚到日本时，住在平户的一条街上，认识了铁匠翁翌皇的日籍养女田川氏（中国人称她为翁氏）。田川氏长得非常漂亮，郑芝龙对她一见钟情，田川氏和她的父亲第一次见到郑芝龙时，也对这个气宇轩昂的小伙子产生了好感。很快，郑芝龙和田川氏便情定终身。不久，田川氏便生下了郑成功。郑成功的出生颇富传奇性。在清人江日升的《台湾外志》中这样描写郑成功出生时的情景：1624 年 8 月 27 日（明天启四年七月十四日）的晚上，身怀有孕的田川氏觉得腹痛，渐入昏迷状态。梦见海上波浪滔天，海涛中有一条大鱼出没翻腾。她同众人正在观看之际，大鱼跳跃扬威，直冲其怀。她惊得醒来，即分娩一男孩。这个男孩就是郑成功。

此时，正在街上与朋友聚会的郑芝龙，听说爱妻生子，不胜欢喜，于是匆匆往回走。邻居见了他，大声呼喊："赶快救火！"郑芝龙问："火在何处？"邻居说："刚才，你家中火光冲天。"郑芝龙回到家中，见到爱妻和新

生儿安然无恙。哪里是什么着火，原来是儿子降生时灯火射出，光亮达天。众人皆以为此种天象是大喜征兆，便纷纷前来道贺。

关于郑成功的出生，在日本历史文献《平户踪记》中还有另一种说法。这一天，大腹便便的田川氏在千里滨海滩拾取贝壳。天上忽然乌云密布，狂风大作，平静的海面顿时波涛汹涌。她忽然感到肚子一阵阵剧痛，知道自己马上要生了，但是却走不动了，只有踉跄地倚在一块巨石旁边躺着，就这样生下了郑成功。后来，这块石头被称为“儿诞石”。现在，“儿诞石”仍在千里滨海滩上，上面刻有“郑延平郡王庆诞芳址”，成为当地的名胜古迹。郑成功幼名福松，后名森，字大木、明俨。

郑芝龙的事业飞速发展。他不但亲自出海，带着商船到暹罗、柬埔寨、马尼拉、澳门、澎湖等地贸易，每一船都带回数十万两银子的巨大利润，而且每到一处，他都与当地官员、商人相谈甚欢，很快结成莫逆之交。

正当郑芝龙率领自己的商船纵横海上，将自己的声名远播东南亚各国的时候，外面的情势也在变化。

这一变化是荷兰人带来的。早在葡萄牙人、西班牙人驰骋东方，获利丰厚的时候，荷兰人就有心来分一杯羹。他们一从西班牙人的统治下脱离出来，立即远征东方，驾大舰，携巨炮，首先直逼吕宋，挑战西班牙人的统治，结果没有占到便宜；继而又来到澳门。此时的澳门虽然为葡萄牙人所占据，却是属于中国政府管辖。荷兰人打算寻求建立与中国的贸易关系，说动李道同意荷兰人入城，待了一个月，却被葡萄牙人从中作梗，荷兰人的主张并没有被上报给朝廷。葡萄牙人对荷兰人严密防守、无懈可击，荷兰人最终一无所获，只得悻悻而去。

之后，荷兰东印度公司成立，被授权拥有自好望角到麦哲伦海峡的贸易独占权，可以组织雇佣军、发行货币并在殖民地上有统治、外交缔约的权力；在舰队司令韦麻郎的率领下，来到大泥，在当地经商的福建商人李锦建议他占领澎湖。于是，韦麻郎带领船队抵达澎湖。此时正值春汛结束，澎湖岛上没有守卫士兵，他们便在岛上伐木筑舍，准备在这里长住下去。得到消息的福建官员，多次派人到澎湖警告，荷兰人行贿税监高寀，暴露后高寀被处死。福建派遣熟悉澎湖、有丰富作战经验的沈有容来到了澎湖。

沈有容到达澎湖，见了荷兰人之后，义正词严地警告了对方，并且陈列20艘战舰，以震慑荷兰人。荷兰人见中国强硬，而自己并无胜算，只能灰头土脸地撤退，至今当地马公镇尚有“沈有容谕退红毛番韦麻郎等”碑。

这是荷兰人到东方来的第一次尝试，尽管以失败而告终，却考察了沿途地理，发现了澎湖和台湾的重要性。

因此，当天启初年（1621年），荷兰人从捕获的一艘西班牙人的船上获悉，西班牙人已经制订了准备占领台湾的计划，荷兰人坐不住了。于是巴达维亚城的总督柯恩，决定采取先发制人的措施，向舰队司令雷约兹下达了占领台湾的命令：如果进攻澳门失败，则留数艘船只监视，而将主力移驻北纬23.5°半泉州对面的毕思卡度雷斯（今澎湖列岛）。当舰队主力到达时，应派船到雷克贝克诺（今台湾）及邻近地区勘探，抢先占领南部良港，建筑城堡，并派兵镇守。

荷兰人的战略计划如此清晰，其占领澎湖、台湾而与中国贸易的决心也是显而易见的。只是他们没有想到，中国方面对他们的态度并没有改变。当雷约兹抵达澎湖，在澎湖修建城堡，然后与大陆官员交涉，要求贸易时，却遭到大陆官员的坚决拒绝。为了将荷兰人驱逐出澎湖，福建巡抚下令沿海戒严：任何人不得与荷兰人贸易，而且操练水师，调集重兵，将荷兰人团团包围。

双方对峙之际，荷兰人和中国方面又不约而同地想到了和谈。只是请谁来从中进行协调呢？只有一个人能够扮演这个中间人的角色——李旦。

李旦与荷兰人的关系，在于他们都有一个共同的敌人——西班牙人，李

旦对于西班牙人深恶痛绝，而荷兰人和西班牙人也是不共戴天的仇敌，所以在这一点上，双方有着坚实的共同基础。

而李旦和明朝政府也有千丝万缕的关系：李旦在福建漳州、厦门有一个生死兄弟叫做许心素，是李旦的生意代理人。此人在厦门担任中级军职的把总，是其上司俞咨高的心腹。而俞咨高正是抗倭名将俞大猷之子，是福建派来澎湖围攻荷兰人的军事主将。

以此两方面的亲密关系，李旦无疑成为了调停荷兰人和中国政府之间的最好“中间人”。

当然了，李旦参与此事，从头到尾，少不了要带上义子郑芝龙，因为郑芝龙是一个“语言通”，他可以直接帮助李旦和荷兰人翻译，从而省却了双方语言不通所带来的一系列的麻烦。

谈判的结果是：荷兰人退出澎湖，拆除在澎湖岛上的建筑，以表示永不再犯之意。而福建当局则允许荷兰人到台湾的大员港居住，大员港本来是日本、中国商人所占据的一个贸易点，李旦在那里已经经营多年，荷兰人到大员港是向李旦借住，因此必须向李旦缴纳一定的赋税。而福建当局则答应派出商船到大员，与荷兰人进行贸易。这是一个对三方都有利的协议，只是因为牵扯到李旦在内，不便形成正式文件，于是只能在口头上达成了协议。澎湖危机总算解决了。

双方达成了口头的协议，荷兰人于是拆除城堡，将建筑材料、大米、武器及其他财物运到了台湾大员港。

因缘际会，成为海盗龙头

从明朝中期起，就有福建居民移居台湾。据族谱记载，约在1460年，就有福建南靖人丘国旺兄弟三人，迁往台湾淡水定居。嘉靖三十三年（1554年），漳州人陈老在澎湖建立据点，组织海上武装集团。后来明朝都督俞大猷追击流寇至澎湖，在澎湖筑暗澳城。然而，明朝政府与官员一直没有认识到台湾地位的重要性，因此台湾为海外武装集团所利用。最早以武装力量驻扎台湾的是林道乾，又名林悟梁，明代广东潮州澄海县苏湾都南湾村（今湾头镇）人，有计谋，善机智，从事海上武装商贩活动达30余年，足迹遍及台湾、安南、吕宋、暹罗、柬埔寨等地区和国家。明末福州名宦曹学佺的《石仓全集》记载："万历元年（1573年），潮寇林道乾勾倭，突犯漳、泉海洋，窜据澎湖，寻投东番（台湾）。"林道乾年少时为县衙小吏，因得罪县官，亡命天涯，投靠海盗吴平，后来自己拉起了一支队伍，自立山头。嘉靖年间，海禁更严。林道乾与朝廷抗衡，以武装掩护进行海上商贩活动，冲破禁令而获利。嘉靖四十五年（1566年），林道乾率众驾船50余艘到南澳岛，占为据点。都督俞大猷领兵进剿，林道乾率众转移，航海到澎湖，因俞大猷率官兵紧追而来，林道乾船队驶往台湾北港。林道乾船队泊舟打鼓山下（凤山县西南），在打鼓仔港造船，扩大船队，以图进取。随后林道乾从台湾航海往勃泥（北大年）进行贸易，在勃泥与潮州之间往返贸易。

还有一种说法，见于俞正燮《癸巳存稿》卷五。嘉靖四十二年（1563

年），在一次与明朝官军的抗争中，林道乾被都督俞大猷所追逐，遁入鸡笼（今台湾基隆）。后林道乾退往台南，遂以此为据点，取名北海。虽然林道乾后来离开台湾，但他已发现台湾本岛在海上武装活动中的重要性。

继林道乾之后在台湾建立海商根据地的是林凤，广东饶平县人。林凤又名林阿凤，19 岁就参加海上武装泰老翁队伍，后继其业，以澎湖为基地，开拓海上贸易，最盛时有武装商船 300 余艘，人员 4 万以上。隆庆元年（1567 年）率部攻占惠来县的神泉港。万历二年（1574 年）六月，林凤在广东兵败，退至福建沿海。十月，遭福建总兵胡守仁官军袭击，林凤从澎湖退到魍港（今台湾嘉义县与台南县交界河八掌溪河口）驻扎，建立据点，休养生息。不久，林凤到南澳岛，修书议和求抚，广东总兵殷正茂不予接纳。为避官兵进剿，十一月，林凤率战舰 62 艘、5500 余人，扬帆向吕宋进发。当月二十九日抵达马尼拉湾的马里斯，后转移到北面彭家施兰的林加延湾（玳瑁港）建立据点，与当地居民关系融洽。万历三年（1575 年）三月，占据菲律宾的西班牙殖民者派兵进攻林凤，明朝政府乘机联合围攻。林凤苦战 4 个月，于八月四日夜，率 40 余艘战舰突围，直抵台湾魍港休整。后林凤以台湾为基地，在闽粤沿海从事贸易，对抗明朝官兵。万历四年（1576 年），福建总兵胡守仁追击林凤至台湾淡水洋，林凤 20 多只船沉没。后来林凤只好离开台湾，不知所终。此后，大陆与台湾的贸易往来不断增强，海上武装集团也从以粤籍为主转为以闽籍为主。

在海上武装集团与明朝的斗争中，海商首先发现台湾本岛的重要性。虽然明朝军队也到达台湾，但由于海禁政策，台湾一直没有得到朝廷应有的重视。而且朝廷还利用西方殖民者共同对付海上武装集团，导致台湾受到外国殖民者的侵略。

万历三十年（1602 年）九月初二，一股倭寇由浙江流窜到福建万安卫所，从乌邱出海到澎湖列岛，又流窜东番（台湾）。倭寇在大员（今台南安平）建立据点，四处劫掠。并向东南沿海前往台湾的商人、渔民收取“报水”（保护费）。

对于倭寇侵入台湾的行径，福建巡抚朱运昌密令浯屿偏将军沈有容前往台湾讨伐。沈有容统战船24只前往征剿，在过澎湖时遇上了飓风，船队飘散。等候了3天，飘散的船只才归队，但只剩下了14只船。沈有容再向台湾前进。十二月初八与倭寇相遇，沈有容率诸将士殊死战，倭寇大败，被斩者15人，许多人投水焚溺。沈有容击沉倭船6艘，救回漳泉渔民300余人。在明军登陆台湾修整的时候，受到台湾土著的欢迎。随行的陈第将台湾见闻记载下来，写成《东蕃记》。沈有容此次军事行动是明廷在台湾显示主权的一次重要行动。但是没有在台湾开府设县，也没有留下驻军。

广东海商林道乾、林凤占据台湾而后失败的经历，以及明朝政府抗击日本入侵台湾的军事斗争，给此时在台湾的郑芝龙两点重大启示：第一，要在台湾建立巩固的根据地，做长期打算。第二，要与明朝政府联合，才能巩固和发展势力。

1625年7月，李旦因生意事返日，职务由郑芝龙代理。一个月后，李旦染病去世，所有事业遂由郑芝龙继承下来。数年之间，郑芝龙因缘际会，由一介籍籍无名的小伙计，一跃而成为众海盗的龙头大哥，这并非偶然得之，而是郑芝龙洞悉先机、策略得当、多种因素合力作用的结果。举其要者，有如下数端：一是郑芝龙居于组织的枢纽，深受李旦的倚重，掌握了李旦的财富和权力；二是郑芝龙已组织起自己的队伍，他的几个兄弟如郑芝虎、郑芝鹏、郑芝豹等都已经参加进来，并成为骨干力量；三是郑芝龙善于把握形势的变化，迅速发展和壮大自己的海盗队伍。正如董应举在《崇相集》中所分析的：“郑芝龙之初起也，不过数十船耳，至丙寅（天启六年，1626年）而一百二十只，丁卯（天启七年，1627年）遂至七百，今（崇祯初年），并诸种贼计之，船且千矣。若曰禁接济以绝贼饷道，饷道绝矣，何以一年而贼加十

倍乎？岂非驱吾民以与之耶！彼以恤贫诱人，我以禁粟驱民，此芝龙诸贼所鼓掌而笑也”；四是郑芝龙占据地理优势，因势成事。同一时期的海上武装集团如林道乾、林凤、曾一本等，皆起自闽粤沿海，只有在沿海无法立足时，才退往澎湖、台湾暂避风头；而郑芝龙的海商集团则拥有一定的台湾海峡制海权，进退自如，来去如风，这在历史上是第一次，从而为其海商集团拓展了巨大的生存空间。

被逼上“梁山”

郑芝龙虽然在台湾建立了据点，但并非可以从此高枕无忧，一劳永逸。此时的台湾是多方利益角逐的是非之地，荷兰已实际占领了大员港，为了争夺海上控制权，郑芝龙在台湾与荷兰人已经形成了对峙状态，双方都在积极备战。另外，海上尚有李魁奇等较强大的海盗集团，他们的势力与郑芝龙不相上下。他们根本不听从郑芝龙调遣，甚至要挑战和袭击郑芝龙的船队，为此，郑芝龙需要大量资源进行海上统一战争。再者，明王朝作为一个统一的政权，虽已处于风雨飘摇的末世，但相比于名不正言不顺的郑氏海商集团，仍然是一个庞大的、强势的统治集团。

郑芝龙虽然被官府视为海寇，但他与一般的海寇有很大的不同，这主要表现在他比较讲究策略，懂得收买民心的重要性。他不仅不随便杀人，遇到贫民还给些钱，对群众的接济物品都不白取，而是给以较高的报酬，即所谓“重偿”，所以濒海的老百姓都愿意为他效劳。他还广布耳目，官府有什么动静，他都能很快侦知，预为防备，“使鬼神通，人人乐为之用”，主动投奔他的人很多。因此，他的队伍壮大得特别快。从有关文献可以看到，天启六年（1626年）时，郑芝龙的船队已由数十艘扩大到120余艘，到天启七年（1627年）时“遂至七百”艘，到崇祯元年（1628年）时，“船且千矣”，其部众已达数万人。

郑芝龙的实力得到扩充后，便率军北上，攻占了金门。之后留下一部分人员驻守，经营金门，作为前进之基，就地招募一批兵员，武装所获舰船，准备趁热打铁，攻占厦门。

几天之后，郑氏军队从金门出发攻打厦门。由于金、厦近在咫尺，连几艘大船离港都看得一清二楚。金门的舰船才扬帆离港，厦门便乱作一团，等舰船行至两岛之间，却又回去了，徒然一场虚惊。

原来，攻占金门之后，郑芝龙便派人带着百余名厦门籍士兵潜回原籍，发起有力的秘密策应：民间遍播郑芝龙义德，官军中广传郑氏如何势不可当。又采纳谋士黄玉邦之计，舰队每天出海，作攻打厦门之势，却又半途而回。百姓盼心日切，官军由惧而疲。

没过几天，郑氏军队又从金门扬帆而来。厦门的官军照例登城备战，百姓也纷纷临高观望。这天是东北风，只见战船鼓满风帆，直奔厦门而来。临近岛岸，突然分成三队，避开守军重防，抢占滩头。直到这时，官军水师才驶出水寨，却遇上顶头风，被郑芝龙之弟郑芝虎的先锋队乘风高速直冲过去，火器弓箭齐发。只打一个回合，官军水师便溃散不成阵形。

厦门百姓，见这次郑氏军是真的来了，便呼啸着拥向几个滩头。有看热闹的，有如约打接应的，这便是袁其等人组织的策应队伍，立即与登陆军会合了，仗着轻装熟路，分头向厦门城逼进。

厦门官员闻听来敌避实就虚，不从海上攻城，却从几处荒滩登陆，也不知各处实力大小；又见水师舰队被冲散，完全打乱了部署，便急召同僚商议对策。指挥官们自金门失守，便惶恐不安，派人向泉州卫指挥使求援讨计，却迟迟不见行动，虽然自己拟了几套作战计划，不想被郑氏一冲，顿时乱了套。有人主张关了城门固守待援，有人主张夺民船撤退，有人主张出城退敌，议来议去，莫衷一是。官员心想，死守并非上策，便决定派出四成兵力，带领民间乡勇拦截，免得固守被动，当下点拨人马分头出城迎敌。

此时，郑氏大将杨天生率一路人马，在厦门百姓引导下，很快冲到东门外，正遇到官军出城，既不成阵，也无工事。隆华军大声呼啸，杀声震天，就把官军冲个大乱，后面的乡勇队，纷纷投向隆华军，转身向官军攻击。官军不敢恋战，掉头即往城里跑。城上指挥急呼关门，城门已经被人流塞满，关不成了。城上又命放箭，城下两军混战乱成一团，双方中箭者不少，却都争先往城里冲。毕竟城外人多，冲得猛，东门很快便被冲破。城内一时大乱，一些官兵不听指挥，打开西门夺了民船逃命。千户官眼看败势已定，便随着败军退下海，夺了水路，向同安、镇海方向逃去。不到半天时间，厦门城便落入郑芝龙之手。

数天之内，连下两座海防重镇，郑芝龙名声大振，劫富济贫的主张、严禁烧杀奸淫的纪律四处传扬，家喻户晓。富人闻名不惊慌，黎民百姓或翘首盼望，或下海来投，众口称颂，呼为“郑家军”。

郑芝龙等人坐镇厦门，巩固基地，扩充兵力，同时派出一队战船扬帆南下，一路无所阻挡，直把闽南和广东潮汕沿海各县的官军无情扫荡，引起东南沿海戒严，海陆备战。

明濒海官军对郑芝龙已无可奈何，因而一些官员就主张对他进行招抚。负责执行这一任务的，是此时的泉州巡海道，和郑芝龙家族颇有交情的叶善继。叶善继接到命令，立即派幕僚黄昌奇给郑芝龙带去了一封劝降书：“自髫龄时，仪表可爱。岂料壮年，海滨寄迹，使闻之恻然，谅情非得已耳！今特遣旗鼓黄昌奇前来宣谕及部属人等，幸勿久恋迷津，须当速登彼岸。本道当为力请，卖刀买犊，永作圣世良民。从此安插，复业归农；坐享太平，和好室家。言出于衷，幸其听之！”

郑芝龙以贵宾之礼，招待了黄昌奇。宴席之上，读罢叶善继的招抚书信，郑芝龙回答黄昌奇道：“海上弄兵，确非本意。只因寄迹东洋（指日本），被倭人所逼，不得不来此啸聚，以为生计。”

于是，郑芝龙安排人陪黄昌奇，自己则召集众兄弟，商量是否归降一事。“诸位兄弟，我等漂泊海外，弄兵海上，虽然逍遥自在，然而这么长久下去，终非得已。如今朝廷派人来招抚我等，我想听听诸位兄弟的意见，大伙儿心里有什么话，不妨尽管说出来。”

结果第一个站出来反对的是大将杨天生：“你二人素有交情，可是我等却和叶大人素昧平生，并无交情。即使我等封得一官半职。将来官场之上，风云变幻，那时谁来保护我等？所以，我请求给我一些船只，我仍旧留守在这里，做些没本钱的生意。倘若有不顺遂之时，尚可以回来这里。我虽不才，自信也能为大家保留得一块进退自如之地，以留后路！”

杨天生这么一表态，倒有大部分的人不愿意跟随。也有人持观望态度，犹豫不决。

倒是郑芝龙自己，态度非常坚决：“人各有志，诸位兄弟都有替自己打算的想法，我也不勉强。不过，我是决心走这一条路的。你们要留在这里，不妨；等我去了那边，如果顺风顺水，就接你们一起过去；如果不蒙重用，或者误入樊笼，再仰仗诸位兄弟，去接应我回来不迟！”

于是，郑芝龙和愿意生死相随的一众兄弟，连头目和属下一共 800 人，分乘 12 艘大船，跟随黄昌奇返回。

一行人等，入了泉州港，上得岸来，至府衙见叶善继。郑芝龙、郑芝虎、郑芝凤等 20 余位头领，五花大绑，跪在阶下，只等叶善继出来相见。然而黄昌奇进去许久，却未出来。

倒是衙门中的一众衙役，听说海盗头目郑芝龙来就抚，一个个上来辨其面目，指指点点，出言不逊。郑芝龙大怒，平日里何等被众兄弟推崇，不管在日本，还是在台湾，听到他的名字，谁不肃然起敬?！如今却在这里被一众屑小之辈，如此轻视，言语之中，一口一个“贼”，能不难堪？然而，郑芝龙知道，小不忍则乱大谋。如果这点委屈都吃不了，将来如何成就更大的事业？

叶善继升堂之后，先命令给郑芝龙等人松绑，又命给郑芝龙看座，安慰他说道：“你还年幼时就见你聪慧不凡，今日仪表堂堂，更是一表人才。汝父虽死，你更应该立志上进，以图光耀门楣。为何反而漂流海外，为非作乱，自暴自弃？如今既然幡然悔悟，贵于自新，善莫大焉！你放心，本官自会将你的情况详细具本上奏。你且耐心等待，今日自改，将来前程不可限量也!”

郑芝龙知道自己此时说什么也没有用处，唯有给叶善继磕头谢恩，众兄弟也一齐高声谢恩。从这天开始，郑芝龙和一众兄弟就在距离港口不远的一所驿所内苦苦等候上面的消息。

然而，这一等就是一个多月。那叶善继也不是没有上章保奏，然而巡抚朱一松相先是抱病不处理公事，后来病好之后，一见保奏郑芝龙的本子，大为恼怒：“这等祸乱之徒，不加诛杀，已然开恩。如今竟然胆大妄为，还想求得一官半职，岂非荒唐?”于是，竟然将叶善继的奏折压下。只另下一道命令，吩咐将郑芝龙等人带来的船只军械，造册登记，报缴封存。至于归降的800余人，分散安插去各县，充入军中。

消息传来，郑芝龙大为失望。没想到自己诚意受抚，换来的却是如此冷漠的一番回应。他心中不悦，弟弟郑芝虎也来劝说：“大哥，我看这件事情不对。俗话说：虎不可失威，人不可失势。朝廷何以重视大哥？固然因为大哥才华出众，能力卓越，但更因为大哥有这么一群生死追随的弟兄。如今，朝廷竟然要将众兄弟散去各县，充入军中，这一招，叫做‘釜底抽薪’，极是阴险。倘若众人遣散之后，将来祸福难定，一旦仓促之际，大祸临头，如何应对？不如早去！”

另外一个弟弟郑芝凤，也来劝说郑芝龙：“大哥，朝廷如此吝啬，连一官半职都不肯授给大哥，我等还这里受气做什么？正好今夜潮起，不如和众兄弟扬帆自去，仍然过那快活逍遥的日子！”

郑芝龙其实也正有此心意，“既然两位贤弟如此说，那么这就传令下去，立即收拾东西，返回台湾！”于是，当天夜里，郑芝龙和众人重新回到船上，也不和官府打招呼，只放了三声响炮，扬帆而去。

手下留情的背后

再说福建官方，新任巡抚朱一松，为人志大才疏，刚愎自用。一心想成为俞大猷、戚继光式的剿寇英雄，却不懂审时度势，把深受百姓支持的郑家军视为百姓痛恨的外寇。他一开始便主张武力讨伐，对朝议所定招抚之策阳奉阴违，不言安置，即是他的主意。招抚失败成了他主战的重要理由，巧言讨得朝命，出兵围剿。派都司洪先春挂帅，会同把总许心素、陈文廉，调泉州一卫三所万余人官军为主力，犹恐兵力不足，又招募沿海渔民、农民编入军中，出海作战。

郑芝龙令芝豹领船十只敌洪先春，令芝虎领船六只敌陈文廉，又令郑芝彪领船六只敌许心素。郑芝龙自己与芝凤等率大队从中接应。又令郑芝鹏等各领快哨十只，作游兵救援。郑芝龙布置妥当，便统师向北进发。

两军在将军澳相遇。官军虽然船只漫海，无奈多为临时征来的渔船、渔

民。他们看见郑芝龙船舰高大，远远地就各自星散奔逃。洪先春本怀着一鼓荡灭郑芝龙的雄心，见状不免气馁半截。他挥船合进，两军互相攻击。自辰至酉，冲突数十次，未分胜负。值潮水泛涨，风起流逆，许心素、陈文廉所统船只被海流所脱。洪先春首尾受敌，只好收军退到旧镇。郑芝龙见军士疲乏，亦不追赶，鸣金收军，泊于陆鹅外屿。

洪先春收入旧镇后，急传檄铜山、悬铜、陆鹅、镇海指挥、千户、把总，调拨精壮军士前来补充；另调附近沿海乡勇，在沿海扎营，以拦截窜贼。

细作很快报告了芝龙：洪先春调各卫所军士配船，并乡勇齐御，不日即出兵。郑芝龙见不能取胜，十分烦闷。他独自一人喝闷酒。郑芝龙四弟芝豹颇有心计，他听了细作的报告，即有所筹划。他见芝龙闷闷不乐，便向前献计：“大哥，洪先春不正在调拨军士、乡勇吗？我想带一队军士，扮作乡勇，分为两队登岸。待大哥统大队攻击交锋时，我在岸上指挥两队杀起，洪先春水陆受敌，必惊慌失措，官军一鼓可破。”

芝龙定定地看着芝豹，想不到四弟亦能运筹决算，过去仅把他视为胆勇之夫。他很高兴，说：“四弟，此计甚妙。你今夜乘人静时，悄悄带众上岸，须要小心，不可露出破绽。”芝豹说：“自然相机而行。大哥，后天一早，当整舟师前来攻击。”芝豹挑选了200人，乘黄昏悄悄上岸。

洪先春已调来铜山、悬钟二所军士，将他们分配于各船。附近乡勇，陆续到来，洪先春令其就地驻扎，待各队到齐后再行调拨分守。

芝豹于是夜率队登岸，摸黑行进。天刚破晓，他们来至盐墩镇附近。芝豹令队伍隐蔽到山里。直到黄昏，他们才出山，奔向大路。四更过后，他们临近旧镇。芝豹派人潜进镇里，与坐探接上头，弄清了各处乡勇到达情况。芝豹即分100人与郑芝麟，说：“你带一队到洲尾驻扎，我在此安营。如果遇上乡勇，问你是何乡来的，你可应他是‘浮南桥’的。如果再问你镇海卫军怎么没来，你可应他‘随后就到了’。如果问你姓名，说是‘杨德’，如果问你同来者是何乡，你说是‘湖西黄默’。官军舟师一出港，你看到我这里发出连珠火箭，就一齐喊杀，到岸边寻找渔船，不论大小，抢到就上，尾随进击。须小心在意，不可误事。”

洪先春见船只收拾完备，便准备向郑芝龙发动进攻。诸军陆续到齐，只有镇海军途远未到。正在调拨分配，忽瞭望炮响，快哨飞报贼船至。洪先春发令，“各船起碇乘潮落冲出！”出港不远，即遇芝虎。芝虎站在甲板上高叫：“洪先春，今日誓必擒汝。”洪先春见芝虎语言狂妄，指挥各船围攻，喝道：“先擒此贼，以挫其锐。”

洪先春正指挥间，忽听见背后岸上喊杀连天。快哨飞报，有贼从岸上杀来。洪先春疑惑不定，而芝龙大队已至。洪先春无奈，向前督战。一阵炮火，官军损失惨重。芝龙挥船进击，准备打接舷战。那芝豹、芝麟杀散乡勇，抢占渔船、艋仔，摇旗擂鼓，从旧镇港出，随洪先春船后，合攻杀来。洪先春见首尾受敌，战志顿消，急忙坐潮而遁。诸船无帅，立时星散。

郑芝龙大获全胜，会同芝豹、芝麟，亦不追赶，鸣金收军。芝虎欲挥船追击，芝龙诏令旗阻住。芝虎坐快哨上了中军大船，怒气冲冲地责问芝龙："怎么不追杀?"

芝龙说："芝虎，不得违抗军令。穷寇勿追，我自有道理。"他随即令芝虎领船 15 只泊白石头，以作犄角；又令芝豹领船 10 只泊港口，以备洪先春复来。自领全队舟师，随潮至旧镇，犒赏诸军；另派芝莞登岸安抚附近乡民，禁饬骚扰。

朱一松听闻洪先春大败，十分吃惊。接着又决定启用俞咨高为帅，继续讨伐郑芝龙。俞咨高乃是抗倭名将俞大猷之子，自幼酷爱兵书，极受其父喜欢，家塾严教同时，父亲又格外上心调教；18 岁乡试便考中武科举人；22 岁殿试考中进士，一时被誉为名将传人。他先在兵部办事多年，又补过外镇统兵把总、副都督等职。郑芝龙事起，他又新补福建都督实职，是当朝年富

力强的军事指挥官。他到任之后，颇有一番效君耀祖的心愿。父亲戎马一生，主要是在福建治水师抗倭寇，名垂青史。如今，自己大展宏图的机会到了。他听说郑芝龙颇善争取民心，便决定先收回金门、厦门，不给他立足之基，再调集水军出海追剿，又任命老将军金门游击卢毓英为水军指挥，率30艘舰船，准备出海追剿，自己亲统水陆两军攻取金门、厦门，坐镇前沿指挥、督战。

俞都督指日南下，想不到厦门竟是空岛空城，郑芝龙的人马不知去向。他不战而复军事重地，便蔑视郑芝龙不堪一击，胆怯避战。

他自信深谙家父和戚将军的治军之道，又深信卢毓英出海剿倭寇的实战经验，到了厦门更觉朱巡抚武力剿寇决策的正确。他踌躇满志地急命卢游击在厦门集结舰队，出海搜索、觅战。

卢毓英是山东蓬莱人，年轻时投军戚继光麾下，适逢倭寇为患，连年征战，戚家军沿海南下，从山东、浙江，一直打到福建、广东。这个年轻军人略通文墨，有智有勇，水性娴熟，武功出众，不过几战便锥露囊外，得到戚将军赏识，从舰长、队长，步步升迁，从未打过败仗，扫平东南倭患之后，戚帅奉旨北返的时候，30出头的卢毓英已经凭军功授了金门游击衔。戚家军北上，奉命留一批将校军官，他便是其中之一。后来，他又参加了浙、闽沿海的反佛朗机和澎湖抗荷等大小海战，却已是年近花甲，没有机会升迁。

天启六年（1627年）7月5日，晴空万里，阔海无波。卢将军坐水军旗舰，从厦门起航，出海觅战。鉴于洪先春顶风作战失败的教训，他专在风平浪静的天气出击，并命十艘舰船随后掩护、接应。卢毓英的舰队巡游大半日，海阔茫茫毫无所见。

时近中午，军士忽然发现，天水相连处有几个黑点在移动。随着距离的变化，黑点越来越大，那是一个船队，正向官军驶来。为首船上还有一面旗帜随风飘扬。再靠近些，便看清旗上是“飞黄将军”四个大字，人们报告卢毓英，“飞黄”是郑芝龙的字。

卢毓英见船只虽多却都是小船，便下令攻击。双方在海上打了几个回合，互有一些伤亡。郑军船小，显出力不相敌的败势，便换了令旗，调头撤退。卢毓英不肯让敌人逃走，下令追击。郑军船小快捷；官军船大笨重，始终望得见追不上，却猛追不舍，一直追到东碇岛海域。

这碇岛列屿，在龙溪县镇海卫外海，岛屿点点，港汊密布。郑军的船队转眼不知去向，官军舰队在这里游弋多时，终无所见。

直到日沉西山，卢毓英见时间已晚，正要下令收兵。就在这时，成群的大小渔船顿时变成战船，拥上来，围住官军舰船，飞箭、火器一齐攻击。官军舰船，陷入重围，奋力苦战着。

第一个突遭袭击的目标是卢毓英的旗舰，头一批飞箭流矢便把主帅射中。甲板上的兵士猝不及防，有人受了箭伤，有人栽入大海，虽全力反攻却已陷入被动。卢毓英带伤指挥，边战边撤。无奈风丝不动，大船无风借力，移动缓慢，徒在原地苦战，哪里有攻击之力？后来连自保的能力也没有了。

原来，自接到卢毓英出任追剿舰队指挥的消息之后，郑芝龙便与黄玉邦、杨天生几个，深入分析其军旅生涯，抓住其常胜不败、骄傲轻敌的性情，定下设伏智胜的战法。先以小队舰船在外海诈败，使他产生错觉。然后，引他到近海进入港汊岛屿之间的海上埋伏圈。卢毓英命令后队接应、掩护，实在相距太远，给郑芝龙提供了分别打击的机会。正是郑芝龙胆识不凡，多谋善断，在多变的战局中，果敢决断，才能不失时机地克敌制胜。

这时，就有郑军兵士纷纷攀上甲板来捉俘虏，年岁大、甲胄特别的主帅先被认出，七手八脚按倒在地，一条麻绳捆绑起来。郑芝龙来到后，却令人为卢毓英松绑，又派人为他疗伤，接着，又说道：“我等绝非穷兵黩武之徒，诚愿接受招抚，为国家，为朝廷效力，拳拳赤心，切切诚意，万望将军代为

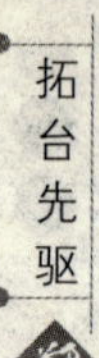

转达。”

卢毓英见他胜而弥谦，恳切至诚，确是一个智勇双全的人才，不禁深受感动，便满口答应道：“义士既有如此美意诚心，卢某必当竭力保荐。”

当卢毓英准备起程返回时，郑军的舰队早已在前方排列整齐。卢毓英看得清楚，郑军的舰队，不仅有小型快船，还有一批大型战舰，配着新式火器；船上的兵士年轻力壮，英气勃勃，实是一支兵强马壮的海上劲旅。官军与之对阵，岂能轻易取胜？不禁对自己的傲慢轻敌愧疚不已。

郑芝龙扬名东南

卢毓英只身回到俞咨高身边后，极力劝俞咨高对郑芝龙采取招抚政策。俞咨高不听，又撤了卢毓英的官职，连夜招来泉州千户马胜，命他率 20 艘战船攻打郑芝龙。

马胜是浙江台州人，水兵出身。三年前以队长身份率舰队参加南巡抚指挥的澎湖抗荷之战，立下战功，颇受上司赏识，保举他升了千户之职。他年富力强，通晓海战，对郑芝龙取金、厦，连胜洪都司和卢游击，在闽南一带的声威日隆，印象颇深，面对俞咨高的部署，他面有难色，要求增加兵力，却受到俞都督的训斥。

官军水师连吃败仗，俞咨高仍然认为郑芝龙不过是游魂小丑，既没有什么实力，也不懂什么战法，他的两战两胜算什么！不过是靠诡诈小伎打赢的，不是用堂堂之阵获胜的；也是洪、卢两人指挥不当，打击不狠，使他有机可乘。他鼓励马胜要记取洪、卢两指挥保守、畏敌的教训，以精锐之师克敌制胜；并保证给他最好的战舰，最好的水兵。

马胜并不认为卢、洪二将军是无能之辈，郑家军也绝不是乌合之众，倒是预感到俞都督的轻敌可能招致新的挫折。他要求增加兵力，俞都督不仅不允，反而斥责他“畏敌怯阵”“不思报效”，并限他十日之内出征，战则必胜。

马千户没有退路，只好硬着头皮走马上任。他逐一察看过战船，果然都是福建水师的坚船利器，无以挑剔；再看部属，也确是精兵强将，便鼓起十分勇气，心里自勉道：两军相逢勇者胜，主将输了锐气，还有什么制胜希望？他决心用全军官兵的士气弥补兵力的不足，不能全胜也要给敌人以沉重打击，决不能失败。他把队长、舰长们召集起来，晓以形势，言明利害，鼓舞士气，详议战法，然而，军官们嘴上不明说，心里却都存在着畏惧之情。

郑芝龙义释卢毓英后，便退居镇海和东碇、南碇两岛，一面等候消息，一面休整队伍，准备再战。他知道福建军政首脑层里，主战派把持权柄，不会轻易言和，必然继续较量，再打须得更狠、更重。

不久，情报传来，卢毓英以战败、通敌两大罪名被关进大狱，俞咨高又在布置新的征剿。郑芝龙摸清官军动向，便给郑芝豹 2 艘装有大炮的重船和 30 艘快船，离开舰队，独立活动。舰队便在镇海卫大张庆贺，广为传播：官军完蛋了，不打仗了，也不必练兵了。消息传到俞咨高那里，俞咨高心里暗喜，命马胜提前出海，攻其不备。马胜心里疑惑，要求察明详情再行动，怎奈俞咨高一再催促，马胜只好提前出征。

官军水师的目标是镇海卫外海和碇岛一带海域，想不到出厦门向南，行不过两个时辰，刚到将军澳，便突然遭到伏击。2 艘大船十几门火炮，集中向马胜的旗舰轰击，连连命中，可怜指挥马胜，还没有明白伏击者是哪路人马，便中弹阵亡。

官军舰队失去指挥，顿时乱成一团。不久，又有几艘官军战舰中弹起火。

这支伏军正是郑家军最年轻的队长 19 岁的郑芝豹指挥的。他见官军的载炮大船已经相继起火沉没，其他战船正在四散奔逃，便带领轻捷快船围、追、堵、截，先以弓箭、火铳追射，继而冲到跟前，攀上甲板，挥刀抡枪搏敌。

马胜舰队的官兵纵有忠勇之心，怎奈半路突遭拦击，失了主帅，陷入混乱，斗志大减，哪里是郑军对手！可怜不少心怀忠君报国之志的官兵，徒劳地做了大海冤魂。

郑芝豹的轻捷战船死死缠住官军战船不放，一直杀到厦门岛，才住手撤回。屈指算来，马胜带出的 20 艘主力战船，5 沉，6 俘，其余 9 艘带着重伤逃回厦门，3000 官兵伤亡大半。

俞咨高看到败绩连连，一筹莫展。巡抚朱一松严令他亲自出征。俞咨高飞调闽安、兴化、永宁、铜山、陆鹅、悬钟、镇海、金门众指挥、千户、百户，统船齐到，听令出师。调军齐集，俞咨高令指挥张挺桂、千户林盛 2 人，各领船 10 只为先锋；指挥杨国柱、李应龙、千户吴虎、傅主各领船 10 只会合后。俞咨高自坐大熕船，竖一帅旗，为中军提调；又令指挥黄胜、胡如海、黄庭、李廷圭、千户周之士、何世雄、林动、姚应科、百户王飞熊、李梦斗等各坐船 1 只，为中护卫冲锋；以游击商世禄领船 10 只，为监督接应。调拨已定，便祭江出师。

郑芝龙已把缴获的和自己的损伤战船修葺一新，投入编队。新近又接到何斌从台湾送来一批银锭和新式火器、弹药，粮饷、兵器更加充盈。他把新式火器交给芝虎等人去海上演练、试用。他叫部下演练不惜多耗实弹，练时用得多，战时用得少，打得准，那叫本大利多，合算。接着，郑芝龙与核心头领们详析各地送来的情报，谋划应战计策。有人听说俞咨高倾全力征讨，便提议南撤粤东，避其锋芒，待其疲惫，再尾追击之。有人提议兵分两路，令其首尾不能兼顾，再攻其不备。郑芝龙听着众人献计，心里自喜道：众人已非只懂舞刀弄棒之辈，也讲究韬略兵术呢！达官贵人藐视草莽，目空一切，焉有不败之理？

郑芝龙毫无惧意，他知道俞咨高是膏粱纨绔子弟，徒读父书，虚有其名。他令芝虎、芝燕等各驾大船10只、快哨2只，于陆鹅、将军澳瞭望。不久，传来俞咨高祭江出师的消息。郑芝龙非常激动，此一仗若获胜，八闽舟师就差不多毫无战斗力了，东南海疆，自然属我。他对众将说："明日此敌，只有王飞熊、林盛、李梦斗三人深识水务，兼有胆略，当先除去。其余碌碌群鸡，不足介意。"他令芝虎为副将、芝彪为先锋，各领船10只；又令芝豹、芝凤、芝豸、芝獬、芝鹄、芝鸾、芝鹗七将，各坐一船，乘夜潮驶至青水墩，然后回头，于明日午时从东碇杀来；又令芝莞、芝麒、芝燕、芝蟒4将，各领船4只，做左右救护。自领芝熊共6船，居中策应。是夜三更，芝龙统众出泊陆鹅。

天刚破晓，俞咨高已领大队至。炮声震天，烟焰如云。芝虎恃勇，与林盛、李梦斗互相攻击。自辰至午，各有损伤，不分胜负。忽然，孙雄船被芝熊尾送一炮打沉。俞咨高见孙雄船失，催船齐拢围攻。芝虎亦亲督船冲入，互相混战。将及酉时，芝豹已过东碇，闻炮声不绝，顺风赶来。俞咨高见后面又有敌船将至，急传令商世禄带领船只分御。商世禄奉令刚指挥转舵去迎接，别船诸将不知是要分军，误为退师，遂各转舵，一时轰然大乱。俞咨高按制不住，被芝虎、芝熊、芝莞、芝燕四将乘虚奋击。王贵、林盛两船发火焚烧。芝豹、芝蛟等又从后杀来。俞咨高首尾受敌，兼之潮起风逆，各星散逃遁。俞咨高只好退却。郑芝龙挥军急追，又连连击坏官军20多只船。直追至金门，天已昏暗，郑芝龙才鸣金收军。

俞咨高遁走后，快哨又报郑芝龙大队屯泊岛美、金门。俞咨高急传指挥傅主领船15只，前去南山边青崎一带停泊，防郑芝龙突入。五更水涨，郑芝

龙挥师进攻，傅圭整船迎敌。芝虎擂鼓首冲，傅圭稍怯，芝龙乘势趱大队齐攻，傅圭大败。俞咨高催师接战，兵败如山倒，全部乱套，个个回舵星奔。

郑芝龙追至海门才收军，并号令不许登岸抢掠。天亮后，郑芝龙率领舟师，擂着得胜鼓，浩浩荡荡地驶回。郑芝龙大获全胜。至此，明朝的福建水师元气丧尽。在其后明末清初的半个世纪中，称雄海上的唯有郑氏水师。

第三章 拓台先驱：成为海上霸主

连败官军不过是郑芝龙的自保措施，在熊文灿的诚心劝说下，郑芝龙终于“归顺”了朝廷，成为了一个亦官亦商亦盗的海上王者。他又将在日本的儿子郑成功接回，努力把他培养成为自己的接班人。

实现"招安"夙愿

福建水师主力尽丧，海防空虚，无阻无拦。福建军政首脑，见俞都督躲在闽南称病不回，郑芝龙的势力足以登陆攻城略地，却在厦门按兵不动；后来放弃厦门，撤到漳浦海滨的旧镇港扎营，不禁又引起议论、猜度。有人说是郑氏期待招抚的诚意；有人说是他心怀畏怯，准备南逃。到底应该招抚，还是征剿？朝野仍是争论不休。一贯主剿的巡抚朱一松不识时务，又上奏朝廷，要求借库银租船，继续剿讨。

此时，郑芝龙也正在召集头领们商议大计。有人提议，乘胜登陆，占据泉、漳两府，扩建陆军，控制八闽，就地称王，外通四海，实现海贸兴国。有人提议，我们是海上起家，商船战船均不能上岸，占州占府有什么用？只要占稳金门、厦门、南澳诸岛，便可进退自如，在海上扩展。又有人提议，乘官军无力攻伐，主力回师台湾，驱逐荷夷，开发台、澎，巩固基业后方。

郑芝龙又想起之前从台湾送来了战船、火器等物品的手下，曾报告说荷兰人在台湾扩展势力，大有长居久霸之意。两年前在安平镇旁兴工建城，名曰热那遮堡，因用红砖所筑，当地人称赤嵌城，这座新城壕深墙厚，实是一座难攻易守的军事堡垒，台南荷兰商人纳税，还向中国商民收起税来，违抗者竟遭杀害，如不能及早遏制，后患堪忧。

郑芝龙听着人们的议论，头脑里拨弄着自己的算盘。出兵半年有余，打垮了福建几万人的水师。自己虽牺牲 1000 多人，却从十几艘战船发展到百余艘，2万余众大军，战绩不能说小。然而，面前的敌人并非一个。如何以最小的代价，取得最好的结果？却不是每个兄弟所能经常思虑的。李魁奇等人有待剿灭，荷夷之患有待驱逐，这都是势不两立之敌。与官军的杀伐，是以战促和，求长久之生存发展。如何才能更快地停战？确是要创造机会。

恰巧机会就来了，在大明朝廷，已经发生了天翻地覆的变化：天启皇帝一命归天，继位的崇祯皇帝一上来就重振朝纲，将大宦官魏忠贤扳倒，朝中一半魏忠贤的官员，都被株连。经过这一番收拾，局面为之一新。风雨飘摇的大明江山似乎又稳定下来了。

眼见新皇帝励精图治，下面的官员也就不敢不作为。于是东南官员工科给事中颜继祖上了一疏，专参俞咨高不能容忍招抚郑芝龙，说："郑芝龙从小在泉州长大，对于那里的情形，比任何人了解都清楚。他在海上漂泊的时间已经很长，加上贸易所得巨额利润，因此召集了一帮亡命之徒。暴徒乱民都甘心做他的爪牙，那是不用说了；连在官府之内，甘心为他效劳的官员也不在少数。每当官府有针对他的行动，计划刚出来，就传到他的耳朵里去了。再加上郑芝龙这个人，很注意礼贤下士，劫富济贫，因此他在百姓中间，名声也很好。那些仰慕和崇拜他的人，纷纷前去投奔。一人做贼，全家皆喜。一姓从贼，一族无虞。每一上岸，买货讨水，则百姓无不争相出迎，牵羊载酒，承筐束帛，唯恐落在别人的后面。这还真是奇怪啊！"将这种情形描述一遍，奏疏立即指向俞咨高，若非当日俞咨高骄傲自大，则郑芝龙早已就抚，何至如此？

继此之后，新任巡抚熊文灿甫一上任，立即接到泉州府王猷条陈时事，称："郑芝龙两次大胜洪都司而不追，获卢游击而不杀；败俞都督师于海内，中左弃城逃窜，约束其众，不许登岸，不动草木。……如此人物，如果能够招抚，实在是朝廷之福；如以为敌，则实为朝廷之祸！"

熊文灿，贵州人氏，万历朝进士，是一位能文能武的贤臣；先后在兵、

吏、礼三部任职，出任琉球册封使归来升任福建布政使之职，掌一省之政多年。他为政清廉，才干出众，对一省民情、军情明察博闻。郑芝龙事起，一贯主张安抚、利用，避免兴兵杀伐。

崇祯皇帝看了王猷的谏议书信，十分赞成，便把卢毓英从狱中召出，让他和叶善继一文一武两个专使亲赴旧镇去见郑芝龙。

郑芝龙见两位文武大员亲临驻地，且都是打过交道的熟人，各自早已心心相知，互不疑忌，相信是朝廷内外再无异议的了，便十分隆重地接待了他们。专使向他说明朝议经过，又赞其求和受招诚意，叫他消除疑虑，新巡抚必当重用，有何要求，尽可提出。

郑芝龙自走上海商之路，便养成商家秉性，虑事不离经商之道，心想：只要给我合法地位，便不愁财富和名分；只要四海畅通，便没有办不到的事。他再次信誓旦旦地表示："只要除去罪名，全军官兵或为商民，或为士卒，便可各乐其所。芝龙能得恩准四海经商，或充任国家海防卫士足矣。"

谈判一定，郑芝龙便备下重礼，厚赠两位专使，又派杨天生和芝鹗送他们回省，并带去一批礼物，分送巡抚以下各大员，兼办相关事宜。

崇祯元年（1628 年）十月，熊文灿以《义士郑芝龙收海寇郑一官》的奏章，请下君命招抚郑芝龙。

这道堪称历史奇文的奏章实为大明朝空前绝后的文字游戏。知情人心照不宣，不如此便不好为郑芝龙请赏请封。只因有此妙文，便避去"赦免前罪"的话，郑芝龙以下军官士卒，均有犒赏，各得实惠。

熊巡抚初见郑芝龙，十分惊奇，只见他仪态英俊，朝气勃勃，一个 25 岁的人竟干出如此惊天动地的大事，如今能为我所用，岂不是缘分？他亲自授予郑芝龙正三品海防游击将印信，宣谕郑家军转为福建水师，副指挥以上军官，各守原职。舰船、部众、武器仍归郑芝龙统辖，受巡抚节制。卢毓英免了兵败之罪，出任监军。全军上下，皆大欢喜。

熊文灿与郑芝龙两人从此结成福建军政官场的非常关系。一个立下招抚大功，得一支镇八闽守海防的干城劲旅，免却征伐之累；一个遂了官商一体名利双收的心愿。双方不言而明，唇齿相依互助互辅，密不可分。

诸事已毕，郑芝龙于南返之前，又借熊巡抚母亲古稀寿辰，拜访府邸，送上寿礼黄金五百两，敬献一棵七尺高的五彩珊瑚树，珍稀无价，震惊全府。巡抚又摆下家宴为郑芝龙饯行，宴席上双方推心置腹，无话不说。

熊文灿道："招抚之事初定，百事待举，既为同僚，有什么话只管说就是了。"

郑芝龙乘机便道："荷夷狡诈，四年前兵败澎湖退到台湾，如今实力渐增，颇有侵权占地之意。海盗李魁奇潜隐澎湖，海上掠货害命。这内外两患不除，只怕福建海上难有安宁。"

巡抚略假思索道："荷夷居台湾经商，原是我方默许。一来事关国际关系，二来他的火器厉害，需待机会，不宜轻动。至于那姓李的海盗，何时剿灭，只是你这位海防游击举手之劳的事。"

郑芝龙又道："当今东洋海寇虽已敛迹，西洋武装海商公司却日益盛气凌人，只怕海上战事难免。我军缺的是金甲战船和重火器，总是被动。这两项均是耗资巨大的，不知抚台爷有何远虑？"

熊巡抚听着心里惊叹道，这番话只怕一些当朝重臣也说不出来，这岂不是郑生的可贵？不禁叹口气道："北方战事不断，国库军费不足，拨下那点军费被海陆两军分用，所得十分有限。今后嘛……"他笑着对郑芝龙道，"你的战船可改作商用，到海外赚钱，补充军费。只要造出好船，把水军练好了，还怕他什么军商一体？"

郑芝龙要的就是这句话，忙接道："抚台尽说我一官要说的心里话，今日放胆再说两句，请老大人教诲。我中华国物产丰富，若效西人远运贩卖，必可利民裕国，使民富而国强，惜哉，国人不知远洋贸易。官不为商谋，商

不为国谋，彼有来舟，我无往筏，以致丝、绸、茶、瓷诸宝物贩运巨利尽被他人赚去。倘能开海禁兴贸易，何愁外财不来？何愁海陆军费？”

熊文灿听了，大加赞许道：“此见大是有理，只是国策大事非你我所能左右者。且宜多做少说，就在福建先行军商一体，既保海防，又兴贸易，岂非功德？”

这一席谈，郑芝龙所希望的，都从巡抚口里说出来了。有的事，比如台湾红夷之事，所见不同，也是一时不能强求的，只好等待时机了。两个人越说越开心，都有相识恨晚之憾。

郑芝龙受招抚后，决心在家乡南安风光一次，大张旗鼓，在距离石井不远的地方，一个叫安平的地方，一口气购买了上千亩土地，大兴土木，建筑豪宅。

安平城原为土城，始建于南宋绍兴年间，后来渐渐坍塌。郑芝龙踞有安平后，重新垒石建城：城围 1360 丈，高 1.3 丈，垛 3000 有奇；有 4 座门楼，8 个水关，真个是固若金汤。城内为郑芝龙府第，时人称：“亭榭楼台，巧工雕琢，以至石洞花木，甲于泉郡。”“宅第弘丽，绵亘数里，朱栏锦幄，金玉堆砌。”

新建的郑府，足足占地 138 亩。它的主要构造为歇山式五开间十三架，三通门双火巷五进院落；两旁翼堂、楼阁，亭榭互对，环列屏障；东有“敦仁阁”，西有“泰运楼”，前厅为“天主堂”，中厅为“孝思堂”，规模宏耸；大厝背后辟有“致远园”，在蜿蜒曲折的高墙环护之下，有假山、亭台、精舍、池沼、小桥、曲径、佳木，遍布奇花异草，四季长开不败，争奇斗艳。整个浩大的工程，从选定宅基，开始建设，一直到竣工，整整用了三年之久。其规模之大，可想而知。

郑芝龙选择安平筑城置第，是颇具眼力的。安平港地处泉州湾毗邻的围头湾内，港湾曲折。入港处有白沙、石井两澳东西对峙作为海门。舟入海门，海面豁然开阔，港岸湾深，随处有避风良坞。其江海潮流平静，出入无风涛之险。两道港汊环流回抱市井，形如半岛，似半月伸出海面，故有“半月沉江”之雅称。其水道由晋江东南隅诸溪，南汇于石井以达大海，西北可扼九溪黄冈之险，南可航金、厦、澎、台、潮，以通天下之商船。

郑芝龙每每对自己的成功道路进行反思，而这座安平城，在他的心目中，是十分得意的一笔。他的一切活动都在海上，安平可进战退守，可通贩天下，无论为战为商，均得天独厚。更为举足轻重的是，这里是他的家乡。他深谙此地风土人情之奥秘。此地民风强悍，畛域观念极为浓重。在对外时，且不说为朋友两肋插刀，就是为乡人也能掏心剖腹。郑芝龙何等精明，他在安平筑城置第，有如一块磁石，将乡土势力牢牢地吸附在自己身上。如此一来，他在明政府与荷兰势力间游刃有余，又借助乡土与家族势力拥兵自重。因而，李魁奇等海上枭雄，一个个被他翦灭，并非历史的偶然。

翦灭海上群雄

17 世纪初的东南海洋是一片龙潭虎穴，既有日本倭寇长期兴风作浪，又有西班牙、荷兰等西方殖民者凭借着坚船利炮在洋面上横冲直撞，当然更多的是中国海盗为了生存而分分合合，互相争斗。这些中国海盗，大都起自草莽，或者触犯官府被政府通缉，成为亡命之徒后落海为盗。他们最初都是势单力薄，迫于时势，只好抱团取暖。郑芝龙出道早，见识广，有气魄，在众多海盗的合纵连横中逐渐取得优势。曾是郑成功的部属、后投降清朝的大将

施琅说："明末，郑芝龙为十舶长。"芝龙结盟时，以"芝"为行，又有"十八芝"之号，考得出姓名的有郑芝龙、郑芝虎、郑芝豹、郑芝莞、郑芝凤、陈衷纪、杨六（又称杨禄）、杨七（又称杨策）、李魁奇、钟斌、陈盛宇、方芝骥、郭芝葵、郭芝兰、紫芝哥、刘香等人。除了前面几位是郑芝龙的亲兄弟或堂兄弟外，后面这些大概最初也都是结拜兄弟，他们同时在台湾出发，除了刘香单独往广东发展外，其他都跟随郑芝龙到了福建沿海。在对待明王朝的海禁政策上，他们目标一致，坚决反对；但在郑芝龙接受明朝的招抚后，原来郑芝龙统治的或者曾与他对抗过的海盗集团却引起了严重的纷争。一些海盗强烈反对郑芝龙受抚，一些海盗过惯了抢劫日子，自由自在惯了，不愿意再受官府的约束；另一些海盗则挑拨离间，趁机拉走郑芝龙的骨干队伍。据史料记载："闻芝龙得抚后……其头目李芝奇、郭芝葵等，遂鼓众支解。芝龙之弟郑爵魁，将芝龙坚船、利器、夷铳，席卷入海矣。"在众海盗的挑唆下，郑芝龙的部下纷纷逃走，最少时只剩部下千余人，他也因此由游击降为守备。一时间，郑芝龙的处境十分艰难，他虽然颇为沮丧，但斗志却更为昂扬。郑芝龙有巨额钱财做后盾，再次树旗招兵，而深受海盗之苦的厦门人民也选择支持郑芝龙，同安县刘五店等处乡民，组织 50 艘船配合郑芝龙作战。郑芝龙十分痛恨那些忘恩负义的昔日部属，决心重整旗鼓，将他们一一剪灭。

据《崇祯实录》记载，崇祯二年（1629 年）二月"丙午"，"海盗李芝奇伏诛"。李芝奇原来是郑芝龙的同党，与郑芝龙时分时合。郑芝龙感到李芝奇是对自己的一个威胁，便出其不意地将李芝奇"击斩之澳中"。这是郑芝龙献给明廷的第一份见面礼。

崇祯三年（1630 年）二月，郑芝龙又消灭了李魁奇海商集团。李魁奇是泉州惠安人，颇有勇力，和郑芝龙时分时合。在郑芝龙归降明廷时，李魁奇亦一起归降，但不久即叛去。熊文灿又好言劝慰，要他"与（郑）芝龙推心置腹，同为王臣，永释仇怨"，将他再次招降。因李魁奇的势力比较大，为避免他与郑芝龙再发生冲突，便“以海道之南专责（李）魁奇，以海道之北专责（郑）芝龙”。李魁奇趁机扩充自己的势力，还到广东建造了一批大船，这些船甚至比郑芝龙的船还大。他不久又叛，并对郑芝龙的船队进行攻击。郑芝龙使用离间的策略，使李魁奇手下的主要头目之一钟斌归附了自己，并尽知了李魁奇海商集团的虚实。郑芝龙经周密谋划，在厦门海面对李魁奇集团发动突然袭击。福建海防官军也出兵相助，使李魁奇集团顿时陷入混乱，全线崩溃。李魁奇仓皇逃往海澄，郑芝龙穷追不舍，终将其擒获杀掉。史载，李魁奇“肆毒无已，由闽至粤，其祸蔓延。……郑芝龙亲督标兵并新抚船只，在中左港（厦门）合攻，（李）魁奇就擒，其党斩溺无算”。李魁奇的一些余众就归附了郑芝龙。

崇祯四年（1631 年）五月，郑芝龙经多次追缴，终于消灭了钟斌海商集团。钟斌曾协助郑芝龙铲除了李魁奇，但不久即叛去，与郑芝龙为敌。钟斌的势力亦颇大，他不仅活动在福建、浙江沿海，有时还在广东沿海出没。明廷“令芝龙兄弟奋力追袭，以擒灭为期”。崇祯四年（1631 年）正月，郑芝龙侦知钟斌驻南澳，遂督众围剿。经过一番激战，钟斌大败。郑芝龙击沉钟斌“贼船九只，攻擒贼船十一只，斩获二百九十级”，但未将钟斌擒获，“钟斌一舡突出海外，驾走如飞”，郑芝龙“扬帆遍追，不得踪迹而回”。明廷“再督（郑）芝龙等并力擒捕，务期必获，不可以穷寇置之”。于是，郑芝龙广布哨探，侦察“钟斌行踪”。崇祯四年（1631 年）五月，郑芝龙命部下悄悄地“从外洋夹击”，出其不意地将钟斌“困之于柑桔洋中”。钟斌仓促无备，很快就溃不成军，部下有的被杀，有的沉入大海，有的被俘，钟斌因“力竭势穷”，投海而死。郑芝龙剿灭钟斌有功，不仅得升为参将，而且进一步壮大了自己的势力。

当郑芝龙消灭了钟斌海商集团以后，在东南海上能与郑芝龙抗衡的只有刘香老海商集团了。郑芝龙下一个猎取的目标，自然是称霸粤海的刘香老。

刘香老不除，终是心腹之患。刘香老的势力亦不下于郑芝龙。刘香老是漳州海澄人，他远离家乡，失掉乡族为依凭。他的部属多为杀人越货者，时聚时散，缺少凝聚力。他虽也经商以养兵，但抢掠却是家常便饭，与官府、百姓的关系形同水火。郑芝龙自信可以把刘香老打败。

刘香老活动在福建、浙江、广东沿海一带，力量一度颇为强大，“聚众万人，驾舟百余艘”，亦商亦盗，沿海官军对他无可奈何。当时，刘香老海商集团还不时骚扰广东沿海一带，所以《明史纪事本末·郑芝龙受抚》载，广东巡抚陆问礼对崇祯帝说：“广东海寇具自福建至，舟大而多火器，兵船难近。”明廷命郑芝龙尽力剿除刘香老。自崇祯五年（1632年）至崇祯八年（1635年）间，郑芝龙与刘香老在海上进行了七八次大大小小的战斗，互有胜负。因郑芝龙有官军的配合，所以占有一定的优势，相比之下，还是刘香老的损失较大。崇祯五年（1632年）九月，“刘香老贼众数千人，船一百七十艘，乘风驾潮，直犯闽安镇，焚劫抢掠，比舍一空，镇民逃散，省会震动”。巡抚邹维琏急忙布置官军迎击，郑芝龙从海上邀击，迫使刘香老“撤营遁去”。崇祯五年（1632年）十月，刘香老进犯福建小埕，被郑芝龙击走。崇祯五年（1632年）十一月，刘香老率众万余人，船百余艘，乘风进犯宁波，“沿海一带残破甚惨，且直入内地，攻犯昌国、石浦二城”，官兵伤亡甚重。“所幸北风大作”，刘香老饱掠而去。为此，苏松巡抚林栋隆甚至上疏请再严海禁，“当如嘉靖故事，复加禁约”。实际上，无论这类禁令如何颁布，在当时都如同一纸空文。

刘香老从福建沿海撤退后，又犯浙江沿海。浙江巡抚罗汝元紧急上疏，“乞敕兵部，严谕福建抚臣，令郑芝龙协力并剿，勿以邻国为壑”。郑芝龙配合浙江、福建官兵，将刘香老击退。郑芝龙与刘香老这类大大小小的战斗还发生过多次，难以详述。一直到崇祯八年（1635年）四月，二人大战于“电尾远洋”，刘香老先俘获了明官军将领洪云蒸。郑芝龙督众急攻，刘香老形势危急，便请求洪云蒸命他自己的部下退兵。洪云蒸反而在阵前向他的部下大喊道："我矢死报国，亟击勿失！"刘香老大怒，立即将洪云蒸杀掉。这时刘香老的部众已溃不成军，他感到无法逃脱，遂投海自杀。至此，郑芝龙终于消灭了刘香老海商集团，并将刘香老的积蓄和部众大都分收归己有，壮大了自己的力量，开始真正称霸东南海上。

郑芝龙还陆续消灭了一些其他海商头目，因功步步高升，由游击升参将，由参将升至总兵，在南明唐王政权时再陆续升至南安伯、平虏侯，最后得封平国公。他由一个走私海商到位至公侯，实在是极为罕见。不仅如此，整个郑芝龙家族由此达到鼎盛时期。他的四弟郑鸿逵也是明末的风云人物，位至靖虏伯、定虏侯、定国公。他家族中还有数人得封公、侯，"一门声势，赫奕东南"。

前所未有的惨败

崇祯六年（1633 年）春，福建政府收到一名叫巴特劳姆将军的一封信，要求中方派货船到台湾扩大贸易，要求中国向东印度公司友好通商，可是，不等中方答复，这位荷兰将军指挥的 8 艘巨型战舰已经出现在厦门口外。一派大军压境之势，哪里有什么友好贸易可言？

原来，东印度公司不能随意来华贸易，虽据有台湾，却市场有限，岂能满足其贪婪之心？巴特劳姆是一个野心勃勃的中年海军将领，出身于一个"开拓世家"。他的曾祖父死于远洋船长任上。祖父和父亲都是荷兰国的"远

征英雄”，在对印度和南洋诸国的征战、开拓中立下了汗马功劳。祖父葬身印度，父亲在一次西方列强之间掠夺南洋地盘的厮杀战中，死在佛朗机军人的利刀下。三代主妇孤坟被视为家族的荣耀。他自幼便立志抛尸海外，为国王显威，为家族增加财富和荣耀是他的人生追求。他信奉“刀枪就是王法”论，主张冒险，鼓励杀戮。近20年的海外生涯，遍游印度、锡兰山、大泥、勃尼、马拉加、暹罗、真腊、占城、吕宋、爪哇、中国、日本、高丽、墨西哥、古巴诸国。他对中国兴趣最大，他看重这个古老国家幅员广阔，人口无数，名产众多，中国有十几个繁华滨海商港，占据任何一块地盘，就等于开通远胜他国的巨大财路。他鄙薄自己的前辈目光短浅和无能，竟连中国的门户都没有敲开。他对葡萄牙人早在50年前便据得澳门，既羡慕又妒忌。他叹惜葡萄牙人和西班牙人先于自己的前辈来到东方，据得许多美好的属地，赚回巨额利润；更恨这两个先来者对后来的荷兰同行不仅毫不相让，反而暗藏杀机，为不大的地盘和贸易利益便可杀得你死我活，徒教被征服者幸灾乐祸。有朝一日，荷兰海军的势力增强到足以独霸东方的时候，一定要把这两个西方对手都赶回老家，把他们在东方的既得利益统统据为荷兰国王所有。他对前辈们以传教为先导的开拓之道不以为然，认为以炮舰为先导而后传教更有效。他注意对国际形势的分析和估量，认为中国东北隅满族势力的兴起和南下，明朝皇帝忙于守卫京都，这是自己的大好良机。他迫不及待地要向中国开拓，于是，便在上司面前屡进谗言，攻击公司的福摩萨督办官员保守既得利益，开拓不力，没有在台湾站稳脚之后，立即转向中国。他鼓吹所谓“不通中国，台湾无用”的论调，主张用利炮轰开中国的南方大门，夺占一块地盘，作为殖民根基。

他捞得“福摩萨督办”之职后，首先加强了对台湾的殖民统治，对中国人实行连甲连坐制度，强编若干户为一甲，有人“犯法”，甲首与之同罪；逃匿或偷税，拿甲首是问；还设了包括人头税、宰鸡税在内的几十项苛捐杂税，拒交税者，轻则鞭笞，重则杀死。“不交人头税，砍头没有罪”，就是他的“法律”。

不久，他又向巴达维亚的东印度公司总部提出冒险计划，并立下军令状：要求给他 8 艘主力舰船和 1600 名海军官兵，打开中国海上大门，这个东方古国的财富就可以源源不断地流向荷兰王家国库。

郑芝龙闻报，知道来者不善，难免一场恶战，一面紧急烽火传警，把驻扎在六个水寨的主力舰船，向镇海集中，一面把即将起程运货去台湾的 8 艘货船，扣住不发，派人虚与接触，争取时间调军备战。

然而，在郑军的主力战舰调到漳州湾，准备编队的时候，荷军便发动突然袭击，8 艘钢甲巨舰围住郑军的战舰群猛烈轰击，兴兵以来所向披靡的郑家军，顿时陷入空前的惨败。

漳州湾遭受的突然袭击，郑家军的损失之严重程度，只有郑芝龙自己明白，他苦心经营的水军主力折损大半，这是他海上兴兵以来最大的一次失败。最痛心的是，包括他堂弟芝鹏在内的十员猛将被夺去生命。他极度愤怒，向福建军政上司报告情况，同时写信痛斥巴特劳姆的强盗行径，心里打着如何重整旗鼓，驱逐强寇，解除厦门港封锁的腹稿。他不甘认输，但是，如何反输为赢？却一时没有准章程。归服 6 年来，真正实心实意给予信任和支持的军政大员只有熊文灿和卢毓英两个人，熊巡抚早已调任两广，卢老将军也过世快一年了。新任巡抚邹维琏对他的态度却是模棱两可。

这时候，福建军政界内外又一次鼓动风言，责难新旧巡抚，贬斥郑芝龙之为人。或曰“封疆大臣只认识海盗将军，福建再无可用之将！”或云“看他郑将军可是戚继光再世，俞大猷重生吗？”郑芝龙闻知传言，并不气恼，反倒引为砥砺之石，心里自励道“大丈夫建功立业，今日不搏，更待何时！”

此时的巴特劳姆，十分得意，他认为郑军主力已被摧毁，只等中国人开放海港，便可自由往来了。他一面封锁厦门港，派兵登陆到沿海村镇劫掠，

继续向中国官方施压；一面又分兵在福建外海拦截商船，劫掠财物，封断了福建南下北上和通向东、南两洋的海路。

在外敌压境的关键时刻，福建巡抚邹维琏亲自南下泉州，召集泉、漳两府滨海官员会议，严命府县立即组织乡勇自保，防查勾结番敌的内奸、匪类，如有就地正法。

这位邹巡抚也算崇祯朝有胆有识的干练大员，他上任几年来，深感朝廷内外患着同一病症：军政官僚们多是见利趋前，遇事退后；外事无能，内斗各不示弱；嫉贤妒能者常能得势，冒死为公者往往结局悲惨。他既恨那些国家蛀虫，又同情郑芝龙。嘴皮匠们总不放他的海盗之名，岂非不让人走正路吗？然而，八闽百姓却视他为豪杰、救星。他武能御敌守疆，文能经商富民。练军不用国帑，征战自备军费，自古以来，天下哪有这样的将军？内外交困之秋，不靠郑芝龙更靠何人？他决心不顾非议，不管北方军政情势如何，一定要依靠郑家军打退荷兰入侵者。此行的主要目的，便是当面支持郑芝龙重整水师，准备海战抗敌。

郑芝龙见邹巡抚如此支持自己，大为感动，立即在安海军机部举行由骨干参加的内部祭悼会，实为誓师会、决策会。与会者包括水军将领、营造主事、商务主管、谍报和参谋人员。

祭罢亡灵，他宣谕了邹巡抚积极抗敌的主张，并以三个月为期，誓死驱逐荷寇。人们纷纷议论，三月为期，是长了，还是短了？两位副统领芝虎和芝鹗经过计算，一致认为两月准备绰绰有余，旷日长久，只怕时势变化于我不利。

此话一出，多数人都要求早日反攻。郑芝龙见众人忠勇齐心，踊跃求战，满心高兴，便说出三月为期的理由，不是两月不能开战，而是如何更能稳操胜券。众人听了，再无异辞，便依三个月为备战期限。最后，郑芝龙才口宣军令："限三十天为期建造三十艘大舰，筹足各型战船一百条，配齐兵员，备足火器，加紧训练。有误军令者，有泄露军机者，就地格杀!”

郑芝龙何以敢要求如此神速地造船、募兵、练兵，恢复海上劲旅？这就是他的非常人可比之处。泉州三湾十二港的千年繁荣，被大明朝后期的海禁国策弄得繁花凋落。郑芝龙受招抚六年来，着力开发围头湾的安平、白沙、石井和同安的刘五店诸港。这一带既是渔业航海业的传统基地，又是郑芝龙的故乡。郑家军的骨干，多半是泉、漳几个州县的子弟。这里人口密集，滨海沿江大小港口、村镇，家家与商有关，户户与海相连。造船、航海、冶炼、瓷业都很发达；海商、渔民、诸业百工，应有尽有，这里是他海上创业兴兵过程中经营的重点基地。投资、补给、募兵、招工诸事，无不依靠这几个县。还在与明军交战期间，他创造的“报水”法，便在这一带获得奇效。郑家军每次登陆征伐，从不烧杀抢掠，所到之处，只令富者自愿出资助饷，名曰“报水”，作为回报，郑军在海上凭“报水”收据，免征税银，保证报水人海上货贩安全，其实是预征税银。别的地方因战乱而交易停顿，这一带偏能进出无阻，物货畅销。富者乐于“报水”，贫者得到赈济；百工乐为效力，壮士争先投军。兵源和军需源源不绝，官府明知而不能禁，郑家军的兴起有效地促进了泉、漳两府经济复兴，泉、漳之地养育了郑家军。如今是官军了，2000人的水军损失，何愁不能迅速恢复？

巴特劳姆一面派舰船四处劫掠，一面频频写信，玩弄他威胁利诱的双刃宝剑。他要求福建当局开埠通商，否则，将无限期地封锁厦门港。

郑芝龙则以传口信回复，他反复声言，荷军不撤离，不保证停止武力侵夺，便无法向官府转达他的意图，甚至诈称，自己有足够的名贵奇货，物美而价廉，只待荷方撤军、道歉，便可进行交易。一时间，福建军政界传出声讨郑芝龙的愤怒之声，有人告他媚夷谋私，暗中叛国。一时流言四起，真假难辨，是非不明。敌人行动犹豫，却为郑家军备战争得机会。只有邹巡抚心里明白，不禁佩服郑芝龙虚虚实实的诈术乖巧。

料罗湾大捷

巴特劳姆的舰队在突袭漳州湾时，显得出奇神速，锐不可当。他得手之后，志得意满地向巴达维亚总部报捷，声言只待中国官方开埠通商，再相机夺取永久立足之地。然而，他以主力舰船封锁厦门港，再派兵拦截海路，劫掠沿海，便觉力量不足，顾此失彼，虽然把台湾仅有的几艘舰船调来，仍不敢贸然扩大战事。他性喜冒险，惯施软硬兼施之术，也深知孤军远征的危险，他既担心陷深不能自拔，又害怕威压过甚而利诱失效。在他看来，如果能与亦官亦商的郑芝龙合作，比与任何官员和商人打交道都有效；既要压他，又要拉他。这个野心勃勃、自诩有勇有谋的远征将军不知不觉被捉弄了，犹豫观望使他失去了及时进退的良机。本来，如果乘胜攻击，足以扩大军事胜利；或者及时收兵，至少可以保得出师告捷的荣誉，然而，他两着皆失时机，进退维谷，自酿着难饮的苦酒。

有道是，智者千虑必有一失；天下没有常胜将军。一个月之后，在时间的天平上，荷军一边的砝码便日渐减轻。

他的军人登陆，在沿海村镇劫掠，不是遇到民间乡勇的伏击，便是官军的顽强抵抗。他的官兵信奉他的剑火政策，为了满足远征欲望，所到之处，抢掠烧杀无所不为，怎不激起中国军民的拼死抵抗！

盛夏酷暑到来，厦门一带发生瘟疫，不久便在他的官兵中传播，远征军的士气低落。这时的他，既无力扩大军事行动，又舍不得就此收兵，他还贪婪地幻想着时间给予他厚报。

第一次台风袭来的时日，他预感到时间对自己不利。他的副手们也建议趁早撤退，免得台风季节中方发起反攻，没有退路。巴特劳姆遍游东南亚，怎不知夏秋之交太平洋恶风的可怕？然而，他仍不愿撤退，倒向郑芝龙抛出了最大的诱饵。一封措辞委婉的书信说："荷兰国愿与中华永修友好，东印度联合贸易公司希望与隆华商行长期合作。鞑靼人的军事行动，正威胁着大明王朝的安全。荷兰方面提议，向明军提供大宗最优良的火器装备，用以抵抗满军。作为友好合作，中方向荷兰海商开放福建一处口岸，允许东印度公司开设分号，作为荷中通商门户。如果你能促成这一美事，不仅两公司可以先得实惠，尼古拉一官（郑芝龙）和我巴特劳姆必将获得两国君主的奖赏，而功垂史册。"

郑芝龙接到这封信，心中十分高兴：敌军顶不住了。他先是武力胁迫开放口岸，如今退而用军援做交换。这是风神显威了，再拖些时日，让台风继续显威，磨钝他的兽牙，再动手不迟。

于是，他一边加紧练兵备战，一边故意拖了一阵才着人传口信给巴特劳姆：说他的提议事关重大，即使巡抚上达，也需要时间，打通关节，哪里就能轻易答复？让他继续耐心等待。

秋季的福建外海，是渔人和海商谈风色变的生死场，隔三差五的，酷热必致风雨，有时昼生夜息，有时三天五日，狂风挟着恶浪，每每使江河倒灌，沃野变成泽国，房倒屋塌的灾难年年不断。渔商船舶遇此灾难，十有八九是有去无还的。

这是第八次台风了，昏暗的厦门海面风吼浪号，大雨滂沱，持续了一天一夜，天明仍无稍减。荷军的 3 艘轻型舰船，已不知漂向何方。一艘舰船缆断锚脱，触礁沉没，船上 30 多名官兵无一生还；8 艘主力战舰虽然号称天下无敌，在无情的风浪中也不免剧烈颠簸，直把一批久经锻炼的官兵弄得疲惫

不堪。有人饮食俱废，坐卧不宁；有人在自己的岗位上苦撑着，心里、嘴里不停地祈求上帝保佑。

巴特劳姆喝下一杯苦咖啡，踉踉跄跄来到驾驶舱，只见雨帘之外海天不辨，风雨全无停息的迹象。他心里诅咒这东方的魔风妖雨，强忍住上蹿咽喉的恶心没有呕吐出来。眼见自己的精锐劲旅被瘟疫和魔风折磨得虚弱不堪，他心情焦躁不安起来，恨不得马上占块地盘好好休养一阵。然而，当初趁威而来未敢冒的风险，如今岂可轻举妄动？他想着郑芝龙总是迟来的模棱两可的口信，不禁起了疑心。莫非他在施展疲兵之计？复又念及，官兵如此疲惫，纵然风停雨住，一旦打起仗来，也是不堪一击。他越想越觉危险，便立即下达命令：待风雨稍减，便撤往金门之外再议进退。

这期间，郑家军分在3个良港深湾驻扎。风雨来了，锚船休养，大风稍减便出海演练。几套作战方案下达到大小船长，并把搜集到的荷军每一艘战舰性能和火器装备告诉全军官兵。既知其长，也知其短，广集巧胜智取妙策，人人树起必胜信心。

这次重整军备，郑芝龙别出心裁地组建了两支特别队。他委任潘惟太任重火器主力舰总管，并把黑兵卫队交给他，要他重组黑人兵火炮队，编入重炮舰队。这些来自南洋诸国的黑人兵，半是国破家亡的独身苦役，半是西方征服者的奴隶兵，他们中的不少人或多或少接触过西洋轻重火器。

郑芝龙的这一招，是满喇加人哈拉杜促成的。这位黑人亲兵当过荷兰海军的填弹手，在吕宋的一次荷葡之战中受了重伤，被弃置街头，险些丢了性命。他和几个伙伴辗转来到中国，视郑家军为家，后来又在郑芝龙关照下，娶妻安家，他对西洋列强的深仇大恨终生难消，荷军的突然袭击，使他怒气冲天，他吼叫着向郑芝龙要求拿起火器，杀西洋，绝不让自己的第二故乡沦为西方人的属地。郑芝龙深受感动，再一问其他黑人兵，都纷纷要求出海作战，黑人兵因而成为重炮舰队的生力军。

在多次海战中，白十一姑的神箭队屡显身手，她现在已经是两个孩子的母亲，荷兰人强占了台湾，她的兄长白吉禄因为拒绝与荷兰人联合排斥福建移民，竟被毒死。高山社首之位另由别人取代，使她有家不能回，如今，荷寇又打到福建，叫她怎能在家里坐得住?！她找到郑芝龙，要求重整她的神箭队，出海杀敌。郑芝龙念她已为人母，不宜再出海厮杀，便只叫她在内港教习箭法，她却非出海参战不可。在芝鹗的支持下，她又重任神箭队长，专乘轻捷快船演练射术，准备配合火炮逼近杀敌。

郑芝龙每日和副将们详析谍报，估量情势，推算着荷军的消耗和台风的变化，推敲着出击的最佳时机，转眼已经三个月。

一天，风势稍减，便有军情报来，荷兰军舰已经移向金门岛东南的料罗湾停泊。

郑芝龙见时机已到，立即命令大小 100 多艘战船当夜出港，从两翼包抄料罗湾，围攻敌舰队；同时知会滨海各县乡勇配合行动。

这天黎明，风平浪静。深受折磨的荷军官兵，尚在梦乡。郑军的强大战船队从两面逼近料罗湾，等荷军发现被围，潘惟太指挥的 30 多艘主力舰上百余门重炮一齐开火。炮弹像雨点一样飞向荷军的主力舰锚地，黑人兵的火炮打得既准又狠。等巴特劳姆跑上指挥台，只见料罗湾外布满大小舰船，荷军的一艘主舰未起锚便被炮火摧毁，正在迅速沉入海底，自己的旗舰也中了炮弹。

他声嘶力竭地指挥开炮还击，一艘主舰慌忙中忘记起锚，士兵们不管目标乱放炮，恰好成了黑人兵的固定靶，等起锚转向，已经被连连击中，完全丧失了还击之力。

这金门料罗湾乃是一个纵深不大的敞开式小海湾。一方猛攻，一方拼命要逃，一时间，双方的舰船在湾口内外形成交错混乱状态。白十一姑的神箭队，船轻速度快，正好在双方的炮击之间接近目标，群箭齐飞，敌舰上的人

不是中箭摔下大海，便是倒在甲板上。

不久，荷军的几艘大舰，一一被郑军的大小战船分割围住，招架之功不足，反击之力全无，只剩夺路逃命一招了。激战中，荷军另外两艘大舰接连中弹，燃起冲天大火，相继沉在港湾口。

郑芝虎指挥舰船，挡住港湾出口，命令火炮、弓箭猛烈攻击。敌舰欲战无力，欲逃不能，只能被动挨打。

郑芝豹率领敢死队的两只轻捷小船，眼看靠近了一艘荷军大舰，便把满船引火物点燃，直冲目标。只见两条火龙猛撞大舰后尾，众水手刚跃入水中，便听霹雳一声巨响，火光冲天，军舰火药舱爆炸，巨舰分成两段沉入海底。

4 艘荷军大舰葬身港湾内外。另外 3 艘主舰冲破包围，各自逃命远去。巴特劳姆不敢恋战，亲驾伤痕累累的旗舰冒着炮火飞箭般地向台湾方向逃去。

这天黎明，海澄知县梁东阳率领的乡勇渔船奔赴金门海域投入激战。原来自开战以来，荷军盘踞厦门港外，就近登陆抢掠，受害最深的便是海澄沿海。梁知县遵照邹巡抚的意旨，组织以渔民为主的乡勇，请来郑家军的官兵做教习，多次伏击荷军获胜，士气大振。是夜闻风而动，正逢黎明激战，荷军的小战船，欲乘混战逃遁，不是被击沉便是被俘，无一漏网。

可怜 900 多荷军官兵葬身大海，50 多人做了俘虏，这便是大明崇祯六年（1633 年）十月二十二日的料罗湾大捷。

"混血儿"回到故国

郑芝龙志得意满的同时，却也留有遗憾。因为他的这一番辉煌成就，缺一个人来分享。这个人是谁？不用说，正是郑芝龙在日本的糟糠之妻田川氏。而对于儿子郑成功，郑芝龙同样十分思念。

田川氏虽然是日本人，但通晓中国文字，对中国的文化也有一定的了解。她教授给郑成功《百家姓》《三字经》等基础知识。每天晚上睡觉之前她都要给郑成功讲故事，而所讲故事的主人公大多数是舍己为人、伸张正义、忠于祖国的爱国英雄，如文天祥、戚继光等。

田川氏不仅教郑成功学习文化知识，还注重锻炼他的身体。在郑成功 6 岁的时候，田川氏送他到花房老师那里学习剑术，这样不仅锻炼了其身体，也为以后征战打下了良好的基础。在田川氏的悉心教导下，郑成功不仅具备优秀的道德品质，还拥有强健的身体。

郑成功从小就表现出非凡的聪明和勇敢。在日本，现在还流传着这样一个故事。

郑成功 5 岁的时候，他和许多小伙伴一起在路边玩耍。忽然他们发现沿着乡间小路跑来几匹受惊的马，小伙伴们都吓得不知如何是好，有的人哭了起来，有的人吓得一动不动，但郑成功的反应却很特别，他拿起外公给他做的玩具，像一个大人一样向那几匹受惊的马走去，就在马要接近他时，他把锃亮的刀往头上一举，大叫一声，把刀向马抛过去。那几匹马看见一个刺眼

的东西飞来，便掉转头向其他方向奔去。其他的伙伴都十分佩服他，以后都愿意和他一起玩。

田川氏在日本的生活相当艰辛，但是她吃苦耐劳。她的这种性格也对郑成功造成了很大影响，后人曾评述郑成功说："权谋术数受之于父，果敢刚毅传之自母。"由此可见，母亲田川氏对于郑成功的影响之大。

郑芝龙每时每刻都在思念自己远在日本的妻儿，他多次向日本政府请求接郑成功母子回国，但是由于日本政府实行锁国令，禁止本国人民出境，尤其是不准日本女子出国，所以一直拒绝他的要求。郑成功 7 岁那年，郑芝龙想到一个主意：他请人给自己画了一张像，画上他身穿官服，站在一艘战舰上，旁边排列着无数战舰，军队看起来十分威武，然后派使者带着这幅画去日本，又警告幕府如不放人，则必将兴师而来之意。日本政府看到这幅画，害怕郑芝龙真的会挥师而来，但却不愿放母子二人都回国，于是最终达成一个折中的办法：郑成功可以回国，但是田川氏必须继续留在日本。1630 年，7 岁的郑成功回国，住在晋江安平郑府。

郑成功回到祖国后，生活环境发生了很大的变化。他从异国海边的渔村，住进了泉州安平镇郑芝龙的豪华府第，从粗茶淡饭、无所拘束的朴素生活，到锦衣玉食、婢仆成群的富贵享受。起初，年幼的成功还颇感不甚自在。郑芝龙接回了远隔重洋的爱子，甚为高兴，为他改名为森，聘请名师给他授课，对他寄予厚望。郑氏门第不高，虽然当时郑芝龙已富甲全闽，可夸豪富于官绅，但是由于他是"海盗"发家，所以仍为当地的衣冠世族所轻视，背地里讥称他为"海盗"或"贼寇"，不屑与之交往，使得郑芝龙的心里极不平衡。"万般皆下品，唯有读书高"的封建传统观念，是当时人们价值观的一个重要尺度，因此，郑芝龙希望儿子能读书有成，跻身士流，以荣耀门庭，与望族并驾齐驱。

郑成功从小聪慧颖悟，才思敏捷，回国后就在家中读书。关于少年郑成功的聪明才智有不少传说，“鞭打卧牛穴”便是其中之一。

据说他在安平家中，每当下午聚精会神读书时，总有附近的老乡敲锣打鼓从郑氏府第经过，几乎天天如此。喧闹的锣鼓声吵得郑成功无法专心读书，时间久了，他觉得很奇怪，便出来询问。人们告诉他说：村东南有座小山坡，形如一头卧牛，故名卧牛穴。这只“卧牛”一到下午就酣睡不醒，必须用锣鼓声把它唤醒，否则就会人畜不宁，年景不佳。郑成功听后并观察了卧牛山的地理形势，对乡亲们说：“你们天天这样做，并不是好办法。锣鼓停了，‘牛’还是有可能再睡的，而且好多人每天忙于敲锣打鼓，也影响耕作，我给你们出一个长久之计，你们可以在卧牛山的西南修一座塔，每当过午太阳西斜时，塔影便会投到卧牛山上，不就像一条赶‘牛’的鞭子吗？鞭子打在‘睡牛’身上，牛就不敢再贪睡，咱们乡里也会五谷丰登，六畜兴旺了。”

乡亲们觉得他的意见很有道理，便依计在卧牛山的西南用砖石砌建了一座五层的塔，名为“无尾塔”。每当太阳西斜时，塔影就像一条长鞭打在卧牛山上。这个传说带有一定的迷信色彩，但可以反映出少年郑成功的聪颖和乡亲们对他的喜爱。

郑芝龙对这个 7 年没有见面的儿子格外疼爱。一次偶然的机会，一位从外地来的相士见到了郑成功，惊奇地对郑芝龙称贺道：“郎君英雄，骨相非凡。”郑芝龙说：“我乃一介武夫，此儿倘能博得一科目，为门第增光，则甚幸矣。”相士说：“郎君实为济世雄才，非止科甲中人。”听了相士的话，郑芝龙对郑成功的期望越来越高。为了培养他，郑芝龙花重金聘请了很多很有学问的老师来教他。郑成功少年时代，正值明王朝土崩瓦解的时候，国事越来越混乱。老师也是忧国忧民的爱国之士，便常拿英雄志士的诗篇让郑成功学习，以期郑成功能成为济世的英雄。而郑成功最喜欢读的书是《春秋》和《孙子兵法》，这两部书对于他一生的影响也极大：《春秋》赋予他忠君爱国的思想；《孙子兵法》则教会他行军打仗的计谋，他在《孙子兵法》的空白

处写道“挥尘谈兵效古之英豪，究心天下封侯非所愿”，可见其志气非凡。

郑成功 11 岁时，老师从其所读的书中指出“洒扫应对进退”，让他以此做命题作文。这几个字本来是指日常生活琐事，但是郑成功却把它看成是天下兴亡的比喻。他联系历史，引经据典，写道：“汤武之征诛，一洒扫也；尧舜之揖让，一进退应对也。”意境开豁、新奇，使老师赞叹不已，批阅“颇为新奇惊异之说”，并大赞郑成功是“天下奇才”。俗话说文由心生，郑成功小小年纪就能将日常生活琐事与国家大事联系起来，可见他忧国忧民的胸怀。

关于郑成功的聪明才智，还有一则小故事。

有一次，郑芝龙在幕僚宾友的陪同下，乘大船在五马江上游玩。郑成功独坐在一个角落里潜心读书。郑芝龙对郑成功抱有非常大的期望，希望他将来能继承自己的事业，见他在学习，非常高兴。这时船的行驶速度很快，船帆鼓得满满的。郑芝龙想考考自己的儿子，便对郑成功说：“森儿，我出个对子，你对对看。”郑成功说：“请父亲出上联。”“你看对面那只舢板，尽管渔民拼命摇橹，可怎么也没我们快，所以我认为：‘两舟并行，橹速不如帆快。’你来对下联吧。”郑芝龙的这个上联语带双关，表面上在说“橹”、“帆”，实际上“橹速”是隐喻周瑜的谋士鲁肃，“帆快”是隐喻刘邦的参将樊哙。其本意说“文官不如武官”。要找到两个历史人物，又要利用谐音完成这个对偶语，实在太难了。但郑成功才思过人，很快就想出来了，便对道：“八音齐奏，笛清难比箫和。”话音刚落，满座叫绝。他的“笛清”暗指宋仁宗驾下大元帅狄青，“箫和”暗指协助刘邦治国平天下的丞相萧何。其真意是“武将难比文官”。郑成功在众人面前的巧妙应答，使郑芝龙愈发觉得脸上有光。

但是郑成功并不是死读书的，在看书的闲暇时候他喜欢练习武艺，喜欢听水兵们给他讲述海上生活和大风大浪里作战的故事，这使他更加了解海上生活，也更了解战争，为他以后的海上作战打下了基础。

海陆无战事，儿子又回到了自己的身边，郑芝龙便把注意力又放回到海上贸易了。这时，郑芝龙海商集团几乎完全控制了东南海外贸易。别的海商如要从事海外贸易，都必须得到郑芝龙集团的许可，并要向郑芝龙集团交纳数量可观的管理费，“海舶不得郑氏令旗，不得往来。每一舶例入二千金，岁人以千万计。（郑）芝龙以此富敌国”。如有哪个海商进行海上走私贸易，明廷如“檄付芝龙”，要他抓捕，则易如反掌，“取之如寄”。因此，东南沿海一带的海商如要进行海外贸易，都必须投靠郑芝龙；否则的话，随时都可能被铲除。

郑芝龙海商集团“岁入以千万计”，只是大略而言。至于他的商业资本到底有多大，今已难详考。但从有关文献可以看出，中国历史上从来没有哪个海商集团的规模可与郑芝龙相比。

拜“东南文宗”为师

1642年，19岁的郑成功娶董氏为妻，成家立室。董夫人是明朝礼部侍郎董飏先的侄女，婚后第二年生下了长子，名叫郑经。

似乎有些奇怪的是，此时的郑成功并没有想过自己将来要继承父亲郑芝龙的家业，郑芝龙也无意给这个从日本归来的长子在自己的郑氏集团中安排一个位置。他们父子在这一点上惊人的一致。

但郑芝龙对于儿子的前程显然也有考虑。他太需要郑成功能够以学业而

通达，最终上达天听，能够在北京的明朝政府中谋取一个职位了。郑芝龙自己半生纵横，亡命海上，挣下了令人羡慕的金山银山，可是他的内心里始终认为：只有做官才是人生唯一可取的道路。在中国，只有做官才会受人尊敬，才是光宗耀祖的事情。其他的，即使你大发横财，腰缠万贯，即使像郑芝龙这样雄霸一方，扬名四方，在当地老百姓的眼里，也不过是一个“海盗头子”而已，是个贼。偷来、抢来的东西都不算数，只有读书中举，做官，堂堂正正地吃着朝廷的俸禄，人们才会对你顶礼膜拜，才会从内心深处承认你，这也是中国的科举制度千百年来形成的强大惯性。

1644 年年初，21 岁的郑成功从福建南安县来到了明朝南都——南京，进了国学，成为监生。

南京是一座承载着太多的历史，也有着太多伤痛记忆的城市。这是一座文化之城，也是一座悲情之城。南京古称棠邑，置棠邑大夫。春秋时期吴王夫差筑冶城，越王勾践灭吴后在今中华门外的秦淮河南岸筑越城。公元前 333 年，楚威王熊商于石头城筑金陵邑，始得“金陵”之名。秦始皇南巡，改金陵邑为秣陵县。公元 229 年，吴大帝孙权在此建都，改秣陵为建业（后于公元 282 年改建邺）。之后，东晋、南朝的宋、齐、梁、陈均相继在此建都，获得了“六朝古都”美誉。六朝建康城，是当时世界上最大的城市，人口达百万，是世界上第一个人口超过百万的城市，其经济发达，文化繁盛，在江南保存了华夏文化之正朔。然而，与这份荣耀伴随而来的是太多人的觊觎，太多雄心勃勃的政治家、军事家强烈的征服欲望以及狂妄之徒的肆意践踏。诗词冠绝一个朝代的陈后主从这里被捉走，南唐皇帝李煜亦吟唱着“故国不堪回首明月中”远去……

明太祖朱元璋扫平诸侯，再次选择了在南京建都。在传奇富豪沈万三的帮助下，朱元璋修筑了世界上规模最大的城墙，并且将南京建设成为天下读书人顶礼膜拜、争相朝圣的文化圣地。而成就南京文化之都独一无二地位的，就是朱元璋自公元1365年在鸡笼山麓创设的“国子学”（1382年改为国子监）。

据记载，国子监内共有学生读书和住宿用的“号房”1000多间，外国留学生使用的“王子书房”和“光哲堂”100多间，以及教师住宅数十间。另外，有“讲院”几十间供教师讲学之用，“射圃”一处供学生练习射箭之用；还有“菜圃”80多亩，以供应日常的蔬菜。学生最多的时候，一度达到9000多人，后来逐渐减少到三四千人。

这些学生中，除了从州、县选上来的“贡生”（每县每年选一人），还有功臣和贵族的子弟，以及边疆少数民族的“土司”的子弟，以及外国来的留学生，例如日本、高丽、暹罗等。

学习的主要内容，都是儒家功课，四书五经，还有数学、书法、射箭和政府的政策法令。每天要临写古代书法家王羲之、王献之等的帖书，每月考试数次不等。

生活上，国子监的待遇并不差：每人发给头巾、绢布衫、白麻布衣、冬衣一套和棉被一床。平均每二十五个人为一个伙食单位，由一名“膳夫”管理，每三天吃一次肉，每人每次一斤。每人每天发给香油三分、盐三钱、酱二钱、花椒五分，每人每月还给醋一细桶等。

能够到国子监就读，是当时天下读书人梦寐以求的荣耀。从这里走出去的，都是国家栋梁。

郑成功来到南京后，他对自己的身份是刻意隐瞒的。他并没有将父亲的郑氏商业帝国视为自己的当然后台，也不像那些王公贵族的子弟，来到南京这个脂粉之地后就一掷千金、醉生梦死。郑成功很低调，生活上也很朴素。和他交往的，不过是一些寒门子弟。

郑成功进国学后，便拜当时的大儒钱谦益为师。钱谦益其人，本身就是一部传奇。他生于万历十年（1582年），才华出众，少负“神童”之名，25

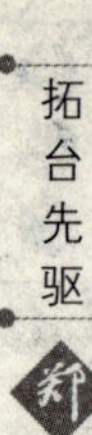

岁中举，28岁中进士，29岁中探花，后来加入了“东林党”。东林讲学，强调关心国事，振兴吏治，提倡实学有用，反对玄虚空谈。

当时，江南士绅弟子及各地学人一致仰慕东林学风，都遥相应和，闻风响附，联翩来集，皆以东林为归。院内书室多为学人公寓，学舍至不能容。由是东林一派名声大著，引起朝野的普遍瞩目。由于东林讲学抨击了当时的社会腐败和一部分权臣、阉人的贪纵枉法行径，引起了反对者的不满与忌恨。天启后期，阉党魏忠贤窃权乱政，向全国颁示所谓“东林党人榜”，公开逮捕迫害大批东林党人士，又矫旨毁全国各地书院，禁止讲学活动。天启六年（1626年），“东林书院”被限期全部拆毁，讲学亦告中止。此后数年，宦官专政，许多读书人都噤若寒蝉，不敢再出来为民请命，奔走呼号。独有钱谦益不顾生死，仍旧以天下为己任，著书立说。也因为他才气纵横，时人又将他尊称为“东南文宗”。

自从被从北京贬官以后，钱谦益一直赋闲在家。这段时间他也没有闲着，和秦淮八艳之首的柳如是上演了一段惊天动地的恋情。柳如是自幼父母双亡，流落风尘。虽然她命运不济，却有一股不服输的劲头，暗暗立誓，一定要为自己寻找一位如意郎君。她先是结识了一代豪杰陈子龙，陈子龙才华横溢，是复社的领袖人物。柳如是和陈子龙情投意合，然而陈子龙却碍于封建礼法，不敢休掉家中妻子而娶柳如是。柳如是坚决不做小妾，终于离开陈子龙而另投钱谦益。钱谦益比陈子龙大20多岁，行事却仿佛狂浪少年。当柳如是一身男装，夜访半野堂之后，钱谦益立即命令修建绛云楼，十天落成，然后邀请柳如是来小住。二人订立婚约，钱谦益不顾正妻在家，以大红裙衣的正统之礼，迎娶柳如是。二人在一艘画舫上举行了婚礼。

钱谦益学问渊博，儒、道、佛三家无不精通，对于传统的易、数，占卜、相面等三教九流的学问，无不涉猎。因此，他先仔细地端看郑成功的相貌，不住点头。“好相貌！有幼虎之气，有奔马之象，有鹰隼之锐利，有麒麟之仁义。此子天赋异禀，相貌不凡，将来定然掌握生杀大权，统领千军万马，建立不世奇功，是个了不起的奇男子、大丈夫！”

钱谦益看完郑成功的相貌，又问他的名字：“你的名字，谁给你起的？”

“我父亲。”

“可有用意？”

“当时我刚从日本回归中原，乳名福松，父亲教导我，独木不成林，要成大事，必须得集合众人力量。因此给我起了一个名字，叫作森，意思是要我将来团结四方豪杰，共成大业！”

“这个名字起得好，就是直白、浅显了一点。你既然拜入我门下，我再给你起一个名字，叫作‘大木’……孟子云：‘为巨室则必使师求大木’，大木，国之栋梁。当今之世，家国多难，正需要有栋梁之才，支撑大厦不倒。希望你就是那支撑江山社稷的大木。”

在南京将近一年的时间里，郑成功不仅在学问上大有进步，更重要的是他在思想上渐趋成熟。他结识了不少东林复社著名的学者和诗人，与他们结为师友，砥砺品行，切磋学问，讽刺议论时弊。东林复社所倡导的忠君爱国，坚守气节，杀身成仁的精神，对热血青年郑成功有很强的感染力。在东林师友的影响下，他对明末阉党专权、迫害忠良、君臣误国的现状极为不满，曾经作诗对明末的弊政和重大失误做了尖锐的批评。诗中写道：“元首何昏昏兮，股肱不良，庶事之丛脞兮，安得黎庶之安康。”意思是说，君主昏聩，臣子奸佞，时事艰难，百姓如何能安居乐业？同时抒发了自己矢忠报国的心怀。在南京，他也听到一些忠义之士起兵抗清的壮举。史可法勇赴时艰，鞠躬尽瘁的精神深深感动了他，为他树起光辉的榜样。这些都从不同方面增加了郑成功对国家民族命运的责任感和忧患意识，立下了追步忠良、以身报国、力挽狂澜的壮志。青年郑成功正在一步步成长，而他与众不同的英雄气质也开始显露。

大明王朝日薄西山

崇祯十年（1637年），北方的各路农民军，像阵阵狂风，忽东忽西飘忽不定，烽火燃遍半个中国。川、陕、鄂、皖、豫、鲁、冀、晋的剿讨官军疲于奔命，却烽烟不息。这年七月，陕西巡抚孙传庭于盩厔县黑水峪生擒闯王高迎祥，押解京师伏诛，也算几年征讨的空前大捷，却似泼向燎原大火的一瓢水。高部公推李自成继闯王位，造反之志弥坚，竟成覆明主力劲旅，此是后话。

关东的满军越过长城直逼京畿，旋即回师出关，攻入朝鲜。不过半年工夫，朝鲜王眼见得不到明朝救援，便被迫投降满主。满军占了朝鲜，又越海攻占皮岛，割断了朝鲜与辽东、山东之间的海路联系和互相支援。这时的满军，兵强马壮，所向无敌，再度入关攻下大明京城只是早晚的事。调郑家军北上，实是关内外强敌压境，战局危机，大臣们不得已采取的应付之策。

郑芝龙蹈海冒险奋斗十几年，拼上几千部属，包括自己胞弟和结义兄弟的性命，才挣下这官军商一体的有形无形资本。在他眼里，这到手的资本虽还不算大，却前景宏远。眼下，腐败虚弱的明王朝与北方农民起义军、关东满军正在进行殊死搏斗。三虎角逐必有两伤。在此关键时刻，犹如身处赌局，也像远洋货贩，获大利还是蚀老本，只是棋盘上一子举落的事。他不敢抗命当朝，可也不愿倾全力与之共存亡，他所关心的是郑家军的利害得失。只要郑家军水师主力存在，只要他坐镇八闽，便可有赢无亏，前程无量。这便是他主动派出鸿逵代替自己北上勤王的良苦用心。

勤王之师起程之前，郑芝龙单独为鸿逵夜宴饯行，密授心腹秘言。送走郑鸿逵之后，郑芝龙不管北方如何战火烈烈，只管专心经营海上贸易，还特意派出两批武装货船，驶往日本，观其动向，竟然平安无事，获利而归。由此得知，德川王虽对明朝存有戒心，却不拒绝货船入境。对传播西教的荷兰商船的进出反而限制甚严，这倒增加了他接妻团圆的信心。

郑芝龙已经深切地意识到，大明国的朝野政局和内外战事，已经不可避免地与郑家军以至自己的命运紧紧相连。他不得不时时关注北方军政情势的变化，并委派专人广罗传闻，遍集情报，经常与表兄黄文清等人交谈信息，剖析时局。鸿逵的命运备受关切自不必说。无意有意之间，三个文武大员却成了他们议论的重点，他们是熊文灿和福建人洪承畴、黄道周。

崇祯十二年（1639 年）正月，关东的满军虎狼之师第三次越过明军重兵把守的长城关隘，从冀东南下，一路攻城略地，越过黄河，攻下济南，德王朱由枢做了俘虏。明将刘宇亮和孙传庭奉命会师 18 万抗敌，竟不敢接战。五个月时间，眼睁睁看着满军像一阵狂风横扫两千里，连下京畿、山东 70 余城。然后，又大摇大摆地出关回了老家。自崇祯二年（1629 年）以来，满军已经三度入关，屡屡进逼畿辅，京都戒严，一度沿长城西进，攻克宣化、保安。满族人用行动明示，攻下明京并非不能，只是乐得让十几路造反农军与官军厮杀，互相消耗，自己养精蓄锐，等待时机。崇祯皇帝惧恨交加，严惩了刘宇亮，任命剿寇名将福建人洪承畴为蓟辽总督，统领八镇重兵抗御满军，但愿这位名将出关克敌，不孚众望。鸿逵的使命也好完满履行了。

黄道周者，字幼平，福建漳浦人，天启二年（1622 年）进士，初授编修之职。只因他为人耿直，有胆有识，不肯媚附宦官魏忠贤，而受贬斥。崇祯皇帝起用之后，又因屡屡上疏救贤臣、斥奸佞而三升三贬，忠直之名闻于朝野。更有正直同僚仗义声援，竟被责以邪党乱政，先后有九人系狱治罪，道

周虽保得性命，却被贬谪到江西，降任按察司照磨微职。同乡重用无望，好不叫芝龙心寒。

正当战事紧急之际，御旨任命总督两广都御史熊文灿为兵部尚书，总理南京及豫、鲁、陕、川、鄂七省军务，坐镇郧阳，指挥剿讨十三路北方农民起义军。

居室熊尚书上任路过庐山造访挚友云空和尚时，便有一席不吉利的对话。和尚见故友来访，不假寒暄，劈头便道："熊公危矣！"熊氏闻言大惊，忙屏退侍从，求他预告吉凶。和尚问道："公自以为所统兵马足能致各路敌军于死地吗？"回答是摇头。"你手下有足可信赖又能独当一面的将才吗？"又是不假思索地摇头。云空法师叹口气道："难就难在这里。你没有这两条，皇上既授帅印，必苛重责，稍有闪失，岂能免死？"熊文灿不禁打个寒噤，张口结舌，良久才道："招抚如何？"和尚摇摇头苦笑道："我想熊公所能者只有招抚。然而，流寇非海寇可比。熊公，谨慎吧！"

熊文灿奉命挂帅，左良玉的6000人为麾下主力之一。他只招募南粤、乌蛮惯熟火器、弓箭者2000人为近卫亲军，甲胄兵器优于他军。他处处谨慎，不敢有些许疏忽。谁知未出战便遇到麻烦。左良玉性本桀骜，自恃宿将功高，一向不受文官节制。恰巧其部下与熊帅的南军发生摩擦，左氏便乘机谩骂、吵闹，藐视主帅。熊文灿不得已将南军遣回，也由此深知左军不堪驱使。想起云空法师的忠告，不禁心灰意懒。好在皇上适时调来边军5000人增其实力，使他信心恢复。熊氏受命剿讨对象，乃活跃于陕、豫、鄂、川的十三路农民暴动大军，各自为战多年，胜败无定，降叛反复。他坐镇郧阳，运筹指挥，各路人马协同进剿，居然连有斩获，今日三千，明日五千，频频奏捷。朝廷开颜，敌寇惶恐，有的还找门子表示归降之意。文灿乘机上言，某某可抚，某某可剿；归者请赦其罪、授其官，剿抚并施，贼患可平云云。皇帝心有所疑，却默许其策。后来，便有张献忠、刘国能、马士秀、杜应金、李万庆、罗汝才等九家陆续受抚，各守原地，等待封官、授赏。刚刚步涉顺境，熊文灿便生出轻敌、侥幸之心，自谓天下太平指日可待了。于是，上疏放出大话道："军威震慑，降者接踵。九家已归顺，拒抚者，可岁月平也。"皇帝自然欢喜。

他这里行真招抚，那边却假行归顺。有人等待授赏重用，有人做缓兵之谋，有人惧怕朝廷虚抚而实灭之。盘踞谷城的张献忠拥万人之军，索十万人饷；罗汝才驻军房县，迟迟不肯释甲胄。等了将近一年时间，未见赦罪、受赏。张献忠首先反出谷城，劫了房县，罗汝才紧随其后。随后，受抚九家相继反叛。于是，朝野内外上下一股脑儿把罪责归咎主抚的熊文灿，其丢官、下狱、丧命岂能幸免?!

郑芝龙得知自己的恩人不是死在与敌寇厮杀的阵前，而是亡在天子的无情诛戮，落得个抛尸京城闹市的下场，不禁唏嘘不已。他屈指算来，崇祯帝继位以来，已经诛杀总督总兵官 7 人——袁崇焕、刘策、杨一鹏、范志完、赵光完、郑崇俭、熊文灿，多年勋臣一朝罪人，谁知有几个不是冤鬼？谁知还有多少人将做替罪羊？郑芝龙哀叹王朝的衰败，痛心大局临危的混乱，尤其感到乱世宦途的险恶。他寒心透了，连续几日几夜愁苦不堪。官爵利禄、商场巨资，什么不是过眼烟云?!

第四章

乱世徘徊：奔走新旧政权

就在郑芝龙再次击败荷兰，巩固自己的商业帝国，接回多年未见的妻子，享受着快乐时光的同时，明朝在农民起义军以及关东满军的夹击之下亡国了。面对如此混乱的情形，郑芝龙需要再做一番考虑。

“海上马车夫”卷土重来

正当大明官军与北方农民军、关东满军忙于厮杀的时候，突然，一支强大海军舰队出现在浙江沿海，横冲直撞，所向无敌。明军水师接战辄溃，屡屡惨败，一时闹得沿海戒严，朝廷告急。郑芝龙也很快接到命令，立即调遣闽军舰队准备应战。这是崇祯十二年（1639 年）四月的事。

六年前，巴特劳姆的强大舰队，在料罗湾惨败，难道是红毛番卷土重来？来犯者正是其时世界第一海上强国荷兰王国的海军，一个名叫郎必即哩歌的将军率领的九艘巨舰组成的舰队。

荷兰为了维持海上霸主地位，不惜投入巨资用最新造船技术建造一批船体高大，结构坚固，火力空前强大的新型战舰。这时候，其海上实力已经在欧、美、亚三大洲取得绝对优势。俗称佛朗机的南欧两个海上劲敌葡萄牙和西班牙已经无力与之抗衡，甚至让出了不少海外既得利益。唯独最富庶、最具诱惑力的东方大明中央帝国还傲慢地不肯敞开国门。更可恼的是，一个海商出身的福建将领尼古拉一官（郑芝龙），竟用自己的水师把最强大的荷兰海军打得惨败而逃。荷兰国的海事大臣，决定派遣勇冠三军的常胜将军指挥这支无敌舰队，乘大明帝国内外交困之际，发动突然袭击，敲开其大门。郎将军的舰队先在其东方基地巴达维亚暂停，补充物资，与总督署的官员们详拟突袭中国的计划；又经台湾暂泊，增补些兵员、物资，才踌躇满志地向浙、闽沿海进发。

郎必即哩歌虽然曾随武装商船队遍游亚洲诸国，所到之处畅行无阻，也到过中国沿海的一些地方，却没有参与过对华作战。六年前，巴特劳姆惨败而逃，并郁闷而亡，引起荷国军商界极大震动。有人说中央帝国不可冒犯；有人说是巴特劳姆指挥不当。唯年龄与巴特劳姆相当、刚从印度回国述职的郎必即哩歌，既不说中国强大，更不说巴特将军失误，却高唱实力政策，大谈唯有造巨舰、铸大炮，才能真正做到所向无敌，雄霸天下。四年后，第一批新型巨舰下水，组建新舰队，有人推荐他出任远征舰队司令。他说，如果到美洲、南亚巡游护航尚可，要去打中国，还需实力加倍。主事者采纳了他的意见，又用两年时间造舰铸炮，新型巨舰从五艘增至九艘，他才答应挂帅出征。

在巴达维亚和台湾岛内，一些熟悉大陆情势的荷兰殖民官员、他的新朋旧友们，都祝他马到成功，首战告捷，但都建议他首战不可从福建开始。理由是，荷兰东印度贸易联合公司的贸易伙伴郑芝龙亲自掌管一支强大海军，英勇善战，不可轻视。新舰队实力再大，也应首先避强打弱。

郎必即哩歌坚信自己无与伦比的巨舰大炮，对朋友们的忠告颇不以为然。他终于选择浙江开战，不是为躲避福建的郑家军，为的是这里离大明第二首都南京较近，军事压力更有利于对方知痛服输，早些开埠通商。或者像百年之前葡萄牙人租借澳门一样，让给荷兰国一块地盘也好。福建的郑芝龙又算什么？取得浙江全胜，再打郑家军也不晚。

果然，他的舰队在浙江沿海连战皆捷，中国海军损舰折兵，只好纷纷退向深港避战。他打一仗发一次威逼通牒，要求开埠、割地，条件越来越苛刻，甚至狂妄地要求大明国赔偿六年前闽海之战给荷兰国海军造成的损失。不见满意答复，便登陆劫掠，试探虚实。

经过百年抗倭和反抗西方列强入侵，明朝的东南沿海军民积累了不少反入侵作战经验。郎氏的舰队在海上无敌手，一经深入陆地，就不免有所伤亡。他倒乖巧，几次下来，已经明白，区区千余官兵，经不起陆战消耗。于是，

便放弃了登陆作战，疯狂地在中国沿海逞威肆虐。凡遇中国商船、渔船，不是抢掠，便是击沉，致使东南海路中断。这才致使朝廷又命郑芝龙出师应战的紧急军令。

郑芝龙一边把驻扎在闽南诸港的舰船向北集结，一边加紧搜集情报，分析敌舰队实力。约略知晓，荷军新舰船构造和性能确系空前，自称五大优性。一曰甲壁厚而坚：长大的船体，外甲壁均用优质原木接叠，厚达两尺。人们误以为是双层板壁，称为“夹板船”。板缝用特制麻油粘注，舱底灌满压舱铅、锡，确保舰体既坚又稳，纵被重炮击中，也不易造成重创。二曰钉刺自护：船体四周铁钉罗列，每钉长约二尺，敌船冲撞，必致自伤。三曰帆篷万能：帆叶设有前后两组，每组帆叶错落，盘若蛛网，八面受风，时时得力，无往不顺。不像中国船帆不遇顺风，便须船行“之”字，慢而不稳，水手船工备受其苦。帆篷缆绳乃是用油浸透的丝缆制成，柔软而坚韧，纵遇疾风恶浪，也不易折断。四曰舵隐船中：舵师可从容操纵，避免慌乱。五曰火器无比：前后左右各装置红夷铳、炮三层，四五十门不等。巨炮射程可达十余里。高中低三层铳、炮各有专用，既能打远又可打近。因而，明船相遇者，非伤即沉，难以幸免。

郑芝龙摸得敌情，不觉心情沉重。他虽然身经大小海战十几次，内敌外寇都交过手，却深感这次抗荷不比寻常。然而，这一仗有进无退，非打不可。

他又一次想起十二年前接受招安时向官方的庄严承诺：愿以芟平夷寇，剿平诸盗，捍卫东南沿海平安自任。再说，荷兰海军在浙闽沿海的攻掠，经济上最大的受害者，乃是郑记隆华商行集团：北上南下的商船中断往来不说，被劫大型商船已有十几艘之多。此患不除，这海上黄金财路还不被其封杀？

几天之内，舰船兵力神速调遣，同时严命沿海各卫、所烽火台，昼夜守望、报警，战舰队在泉州、湄州两海湾扎营，水兵日不离船，夜不脱衣，随时准备出战。

再说荷军舰队司令郎必即哩歌，经过几次接战，始终有赢无输。他知浙江海域已经没有敌手，怕旷日持久，夜长梦多，便想起人们说的郑家军，何不南下福建，会会这支海上劲旅？说不定一战将其击溃，到那时，还愁中央之国不服输？于是，便从宁波外海起航南下，三天之内已越过浙南、闽北海域，出现在湄州外海。

这天，大海平静，郎氏坐在高高的旗舰指挥舱里，向右看，远处青山，近处碧水，绿色小岛错错落落；向左看，是无边蓝色汪洋，风平浪静。前面视野之内，却是一片空旷，连一艘渔船商船的影子也没有。他相信，这不是吉兆，必是对手有了准备。

郎氏高举望远镜向前方瞭望，隐约间只见一群灰色小点散落前方；又进一程，才看清楚，确是一支舰队列着队形在移动。他命令，远程大炮瞄准目标，准备射击。

荷军所见，正是郑芝龙指挥的舰队，在湄州湾外摆好迎战队形。原来，郑家水师早在一天之前便进入应战状态。郎氏自以先进的望远镜了解敌于十几里之外而自喜，却不知中国的烽烟传警法门，早在他的舰队进入福建水域之初，便不停地把其行踪报给主帅。郑芝龙料定敌人是有所为而来，到闽南还有一天多的航程。他决定在不远不近的湄州湾外海列阵迎击敌人。

这湄州湾，湾深港多，形势险要，外接大洋，内连四野山丘，进可攻，退可守。他定下初战方略：不求全胜，以最少损失，摸透其实力，命杨天生为左队先锋，率十艘大舰居外；芝鹗为右队先锋，率十艘大舰居内；芝豹率后队护围、支援；自率中军，指挥全局。他特别向诸将叮嘱："自古兵无常制，战无定法。这一仗非同寻常，荷夷夹板船坚固难破，出战时务必慎之又慎，可战则战，不可战则退，切忌恃勇，徒自损失。各路战舰务必看我号令行动。"一场大战即将拉开序幕。

再败侵略者

这日中午刚过，郑军便在湄州岛外列好战阵，只等发现目标，四路战舰便开始移动，准备厮杀。

郎必即哩歌在指挥台上仔细观察，目标越来越清楚，只见一个五十多艘战船的舰队，在那里进不像进，退不像退，既没有明军常见的固定队形，也不像什么战阵；不禁暗暗发笑，这郑芝龙果然是海盗出身的冒牌将军，根本不懂最基本的海战阵法，看来是徒有虚名，不堪一击的。他哪里知道，这正是郑芝龙的小小计策：故意让各队各舰隐了队形，动而不进，只在原地移动，以迷惑敌人。

郎氏眼见自己的舰队已经进入射程，便下令重炮一齐开火。只见中国海军五十多艘战船突然呈半圆形展开，各舰仍以蛇行进驶，使他的巨炮重弹老远飞来，落点非左即右，很难捕捉目标，枉费了许多炮弹。

海战展开，只见平静的海面上被巨型炮弹激起高大水柱，此落彼起。中国战船群，在水柱林中蛇行进驶，躲避着炮火，从几个方面向敌舰队逼近；进得快的，已经边进边开炮还击。

一时间，湄州湾外洋，炮声惊天动地，浓烟遮天蔽日。中国战舰群，犹如满天星斗移动快捷；荷军巨舰俨如九座炮台，群炮齐发，只是虎蹲炮捕捉移动目标，一时难以得手。中国舰炮虽然击中目标，却因威力小，对方舰甲坚厚，难以造成伤害。一场史无前例的海战，在混乱中愈演愈烈。

郎氏眼见巨炮重弹阵阵落空，开始有些焦躁，心里却不禁惊叹：前所未有的勇猛之师，未曾见过的指挥艺术！

郑芝龙站在中军旗舰上，领略着西洋新型舰队的雄姿威势，果然是实力空前，难以抵挡：眼见自己的将士虽忠勇无比，却不能重创敌人；战舰蛇行，纵能躲避一些炮火，岂能迸免被击沉？这仗不能再打了！

他刚要升旗退兵，突然，杨天生的左队头舰被击中。郑芝龙果断地下了退军令。只见被击中的左队头舰在激烈簸动一阵之后，又恢复向前，边进边还击。退兵令旗高悬，众战舰立即掉头撤退。芝鹗的右队头舰转向撤退之间，也被击中，燃起大火。浓烟拉出一条长长的烟墙，缓缓向湄州岛延伸，不久便沉没了。中国战舰群掉头四散向后撤，却依然是蛇行阵法不乱，直到撤出敌舰射程之后，才掉头向湄州湾集中。

郎必即哩歌眼见对手四散撤兵，追了一程，不能扩大战果，只好下令收兵。他打了胜仗，却颇为不满。只因鏖战大半天，耗费大量弹药，虽致敌舰一沉一伤，却是对中国开战以来最败兴的一仗。他破口咒骂“该死的郑芝龙，狡诈的海盗！”遂下令舰队就地落锚。

他的部下不解地问：“敌人败退，时间尚早，何不乘胜追进海湾，关门痛击，打个歼击战？”郎氏摇摇头道：“军人打仗，要先想到失败！就算击沉三十艘敌舰，他还有一半。我军损失一艘便是九分之一。”他命令舰队就地监视郑军动向，拦截过往船只。

至于他为什么不进湄州湾，穷追郑家军，还有另一层道理。郎必即哩歌也算得上一个狂妄而不失冷静的将领。他虽从浙江开战，却对福建沿海的地势、军情颇有一些研究。他原来估计，郑芝龙的海军主力应在泉州到铜山之间，以厦门为中心的闽南诸港驻扎，要打也是在这一带。想不到竟在湄州湾外洋遭遇，而且如此顽强善战。若不是对方的火炮威力小，或者自己的战舰甲壁不坚厚，必遭严重损失。而自己缺乏必要的作战预案，只想南下闽南挑

战，未免有失大意。

他还知道，湄州湾虽说不是郑芝龙的主要基地，却也是个兵家比智斗勇的军事要地，是一百年前大明海军痛击日本武装海盗的著名战场。海湾出口左右都是地形险要的海角，湄州岛雄踞出口中间。这海湾出口处的岛屿、海角，多设明碉暗堡，看守门户。南边大蚱角上的崇武城，是中国东南沿海最著名的军事堡垒。湄州湾四周丘峰环抱，港湾错落，天设一个水陆迷津，易守难攻。日本武装海盗在这一带受到致命打击，闻风丧胆。两位大明将军便是在这里奠定抗倭大业而名震东方。谁敢说，退进湄州湾不是狡猾的郑芝龙设下的诱敌之计？还是原地不动，以逸待劳方能确保万无一失。

郎必即哩歌的猜想并没有错，郑芝龙确实是诈败而回。但郎必即哩歌没想到的是郑芝龙如何进行反攻。郑芝龙退进湄洲湾后，立即下令备下小渔舟若干条；挑选忠勇水兵若干，都是军中百里挑一；从湄州湾各渔村征募胆大体壮的渔家后生若干，每船六人，兵民配合。将大竹锯筒，每人腰间系两个；小舟牢系五尺铁链，一头带钉。舟中装满桐油及硝磺引火之物。荷军舰高炮远，渔舟小而快，只要冒死直冲，不愁冲不到敌舰下。届时再用斧子把铁链钉牢，发火；人跳水中，浮游而回。芝豹、芝彪依计而行，又对壮士们晓以大义，反复演练操桨、划舟、引火爆破诸事。果然是，妙计激起壮士勇，只待军令一下，便可行动。

这期间，郑芝龙又把战舰分三队：芝鹗、陈霸各带一队，由当地渔民指航，乘夜从湄州岛两侧，开出海湾。在海上严密封锁的荷兰舰队，毫无察觉。芝龙自带一队从正面出现。约定黎明时分，三面往来攻打，虚张声势。他们引诱荷军开炮，待烟幕障了视线，芝豹、芝彪立即放出小舟，扑向敌舰。

敢死壮士，奋勇争先，划舟如飞，不大功夫，一条条小舟划向敌舰，并被牢牢钉在厚厚的舰壁上。发火之后，转身跳下大海，时沉时浮游回。芝彪又令快船迎捞，五十名壮士，安然返回。这期间，只见巨舰相继爆炸，震天动地。

原本平静美丽的湄州外洋转眼间变成浓烟烈火的海洋，中国海军前所未有的一次大战，就此展开。不到一个时辰，五艘荷军战舰连续葬身海底。郎必即哩歌见败局已定，只得率领残兵败将遁走。

湄州洋之捷，使湄州湾、湄州岛名声大噪。湄州湾一带，不久便传开一个美丽动人的神话，说郑家军能在某日某时大胜荷寇，是郑芝龙得到妈祖天妃神力所助。芝龙听说之后，既不说有，也不说无，只是笑而不答，使传言真假难辨。

原来，这遍布四海华人圈的妈祖崇拜，便是起源于湄州岛。相传五代闽王时，都巡检官林愿世居莆田县湄州岛。其第六女出生含笑而不啼闹，取名默，呼之默娘。她幼而读书，聪颖过人；10 岁信佛诵经，悉悟佛典要义；年及十三，过路道人授予道典秘法，修持数年，便能预知吉凶，疗治百病；15 岁开始驾云渡海，救人于水灾海难之中。乡人敬重，以神女、龙女称之。27 岁那年九月八日，她对亲友说："心好清静，尘寰所不乐居；明辰乃重阳日，适有登高之愿，预告别期。"次日，焚香诵经罢，登上湄州岛峰顶，驾云升去。凡人由此成神。

从此，湄州岛上便出现敬奉默娘的神庙。人遇苦难或生疾病，焚香祈求救助，无不灵验。海上将生恶风，默娘辄托梦遍告舟人，免遭灾难。久之，凡渔、商船主出门，甚至朝廷使臣渡海，祈祷护佑，总能平安。于是，船户绘其影像，供敬船上；远洋商贾，到处建庙奉祀。女神救苦济贫之名遍播四海；黎民称颂，君王加封，尊号越来越隆。元朝皇帝下诏封之为"护国庇民明著天妃"。永乐朝皇家航海使臣郑和将军，七度奉旨出访，所至南洋、西洋几十国，处处建庙塑像，虔诚祈祷护佑，更把妈祖崇拜遍传列国。华人世界的妈祖敬仰，比对观音菩萨、关圣大帝的尊崇，有过之无不及。郑芝龙半生海上创业，怎能不礼敬之?!

然而，郑芝龙的信仰并非专一。他自幼随父母礼佛敬菩萨；到了澳门，与西人交友，接受天主教洗礼，牧师给他取了教名；后来，人出了名，西方人都称其教名尼古拉一官。这妈祖女神乃是承佛道两家道法的东方女神，也在他的敬奉之列。

其实，郑芝龙信教尊神，更信自己。在他看来，所有的神都不护佑愚人、惰人，所有的神都庇护勤人、能人；神借人力，人借神威，方能百事有成。与其说他乐得受神力庇佑，不如说借而神化自己。

夫妻终得团圆

郑芝龙打败荷兰军队后，为福建开创出一派海氛靖、盗寇除、海贸发达、百业兴旺的崭新局面。他赢得百姓称颂，仕人褒扬，纵有辞涉谀谄成分，其功德业绩却是官民上下所共鉴镜。单说福建莆田县人士黄献臣者，有感而发，撰一文颂之，纵情称道："我闽之有飞黄也，胸逻十万甲兵，气吞八九云梦，东南半壁，依为长城。念楚广闽浙烟水之区，乃鲸鲵鲛鳄潜纵之薮，散家财巨万，练精卒数千。依水作营，鼓声偕涛声夜发；临渊布阵，旗影合帆影以星驰。剪红夷群凶，褫天骄之魄于风霾，千里鱼虾收浪；歼大帽洞寇，犁夜郎之穴于雷霆，五路草木飞花。报友仇而杀魁奇，驱水深火热之惨，收海晏波平之功……十余年养兵不费公家一粒；四五郡凋疲，全资搬运诸艘，圣天子轸念民隐，重干城锁钥，舒南顾之忧。历数古代名将，靖国难，建奇功，代不乏才；至于自给兵粮，解君忧，苏民困，千古一人而已。"

但此时北方的军情越来越吃紧，然而，郑芝龙却只顾着南国海上贸易的天赐良机。海路障碍一除，他迅速派出商船队到占城、暹罗、真腊、日本、琉球、佛朗机人占据的吕宋等地。各国商人闻知荷兰海军侵华大败而回，海路有隆华水师保护，也纷纷来福建贩货。国内海路南北畅通，海运业一派兴旺。

从前，郑芝龙的货船要出海，如不愿背“私船”“违禁”的恶名，便要向福建军事当局领取“给引”官书。这种官书是在朝廷禁海锁国严厉政策下的特许文书，要得到它比花钱捐个人品功名还难。如今好了，郑军门大权在握，只要挂上“郑记”旗号，商船便可受到保护，畅行无阻。自然，这种官文、号旗也不会白给。几千银子的旗号费算什么？远洋货贩几十倍的巨利，谁都明白是合算的买卖。一时间，闽、浙、粤等省海商，纷纷交银易帜，出海贸易。不过两年，内外航道上飘扬着“郑记”旗帜的商船，已达万艘之多。郑氏自己拥有3000余艘，包括战船几百艘。其财源之宽，可想而知。几年之内郑氏便从“富甲全闽”一跃而至“富敌国”，成为名副其实的“海上之王”了。

北方战事越紧，郑芝龙扩充实力的紧迫感越强，只是对如何增强实力，颇费思量。他本想用开拓进出口贸易和增强军力做绸缪之计。可是，一班手下主事人说服他，拿出巨额余资的一部分，在闽、粤两省广置地产。很快，郑家的仓庄便达到500余所，成为天下最大的地产财主。

如今的郑芝龙，把官场、商场和家业兴衰视为一体。他手握官商军三件灵符，玩得越来越精道：由商场起家，走上战场和官场；以商养军，军队和官职褒其巨大商业利益，官运财运双亨通。尽管他的兴趣还在于以中华方物，易海外浮财，富民强国，扬威四海，却时时谨慎不做亏本交易。他做梦都想把红毛荷夷赶走，收回台湾，然而，他知道，此举是多重冒险，朝廷不会支持，也无力支持，倒会降下“擅专”“不轨”的罪名。若把老本投向台湾，

谁能保不亏失福建？还是经营福建稳牢，台湾的事以后再说，反正西洋人拿不走。他曾对兄弟、儿子说过：“台湾是中国故土，我家创业之基，既可进取，又可退守。何日夺取，机与时耳。”

他指派专人每日把朝野动向和北方战事演变等情，写成书札向他禀报。同时，鼓励手下人广开生财之道，只要能赚钱的营生，他都投资。一批为他立过战功做过贡献的兄弟、老友、军商骨干，都在他的支持下，成为行业头人。郑氏集团的主事头目邬龙、詹天龙等人的子商号，也都成为闽商大户。

这时期，福州的丝绸、漳州的纱绢、延平的冶铁、顺昌的造纸、德化、晋江等地的陶瓷，以及兴化荔枝、漳州柑橘等，新老农工产业无不空前兴旺，产品内外畅销。连苏杭、北京、四川、江西的名贵产品也都经浙、闽商船运销海外列国，产地和商家都大获其利。

名噪一时的漳州天鹅绒便是这时期的俏货。此物本是东洋人的创造，几经交流，漳州织师便在选料、技法上大大超过东洋，成为国内外的抢手名品。

福建产铁，冶炼技艺高超，铁锅等日用品本是传统出口物，后来，东洋人兴起收藏中国古钱的风气，甚至上市交易，充当货币。龙溪等县大造历代古币，出口东洋，利可几十倍。泉州、漳州是中国最早的甘蔗产地。早在明初，便已植蔗煮糖，黑白糖销天下，这时，也成为重要的出口特产。

北方来的消息，每每令郑芝龙对当朝大失所望；唯有商行财源滚滚，能使他振奋。他终于下决心派船东渡，去接爱妻田川氏。

他仍派亲信干将芝燕东行。这位兄弟不仅是文武全才，经商也是好手。十年前，他去长崎，只接回了郑森。父子团圆，母子分离，也是他多年的一宗憾事，二番受托，大有不接回义嫂誓不罢休的决心。他奉命装了三大船各色货物，又备下一批名贵礼物，预备打通门路，面见日王，述旧修好完成使命，这也是当时常例，叫做商、使兼任，所不同的是，番国来朝满载贡物，官府酌值给酬，给予奖掖，不以买卖论。郑氏的大宗货物则直接上市交易，已没有障碍。临行前，芝龙当面交给他一轴高档字画，用红木雕花函装封，叫他连同信函亲手交给日王。芝燕一路顺风，如期到达长崎，泊定船走出码头，即去拜见田川氏一家。

中国水师两次打败荷兰海军，对德川幕府与明朝的关系确实发生直接影响。自古友好的中倭关系，至本朝中期便因长期东洋海寇之患与八年援朝抗倭而中断。德川氏统一列岛执掌政权以来，表示愿与大明修好、通商，一直未获正式答复。多年来，半公开的商务往返倒是相安无事。他认为，一个海上岛国总得与文宗之国来往，才不至于孤立闭塞。如今，大明国的势力人物有意友好通商，正好顺水行船。不必，也不值得因为一个女子与其交恶。再说，郑芝龙以画传来先礼后兵之意，不言自明，当以心照不宣为宜，说破了岂不自取尴尬？听了芝燕的话，日王主动调和道："将军之言有理。"

日王告诉芝燕，叫他等待幕府回答其主来信。随后又向他问起战胜荷兰海军之事。芝燕便乘机绘声绘色地说了一遍。他说得含蓄，却能传话外之音：大明军民不可战胜。日王耐心听着，并感叹道："骄兵远征，其败必也!"

五天后，幕府通知田川翁，恩准其女赴华团聚。

金秋送爽的十月，迎接田川氏的三艘大船，不等装载货物，便匆匆离开长崎。船轻风顺，不到十天便回到安平郑府。智子和芝燕的坐船，直抵郑将军宅第内院。初来者一入港汉，便见大船成群，"郑"字旗高高飘扬，叫人分不清城郭、街市、海港、码头还是官邸。智子惊讶，合府沸腾，满城传扬不待细说。

大明王朝的覆灭

北方战局越来越凶险，突然传来蓟辽总兵洪承畴在松山战败投降满军的消息，引起朝野一片骂声。这位同乡的变节，对郑芝龙的震动不亚于熊尚书的被诛。

1644年3月19日，李自成的农民起义军攻入北京城，崇祯皇帝朱由检回天无力，他感到愧对先祖，于是在煤山上吊自杀，宣告了统治中国276年的明王朝的灭亡。

崇祯皇帝身死的消息传到南京后，郑成功的同学兼好友陈方策道："郑成功，你知道皇上临终之时，在袍服上留下血书，都写了什么吗？"

"写了什么？"

陈方策说"他写的是：朕凉德藐躬，上干天咎，然皆诸臣误朕。朕死无面目见祖宗，自去冠冕，以发覆面。任贼分裂，勿伤百姓一人。"

"这话可是悲痛至极了！"

陈方策恨道："岂止悲痛，简直令人肝肠寸断！尤其诸臣误朕一句，实在令我等为人臣子的无地自容啊！"

郑成功也悲伤地说道："皇上此言，也未免不实！其他人不好说，难道袁崇焕袁督师也是误国误君之人？他以一人之力而独守边关，重创努尔哈赤，大败皇太极，十年间未曾令满人逾越山海关一步，只能在关外望关而叹。如此人杰，国之栋梁，却被皇上临阵下狱，将其处死，岂非自毁长城之举？诸位文臣武将之中，或许有一二奸佞；误国误君的庸才，也是有的。然而皇上自误，也是事实。”

陈方策道：“袁崇焕袁督师那是世之人杰，当世能有几人？督师之后，满朝文武可有一个能当大用？别的不说，就说皇上归天，李自成坐了北京，你可知道文武群臣，是怎样一副嘴脸？用望风归附四个字，都不足以形容那种景象，只能说是令人作呕！2000多名大小官员，无不争着奔向吏部，以求录用。给事中时敏，因为去得晚了，大门已关，在外捶胸顿足，号啕大哭，考功司郎中刘廷谏，胡子都花白了，却还厚贿牛金星，声称：‘太师用我则须自然变黑，某未老也。’更有大学士魏藻德，正被关押，从囚室里大声呼喊：‘但求一用，不拘如何！’食君之禄，忠君之事，朝中上下，自尽殉节者，不足20人，谁能相信?!”

而令郑成功、陈方策想不到的是：北京群臣的表演已经令人作呕，而在南京，更丑陋的一幕才刚上演！

崇祯自杀，围绕着拥立谁来继承皇位，一场万众瞩目的政治大厮杀顿时展开。这种拥立的闹剧，就在郑成功的眼皮子底下上演，而且在未来的人生岁月里，他将会看到三到四出这样的闹剧！

拥立的派系分为两派：一派是老奸巨猾的马士英和阮大铖，一派是东林和复社的文人士子。马士英等人拥立福王，他们有不可告人的目的：福王昏庸无能，贪婪自私，缺乏远见，没有抱负；拥立这样一个傀儡皇帝，对于马士英等人而言，最大的好处就是利于控制，可以捞足好处。而对另外一派以徐孚远等人为代表的东林、复社士人来说，他们更倾向拥立潞王：潞王是个贤明之主，重用人才，奋发有为。毕竟当时的大明尚且有半壁山河，只要君主励精图治，收服人心，不是没有光复北京，将李自成的军队赶出去的可能。像郑成功、陈方策，也都倾向于拥护潞王。

但最终，更加老辣、更加无所顾忌的马士英等人占了上风，拥立福王登

基，史称弘光皇帝。

关于这个弘光皇帝，有两件事情可以说明他的为人：

一是他当了皇帝以后，大封功臣，热闹了几天以后，就开始闷闷不乐。朝中群臣都以为他为北复河山而忧虑呢。结果一问，他的回答竟然出乎所有人的意料："朕正在为缺少梨园名手而烦恼！尔等善体朕意，快去为朕寻找技艺高超的名手来，朕要亲自向他们讨教学习！"

二是弘光登基不久，就开始下令"选淑女"。江南之地，历来是美女如云的地方，皇帝的命令一下，那些有未婚女子的人家，人人惊慌。因为这意味着他们家的女儿将要待选，不得出嫁。

这是什么样的事情?！乱世之中，山河破碎，身为皇帝，却一天到晚都在考虑安逸享乐的事情！

与此形成鲜明对比的，是在北京，满人已经在吴三桂的带领下，兵不血刃进了山海关，直逼北京。

李自成的军队和大明的军队作战，或许还有心理优势；和满人的军队一打起来，顿时崩溃。连李自成号为"闯王"，也没有勇气据守北京，和满人决一死战，匆忙称帝后逃离了北京。满人正式坐拥了北京，派出两路大军：一路追击李自成的军队；一路直下江南，要扫灭弘光政权。

不久便传来弘光朝廷封郑芝龙为南安伯的消息。武臣临危加封是要你尽忠保驾的同义之举。谙于生意经的郑芝龙，乐于受封，对新朝廷的要求却抱有警惕，官场上不忘保本赢利。他不禁以商人的思考方式盘算着、警惕着。

他怀定主意，不管局势如何演变，钱财和军队是最有用的两大法宝；必须不失时机地加速经商聚财，同时招募壮丁，扩充水陆两军。接到圣旨后，他称病留守，派出总管黄文清和将军芝燕赴京面圣谢恩，实是探听虚实，观察风向。

两使者来到南京，晋谒新帝，如仪表达些爱臣忠君，协力中兴之类冠冕套话，新皇帝竟没有任何实际有效的国策方略授受，只对所贡海外异宝方物颇感兴趣。文清、芝燕两个在京都几日所见，朝廷内外全然是一派太平景象。如何中兴？如何备战？毫无声息。二人不禁大失所望，便约了郑成功乘船东下镇江来见鸿逵。

这时，鸿逵是镇守镇江总兵官。他五年前奉命北上，与关东满军，屡有交锋，虽无大捷也无大败，还壮大了军力，水战陆战都积下一些经验，也算不负阿兄送别时的一番教诲。清军攻占北京挥师南进之后，这支水师奉命移防护卫南京。中途接报弘光帝封他为“靖虏伯”，镇守京口总兵官。他的副手是侄儿郑彩。六年前，鸿逵北上后，是芝龙派他去协助三叔的。五个人见面，就把南北情势、弘光王朝前景，一一剖析，由两使者带回福建。

郑鸿逵从北到南，亲历了官军败兵的经过。郑成功因师父而洞悉弘光王朝的阴暗内幕。

著名大儒先朝旧臣钱谦益自崇祯皇帝驾崩以后，便积极参与拥立新帝的活动，还不断把一些内情告诉关心事局的门生，听取后生学子们的意见。原来一开始便在人选上发生尖锐对立，有资格继承皇位而又逃乱在江北的朱由崧，是福王朱常洵的长子，为人缺德无能。三年前，李自成的人马攻破洛阳，其父死于乱军之中。他随难民逃亡、流浪，虽袭了藩王爵位，却没有个落脚之地。摸根底的老臣说“他继位有七不可：贪、淫、不孝、虐下、酗酒、不读书、干预有司。若居帝位，必祸国殃民”。不少有影响的老臣都主张拥立潞王朱常芳为帝。兵部侍郎吕大器、右都御使张慎言、参赞机务兵部尚书史可法、前礼部侍郎钱谦益等一班忠直旧臣都持此议。以凤阳总督马士英、落魄宦官阮大铖为首的一伙奸诈之辈心怀叵测，恰恰看好福王的昏庸无能，马士英依仗手中的兵权内外串通，硬把藩王扶上龙椅，弄得朝野内外大失所望。

郑芝龙惊疑地听着，他为新王朝的虚弱而痛心，为儿子的成长而高兴。名师出高徒，留京攻读功名已不是目的。他能在名师身边，常被耳提面命，

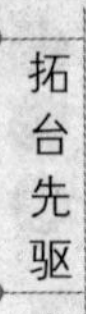

熏陶濡染，增长些实际才干，把钱老先生一班有识之士的见识、主张传回来也就是大作为了，何况还有三弟参与军务。

鸿逵原指望新皇帝能趁清军立足未稳，号令天下官军、义民奋起抗敌，调集江淮各路官军誓师北伐；或巩固江北防线，稳住江南半壁，再图反攻。谁知马士英挟新帝排斥了史可法，夺得朝中大权。马、阮两人沆瀣一气，把个新皇帝当成手中傀儡，排斥贤能，结党营私，邦国大事置之度外，这就引起另一员心怀异志的大将左良玉的不满。他打起“清君侧”的大旗，讨伐马士英。这支大军不打农军不抗清兵，却沿江东进，直逼南京。马氏又忙着抽调人马抵挡左军，竟把江北防线抽空，岂不是为清军南下敞开门户？看来，军事情势必是凶多吉少，甚是堪忧。他甚至怀疑这样一个腐败无望的朝廷，还值不值得去为他卖命？

郑芝龙面对这些消息，心慌意乱，不知所措。他只有派定几队快船，三日一班，往返于福州、镇江、南京之间，名曰送货，实为传递消息，观察局势，同时抱定聚财、扩军两件大事，以应不测。

郑成功返回国子监后，也没有心思读书，终日或与同窗谈论弘光帝及其宠臣们的腐败劣行，或在师傅钱谦益、礼部尚书黄道周等先辈大贤左右议论时局。钱氏名为弘光朝阁臣大员，并无实权。黄道周本是贬在江西，复了官职，告病家居。马士英为拥立福王为帝拉他入班充门面，他不得已再度出山，先后两度上中兴复国条陈，都不被采用。新皇帝把中兴复国大事束之高阁，朝廷内外为册封皇后、选秀女和梨园班的事而大费国帑。眼见一年时光将过，一班辅政奸臣忙于结党营私，排挤忠义之士，错失了北伐抗清的大好时机。说起前景，谁不垂头丧气？一些人正在考虑退路，有的趁早离开了南京。

1645 年的春天，当南京小朝廷蝇营狗苟、醉生梦死时，清军大举南下，明将许定国投降清军，淮河防线因此崩溃。同时，驻兵武量与东林党有旧谊的大将左良玉，以“清君侧”、为东林复仇为名，起兵东下，进军南京。把持朝政的奸党马士英、阮大铖为抵抗左良玉竟然调回正在前线抗清的黄得功和刘良佐两部兵将，与左良玉进行内战，并声称宁可让清兵来，也不使左良玉得志。左良玉在东下途中病死，其子率大军降清，清兵实力更加雄厚，兵锋直逼屏障南京的江北重镇扬州。督师扬州的史可法困守孤城，调受其节制的各镇兵将前来增援，却无人应命。史可法抱着与城共存亡的决心，率亲军4000人苦守扬州。

同年4月15日，清军环逼城下，清将多铎五次写信给史可法劝降，史可法均不启封，将信投入火中，以示抵抗到底决不屈服的决心。4月25日，扬州城破，史可法被俘。多铎再次劝降，史可法大义凛然地说：“我是明朝的重臣，岂肯苟且偷生，头可断，志不可屈！城亡与亡，我志已定，即使碎尸万段也心甘情愿。”他慷慨就义，表现了中华民族宁死不屈的正气。清兵入城后，对扬州进行了残酷地烧杀淫掠，血洗扬州城十日，死者十几万人。具有数百年历史、风物繁华的江北名城扬州成为一片废墟。扬州既失，江北失去依托，清兵跃马挥鞭，直杀到长江边上，并趁夜色掩护，由京口渡江，直驱弘光政权的首都南京。但这时南京城里却丝毫没有备战的氛围，秦淮河畔依旧是箫管笙歌，真是“商女不知亡国恨，隔江犹唱后庭花”。而昏庸的弘光帝此时还在后宫纵情声色；马士英等权臣以及其他官员听说扬州陷落，赶忙收拾金银细软，准备四散逃亡，而不是想如何应战。这一切说明，弘光政权不堪一击，已经无药可救。

不久，郑鸿逵于镇江兵败。原来，清军占了扬州，便暗做渡江准备。明军只有郑鸿逵的一支3000人的水军守镇江。岸上的陆军是马士英的亲信李文骏的万余人马。清军探明虚实，备下大批竹筏，趁大雾之夜渡江，黎明前已占了焦山，不等天亮雾散，便登上南岸。李文骏闻讯匆忙后撤，这就把郑鸿逵的水军置于水陆夹攻的险境。清军的竹筏兵又蜂拥冲向郑军战船锚地。郑军仓促应战，鸿逵指挥拼杀至日升东南，眼见双方众寡悬殊，取胜无望，便

果断下令撤出战斗，保存实力比什么都重要。他命令郑彩乘夜把水军移至上游等他，自己乘艘快船回了南京。郑鸿逵知道弘光政权坚持不了多久了，于是便带着郑成功星夜南下。

5月15日，多铎率军占领南京。弘光帝逃至芜湖，被清军追及俘获，后押解北京斩首。至此，弘光政权灭亡。

“皇帝的新衣”

当郑芝龙在福建等待着南京的消息时，忽然接到鸿逵的一封信，禀报他与黄道周等人接到了唐王朱聿键，不日即可回福建共商复明抗清大计，要速去福州迎接唐王，详情由郑成功面禀，云云。

在风起云涌的抗清烽火中，已灭亡的明王朝的一些亲王举起了抗清的旗帜，影响较大的有：唐王朱聿键、鲁王朱以海、唐王文弟朱聿锷、桂王朱由郎等人。

朱聿键是明太祖的九世孙。先祖朱桱，太祖第二十三子，受封唐定王，封邑南阳。聿键于崇祯五年（1632年）袭了王位。这位年轻的藩王为人聪颖勤勉，好读经史百家，经常哀叹太祖开创的基业每况愈下，为子孙辈羞。崇祯十年（1637年），满军内犯，威胁京畿。唐王闻报立即率领招募的三千人马北上勤王。谁知一片忠心，坦荡义举，违背了诸王不得擅离封地的王法，被贬为庶人，囚禁于凤阳，一囚便是六年多。在祖庙的高墙冷室里，他苦想深思：或许是朱明王朝气数已尽，人力难胜天理？那就只能听天由命了。可是，他不忍眼见江山易主，因而想到自杀，以了烦恼。他又觉得邦国兴亡，匹夫尚且有责，何况身为王子皇孙，一事无成，何颜去见泉下列宗列祖？便打消了轻生的念头。弘光帝南京登基，大赦天下，他免罪出狱，又萌出新的希望。他向福王请求恢复爵位，意在招募人马北伐中原，却遭拒绝。这位新皇帝登基后的事态发展，令人大失所望。如今，南都临危之际，复了王位却又命他远徙几千里之外的广西平乐府，岂不是叫他眼看江山易主而不准有所表示吗？他满腔悲愤，带着王妃曾氏和十几个随从南行。连日传来满军屠扬州、渡过长江的消息。他恨不能率领身边从员与满军拼死阵前。然而，昔日勤王沦为囚徒，今日杀敌就能见容？哎，身为皇族苗裔，却连抗敌保卫祖宗基业的权利都没有，何其悲也！

他不敢公开藩王身份，只扮做客商主仆日行夜宿。一路上人心浮动，兵荒马乱。每每遇到逃难宦绅，南撤商贾，谩骂怨恨之声不绝于耳。崇祯、弘光，马士英、阮大铖自然是最被人痛恨的罪魁、国贼。

遇到两朝老臣黄道周，他感到莫大安慰。便按他的建议逆江而上，先到浙西观望形势变化；然后，再决定或南下福建，或进江西，或留浙江，发动抗清义举。

弘光元年（1645 年）六月七日，一班颇有影响的文武重臣陪护朱聿键到福州，当地的重要人物是福建都督郑芝龙和巡抚张肯堂。当日便被众臣奉为监国，礼仪隆重，把落魄藩王抬举得夙愿复萌，壮怀激烈。对忠心拥戴之臣勉励有加，自我策励的铮铮之音更是大振人心。“一日不见孝陵，一统旧疆未复，即是孤上负祖宗，下负黎民！”斯言斯声成为唐王义赴国难的庄严誓言，给予闽中官绅百姓莫大的鼓舞。

然而，对唐王是否登基称帝，却发生了严重的分歧。黄道周、何楷、卢相等人包括唐王自己，都主张立即兴师北向，树起抗清大旗，先保住东南要紧。

再说，自南京失陷以后，南方抗清烽火日益炽烈，加上清政府“剃发令”泼油浇火，正是号令抗清复明的大好时机。当时，汉人的习俗是，男子全发上束，满人的习惯是剃去额上头发，留下后面的梳成辫子。推行剃发留辫习俗，被明朝臣民视为野蛮同化而强烈抗拒。进占北京之初，清政府为了缓和矛盾，曾让步为“剃武不剃文，剃兵不剃民”。清军攻占南京，弘光朝廷垮台，意味着南征的决定性胜利。顺治皇帝年幼，他的叔父、那执掌实权的摄政王多尔衮为了统一政令加强控制，颁布法令，严命文武军民一律剃发，违者杀无赦。一边坚守“肤发天授”视同生命；一边叫“留头不留发，留发不留头”。怎不激起强烈对抗?！浙江、安徽、江西各地先后拉起抗清义军二十路之多。这对唐王树旗号令，恰逢其时，岂可忙着称帝，贻误赴国难抗满虏的宝贵战机?

唐王嘴上不说，心里却记着祖宗那赫赫有名的奠基九字要诀“高筑墙，广积粮，缓称王”。自己没有尺寸之功，威德不能服众，先忙着登基称帝，岂不令天下人失望？岂不自树为众矢之的？

芝龙鸿逵兄弟和福建巡抚张肯堂都坚持立即拥立新帝即位，公开的理由是，天下不可一日无君，拥一国之主有利于号令天下。然而，三个人心底想的却各不相同。

张巡抚主一省之政，流亡藩王由一批两朝重臣拥载来到自己的任所，若能就地称帝，自己便身价陡增，何必迁延时日？

郑鸿逵和侄儿大木都是儒家纲常思想培育者和维护者，心里都是以屈原、岳飞、文天祥、史可法为楷模，对所奉法统忠贞不贰，誓与大明同生共死。因而嘴上说的和心里想的并无两样。

唯有郑芝龙心境特别。他怀揣几套方案，盘算着不同前景。连续几日反复掂轻量重，比得比失，又不愿与人商量，却是多方试探别人的态度，终于拿定主意。只从北京失陷，他不失时机地聚财、扩军。除了五万精锐水师，步战陆军已近十万之众，号称二十万大军。身居安平，实力已经控制了闽、粤两省。兄弟们称他“闽粤王”，他笑而不拒。比量的结果，什么南安伯、海上王、闽粤王，都不如辅国重臣身价高。黄道周、何楷等人虽是两朝名臣，声震朝野，却都是徒有虚名，讲实力无一能与自己相比。用众人的声威，抬自己的身价，何乐不为？成功了，是辅国元勋；不成功，高价而贾，也是大投大赚的买卖，为何不做？

使他不放心的是，三弟和儿子过分死性，可能与黄道周、何楷、唐王等人结成保明的铁石同盟，对自己的待价之策构成阻力。因而，真实的心境须得半掩半露，口中附庸忠义，心里另谋交易，却是不能告人的。别人谈兴师北伐，他则大唱国不可一日无君的高调。

这里众人正意见纷纭，忽然从浙江传来消息，竟像一声惊雷，令人们思绪顿乱，不得不另谋对策。

大凡王朝更替，故国衰亡之交，最是忠臣义民灵魂显现，慷慨悲歌之时。奔赴救亡者固有前朝柱石人物，更多的是既无厚恩也无俸禄，甚至是亡国之君的受害者。良臣不事二主、节妇不从二男的悠久传统伦理，往往令无数仕人、平民舍生赴强敌，含笑殉故国。自然，这其中也不乏火中取栗、浑水摸鱼之徒。纵知逐鹿无望，显示一下不甘俯首的人格火花也是一快。弃暗投明、辞旧趋新者必落降叛骂名，连普通丁卒百姓也难脱做顺民的自疚自苦。这种苦恼甚至能延续到几代人。这便是旧臣遗民彼伏此起复旧朝的道理所在。抗清复明争战的一大特点便是争立藩王为君为主，以图号召。弘光之后又出现五个朱明监国、皇帝，直到 17 年后，清军从缅甸把永历皇帝捉回，杀死，才结束了朱明与清政府的争战。

就在唐王到福建的一个月内，三个皇族子孙先后在闽、浙两省被拥为监国。监国者代君主之谓也。二主并立，国无宁日。何况有大兵压境，实乃不吉之兆。同月八日，住在杭州的潞王朱常芳，被逃离南京的马士英找到，立

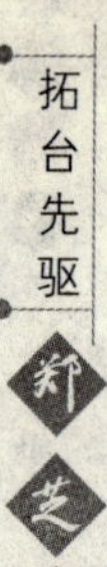

为监国。同月二十一日，鲁王朱以海监国于浙东台州，不久迁到绍兴。

六月十三日，清军围攻杭州。朱常芳心里明白：马士英之流立帝辅政不过是抓一个傀儡在手，假公济私，岂是真心复明？他又凭什么复明？便找来浙江巡抚张秉贞商议。说来说去，并无良策，他长叹一声道："杭州城守军兵力有限，固守抗拒，必是扬州惨剧第二，生灵徒遭涂炭，不能复明，反做罪人。非我不惜祖业，实是天理大势难违，岂可倒行逆施？不如开门投降了吧!"

于是，马士英率群臣开门投降。可怜，曾被群臣寄予厚望的潞王，监国之位只坐了五天，便归降大清。

消息传来，没有人为潞王的行为痛心，却为鲁监国的存在深受刺激。于是，在唐王是否登基称帝的争论上，迅速趋向一致。于是，很快议定，改福州为天兴府，福建布政司衙权做临时宫殿。新帝年号定为"隆武"，择定六月十五日吉期举行即位大典；钦准六部及各府、院官职；对几位开国重臣封爵授职，格外恩典。唐王封郑芝龙为平国公，当朝太师，兼主兵部之事；封郑鸿逵为定国公，协理兵部事务；郑芝豹为宁国公；郑彩为建国侯；拜黄道周、何楷、张肯堂为东阁大学士，各兼一部主事；登基前几日上疏劝进的几个南方文武大员，也封爵授职；入朝文武大臣具授要职。

跻身“开国”重臣

新帝临朝，立即诏告四方。很快，便有南方各省上疏拥戴，纷纷要求兴师北伐，形势颇能令人鼓舞。

朱聿键心里明白，.自己虽居了帝位，怎奈孑然一身，一无所有。如何能使文武众臣、仕人丁卒上下一心，效忠尽力呢？想来想去，觉得有必要再度当众表明心迹，来个君臣公约。第二天，他便乘众臣朝见议事的机会郑重其事地宣示六款大意道：当此强敌压境，两度国破君亡之际，朕承众卿拥上君位，实是勉为其难。欲挽救大明，必得我等君臣同心同德，励精图治，共赴国难。朕今日愿与众卿约法六款，以共励共勉：一曰守职勤勉，事必躬亲。二曰近忠纳贤，大公无私。三曰公私节简，力戒奢靡。大业未成，内宫不用故礼，朕与内眷衣食花销诸事从简。四曰重赏军功，将不分资历官阶，兵不分官军义勇，凡杀贼建功者，将可破格晋封，兵可重赏、授官。五曰广罗天下义师，不计前隙，共讨满虏。湖广总督何腾蛟招抚大顺军余部三十万，朕已降旨封何氏为定兴伯，兼东阁大学士；封闯王义子李锦为左军侯，封闯王内弟高一功为右军侯。六曰任用后生新秀。众位先朝名臣乃隆武朝廷基石；荐拔后生新秀，有利长远之计，两者不可偏废。

隆武帝的这番讲话，语气谦恭，感情恳切，令满堂大臣深受感染，都道，所宣数款，实乃复国根本良策，必能激励军民共赴前敌。

当下便议论出兵北上之事，都说王师出闽，将是最好的抗清诏告，必能

得到天下响应。

隆武当即封郑鸿逵为招讨大元帅、郑彩为副帅，带领一支人马北出浙江。调多少人马，何日出征，都由平国公定夺。

平国公郑芝龙，听了皇帝的慷慨言辞，一直陷入感动和沉思中。只凭这君臣约法六款，足见其是一位有抱负有胆识的明君。只怕是生不逢时，人有志天无情，仍是前途难卜。后来君臣议论出兵之事，他竟没有听见。忽听什么出兵日期由平国公定夺云，便急忙躬身领了旨意。

退朝之后，皇帝因见众臣拥护自己的约法六款，心里十分高兴。忽然想起：平国公的长子曾随其叔千里追寻我，又是国子监儒生，若果是个人才，授其官职，留在朝中，朕得此人才，也有利坚固郑氏满门效忠的心志。思虑已定，便叫内侍传旨，命平国公明日带长子郑森进见。

此时郑芝龙与三弟商罢出兵之事，又回味起近日事态演变。因为拥戴有功，不仅兄弟叔侄四人封公，连自己的一班亲信骨干也一一封赐授职。芝鄂为忠振伯，芝燕为忠毅伯，芝字辈以下五员部将也都封为伯。洪旭封为忠正伯，施天福为忠定伯，林雨杉为武定伯。几日来，他颇为踌躇满志。不说复明成功，就是保住半壁，立稳南明国，这中兴元勋也是既成事实的了。

然而，他又转念道，如果不是手中有十几万人马，别说兄弟和部将们，就是我郑一官，又有谁认识你？这有名不损利的交易究竟前景如何，却要步步小心才是。他正在想心事，忽听皇帝召见，忙叫儿子更衣整冠入宫。

内侍把郑氏父子带到便殿，行罢君臣之礼，皇帝赐坐，却不说话，只盯着郑成功端详。隆武帝见郑成功英姿勃发，风采照人，谈吐有致，十分喜爱，便说道："据说你曾在南京国子监念过书，聆听过当今大学者钱谦益的教诲。此位非但是资深的大学者，还是赫赫有名的政界人士。他衷心拥护我大明，不管风云如何变幻，始终矢志不渝，哪怕受尽千难万苦也不改初衷。这样的良臣，目前委实太少。你能做他的得意门生，这是你的造化。俗话说得好，

‘师高徒不庸’。据说你也是莘莘学子中的翘首之才，很关心时局，有宏大的抱负，尤其有志于匡扶明室。当下，朝廷人才匮乏。朕今日召你来，是想听听你对时局有何高见，有何良策。您愿与朕畅所欲言吗?”

郑成功见隆武帝和蔼得像个兄长，说话斯斯文文，举止文质彬彬，丝毫不像个皇上，没一点帝王的威严，原先的恐惧感一下烟消云散了。他毕恭毕敬地说：“启禀皇上，论国政，小人不敢。”

“但说无妨，说错了朕不加罪于你，”隆武帝说，“今天我与你共同探讨国事，也是你从政的开始，尽量发挥出你的聪明才智，抛弃思想顾虑，一展所长吧!”

郑成功见皇上如此道来，扑闪着一双睿智的大眼睛，似乎在斟字酌句。他略为思索了片刻，心里想道：言必针砭时弊，务必有益于社稷民生，有益于朝政；最忌讳的是言不由衷，抑或似是而非，泛泛而谈，于人于事毫无益处。他这么告诫自己后，轻启双唇，开诚布公地说：“南廷伊始，国事冗杂。仆身于局外，而心怀朝纲，旦夕不敢懈怠，盖思先帝，忧乎危倾耶。近闻朝中以拥立一事，相仇益甚，至有讹言流布，危机暗伏，波谲云诡，层出不穷。此乃仆所至忧也。社稷维艰，于此为甚！纷纭国事，至大至重者，莫过于抗清图存。凡我大明人士，岂无覆巢之忧乎？更有同仇敌忾之志！当此之时，山头之防，流派之争，实不妨暂置于脑后，而应捐异求同，悉心忧国，大明方有生路。此虽愚者也当能省识。以仆之见，新君既已登基，诸君子不必耿耿于昔日之异议，而生离心离德之念。

“前车之辙，后车可鉴。崇祯在位时，官吏擅权枉法，置江山安危不顾，尤言而无信，口蜜而心剑，不恤民情，致使国家灾难不断，民不聊生，仍要敲诈勒索。昏官佞臣，鱼肉百姓，不以为耻，反以为荣，致使天下苍生不保。因此，揭竿而起者如洪水溃堤，势不可当！成群结党，麇集于李自成麾下，岂不是官逼民反?！鉴于此，治国不在治民，而在治吏，官吏治好了，不贪不

占不嫖不赌不勒不索，民受益自然而安矣，民安天下安，民顺天下顺。有如此苍生，何愁江山不稳，社稷不强，区区满儿、胡孙之流，何足惧哉!”

“所言极是!”皇上龙颜大悦说，“依你之见，除了严惩贪官污吏外，还有什么是当务之急?”

“回皇上话，说一千道一万，还是一个用人的问题。譬如说：福王执政一年未满就失败了。为何败得如此之快？究其原因，固然很多，但主要还是用人不当。朝廷大权被马士英这帮小人窃取去了，而此人结党营私，热衷于小团体、小利益，不顾黎民死活，一味擅权枉法，危害了国家利益。朝野上下，朋比为奸，使那些忠君爱国之士受气受辱，无权无势，纷纷下野去当隐士，有的干脆去投奔清朝，另谋出路。比如南京兵部尚书熊明遇、兵部左侍郎徐石麟、内阁首辅周延儒等便是其中的代表。当然，他们有自己的不是，但更多的不是则在朝廷。常言道：‘一人不正其道，万人不继其后。’这是毋庸置疑的绝对真理。”隆武帝频频点头，以示勉励他继续说下去。

这位初生牛犊不畏虎的后生，又一次如决堤的洪水般滔滔不绝地讲起来：

“不妨再看看清朝廷用人之策。摄政王多尔衮可谓是个奇才，其人不仅武功卓著，懂军事，善于攻防之术，而且还富有天才的组织能力，很会用人。正如他所说的‘文治的诀窍，无非用人二字’。用人得当，事业自然成就得快。他网罗了我大明许多降臣，削弱了我大明的力量，壮大了他自己。这不能不说是我们失败的症结之所在，也不能不说是他成功的秘诀。比如说：清朝诱降了洪承畴一类重臣，重用他们为清廷出力。还有大学士冯铨，此人归隐后，特地被请去，帮助清廷设立制度。多尔衮善用人才，使清朝的制度顺利地建立了起来。这可谓是多尔衮精明过人之处。

“再举一例。顺治元年清廷内部有六个大学士，其中除两个满族人之外，四个是汉族人，即是范文程、洪承畴、冯铨。他们起到了无可替代的作用。多尔衮还特别提拔重用一个汉人宋权。宋权曾任过顺天巡抚之职。此人向多尔衮建议，革除明朝的一切苛捐杂税，只留明神宗万历初年的‘正额’；又建议把军民分籍制度取消，不再强迫军人籍的子弟服役。多尔衮一一采纳。

“总而言之，多尔衮的用人之策是成功的。他收买了人心，变敌为友，使南方各省官员思想动摇，反清不力，使上下不能合力，以致我大明的江山才落到今天四分五裂的局面。”

郑成功言之凿凿，一语破的，使隆武帝心悦诚服。他夸赞说：“孺子可教也！没想到你如此年少，就对国事了如指掌，真不愧为奇才，我大明有此人才，实乃天幸也！”皇上以羡慕的眼神望了望郑芝龙，这眼神分明是在感谢他养育了这么一个出类拔萃的儿子。然后，他又转向郑成功说：“我大明连连受挫失势，国难如此深重，已到了朝不保夕的地步。眼下，如何才能尽快扭转这一颓势？”

“愈是时局艰危，愈要体恤民情，取信于民，切莫欺民压民，万万不可视民为草芥，任意糟蹋之。首先，要激励义士，戮力同心，统一行动，振奋士气，一致抗清。眼下，江西、浙江、福建、两湖、两广均有义师，应尽快联合这些有生力量。他们不但能阻止清兵南下，而且还能重创顽敌，乘胜北征，收复失地，重振我军雄风。若能连挫顽敌数次，劣势将会变为优势。

“其次，要力固阵地。闽浙地势险隘，易守难攻。南边傍海，通洋经商；北陲山峻，藏身游击。我军如此运动自如。再派大臣前去各府县安抚士民，稳定人心，渡过难关。若能如此，我大明江山何愁不能光复？”

隆武帝静静地听着，越听越心悦诚服，觉得他所言极有道理，利弊均陈述得精微独到，是可贵的建言献策。于是他变忧戚为喜形于色，不由得又一次夸奖郑成功：“难怪众人都说太师平国公有个小诸葛，果然名不虚传。只可惜朕无公主赐你，就赐封你为禁军提督，享受驸马待遇。赐姓朱，易名朱成功。”

在封建时代，赐国姓是最高的荣誉，这可以看出隆武帝对他的重视。民

间习惯称郑成功为“国姓爷”，这个称呼也一代一代流传下来。

另外，隆武帝还封郑成功为中军都督，掌管皇帝内廷卫队，赐尚方宝剑，在礼仪规格上与驸马相同；同时，隆武帝又封郑成功为“忠孝伯”，命令他统帅劲旅。

郑成功因为受到隆武帝的宠爱和器重，大为感动。他发誓愿披肝沥胆，效忠新君，为重振明朝，不惜赴汤蹈火，即便粉身碎骨，亦在所不辞。忠君爱国的思想，进一步在他心里扎下根。

第五章

分道扬镳：父子形同陌路

郑芝龙与郑成功虽然在隆武政权中地位显赫，但父子二人的心情却是迥然不同的。郑芝龙心里清楚，在清朝铁骑的蹂躏下，小朝廷是支撑不了多久的，投降清朝、保全自身利益的念头在郑芝龙心中萌发；而郑成功却有着为隆武帝赴汤蹈火的抱负。从此，父子二人便走上了一条截然相反的道路。

陷入争权泥潭

后人论及南明之亡，抛去情感上的因素，都会得出一个结论：败亡的最大原因，就是“争权”。

不管是弘光政权，隆武政权，还是后来的永历政权，都是在一片乱哄哄的“争权”闹剧中而败落的：弘光政权中的马士英和史可法，隆武政权的郑芝龙和黄道周，永历政权的孙可望和李定国。这些文臣武将，哪一个都是一时之雄，是可以改天换地的人物。可是他们偏偏不能共存，最后只能各自走向独立作战，而被清军各个击破。归根到底，就是每个人的“私欲”在作怪。

郑芝龙和黄道周之争，也是如此。郑芝龙很明确，他所争的是一个“利”字，而黄道周所争的，是一个“名”字。

黄道周孤身抗清，不可谓不悲壮，但是他的死并不能令大明起死回生。郑芝龙坐拥二十万军队，但是他从来没有想过，要用自己一生积累起来的这份家底去和满人死拼。他早就给自己留好了退路，将洪承畴的母亲接到自己家里，为将来和洪承畴谈判留下空间……

最感到疑惑的是郑成功，他不知道是黄道周对还是父亲郑芝龙对。多年后他才明白，其实二人都对，也都不对……

就在这短短的一个月之中，福州的隆武政权却已经陷入到了不可收拾的混乱局面当中。

事情的起因，源于郑芝龙和黄道周二人的“将相斗”。

对隆武皇帝来说，他是真心实意要中兴大明，做汉光武帝那样的一代明君。这是他的真实想法，他也的确做出了励精图治的姿态，封赏了郑芝龙一族之后，又大封群臣，尤其独尊黄道周，授予他武英殿大学士兼吏、兵二部的尚书。

黄道周在当时，是继袁崇焕、史可法之后，最有影响力的一位铁骨铮铮的栋梁之材。他在崇祯一朝就获得了不畏强权、刚正不阿的名声。到了弘光皇帝在南京即位，又召请黄道周去做礼部尚书。

本来以黄道周一身傲骨，绝对不可能和南明群臣一样，跪在风雨中迎接满人大军入城。偏偏在此之前，他被派到浙江祭奠禹陵，不在南京。

当南京陷落，弘光皇帝被俘，黄道周失声痛哭，立即去投奔了潞王，准备拥立潞王，不料潞王才监国三日，就向清兵投降。黄道周听说唐王朱聿键到了杭州，又给朱聿键写信，要他无论如何别到福建去，结果朱聿键不听，黄道周心灰意懒，遂准备回福建漳浦老家去隐居养老，终此残生。

还没有走到家，半道上朱聿键派人将他截住，请到了福州。而此时朱聿键已经和郑芝龙商议停当，称帝之事刻不容缓，黄道周只能协助办理诸事。

隆武登基，武用郑芝龙，文用黄道周，文武群臣，皆以此二人为首。

可是，从一开始，郑芝龙就对黄道周的到来不怎么满意。因为郑芝龙是将福建当作自己家的“后花园”的，他所以要拥立朱聿键，也是将要朱聿键牢牢地控制在他一个人手里。郑芝龙的如意算盘打得很妙：扶持朱聿键登基，自己就是挟天子以令诸侯，却又不让朱聿键踏出福建一步。所谓恢复南都，中兴大明，不过是朱聿键一厢情愿而已，郑芝龙从未当真。要他将自己经营多年的水师拿出去和满人横扫天下的八旗骑兵硬碰硬，无论最后胜负结局如何，最后都免不了两败俱伤。这样的亏本买卖，岂是郑芝龙这样一生精于算计、趋利避害的巨商所为？

但黄道周却无此私心，为了报答朱聿键的知遇之恩，一心一意要帮助他

实现中兴之梦。因此黄道周来到后，苦心制订了“五路出师”的计划，朱聿键一继位，就立即以诏书形式昭告了天下：

第一路，以黄道周为统帅，联络江西，救徽援衢。一边营造声势，一边招兵买马；

第二路，以肃虏伯黄斌卿为统帅，屯兵舟山，以水师在水上准备配合恢复南都行动；

第三路，以永胜伯郑彩为统帅，经崇安等地，抵达广信；

第四路，以定清侯郑鸿逵为统帅，出仙霞关，恢复浙东；

第五路，御驾亲征，隆武皇帝亲自跟随平夷侯郑芝龙的大军，前往浙江金、衢地区。

以上这“五路兴师”的宏大战略，由隆武皇帝亲自颁布诏令，并且定下了出兵的具体日期：8月18。

如果仅仅从战略的角度看，这一“五路兴师”的计划，不可谓不完美：一路经营江西，一路经营浙江，然后，从海、陆两个方向进攻南京；而御驾亲征这一路中军，又是关键中的关键，如若顺利，秋冬之际，就可以在南京与满人展开决战，实现“恢复南都”的梦想。

然而，这个看上去完美无缺的战略，却有一个最致命的缺陷：在战略中被倚为中军、御驾亲征的主力部队的郑芝龙，却从一开始就没有想到过，要踏出福建一步，更遑论和满人真刀真枪地作战了。

郑芝龙从一开始就对黄道周不满意，二人的斗争也就从第一天早朝开始了：按照大明朝廷礼仪，上朝之时，文武站班，文官在东，武官在西，表示武官要低于文官一等。偏偏郑芝龙妄自尊大，根本不理会这一套，竟然径直站立在东面第一位，根本不把黄道周这个文臣领袖放在眼里，于是引来何楷上奏：“我朝自太祖皇帝定鼎以来，文东武西，从未有过改变。如今郑芝龙妄自尊大，不但欺凌臣等，实目无陛下。”

对此，郑芝龙狡辩道："文东武西，这是古来定制，非从太祖皇帝开始。何况，从太祖的时候，徐达就已经站东班首。难道徐达不是大将军吗？我不过效仿他罢了，有什么不可以的？"

众人一听，他竟然将自己比作开国大将军，均愤愤不平。黄道周立即训斥道："徐达公乃开国元勋。郑将军以自己与之相比，未免太过抬举自己。"郑芝龙却不以为然："以今日天下之势，倘若我从福建统兵，一路收复失地，直至燕都，这等功劳，难道还在徐达之下吗？"

何楷讥笑道："等你起兵胜利，攻克燕都，那时候再站首班不迟！"

于是，众人在朝廷之上竟然争辩起来。郑芝龙虽然盛气凌人，终不如黄道周、何楷等一班文人口齿伶俐。郑芝龙大怒之下，恨不得立即将黄道周、何楷等一班人拳打脚踢，痛打一顿。

郑芝龙有他自己的一套行事方式。他知道黄道周是一代名臣，又是隆武皇帝最尊敬的帝王之师，不便直接对黄道周下手，于是就派人去半路上埋伏，袭击何楷，将何楷的一只耳朵割了下来，以示警告。

这样一来，虽然人人都知道是郑芝龙下的毒手，却苦无对证。黄道周去找隆武皇帝申诉，隆武皇帝又能说什么呢？只能和他对坐叹息而已。

除了将相不和，隆武皇帝还有一个无可奈何之处，就是兵源、财源和给养，主要都来自福建，其次来自广东和广西。朝廷建立后不久，就认识到即使是最低限度的军事开支，也远远超过福建和两广目前赋税收入的总和。这个问题，只能通过以下方式解决：一是增加税收。从桥梁和港口征收五花八门的通行税；经常向店家和食盐专卖行业摊派各种费用；搜刮地方财政的盈余；卖官鬻爵；征收各种爱国捐助，如地主按照土地面积的"大户助"，绅士按照功名的"绅助"，官吏按照品级的"官助"。二是希望逐渐缩小军队的部署。因为据郑芝龙报告说，供应和武装当时驻守福建的所有军队，需要 156 万两白银。这是一个多么庞大的数字！

于是，隆武皇帝只能同意将福建的赋税收入只用于福建。这包括招募三万人把守各关口和一万人维护州县的治安。尤其治安问题，本来并不突出，但是不知道怎么，忽然长期盘踞在福建、江西、广东三省交界的山区地带的土匪、山贼，都活跃起来了，拦路抢劫层出不穷；还有那些纵横海上，装备精良的职业海盗，也都忽然胆大包天，跑到岸上来了，一时间刀光剑影，一片血腥，为此不得不将维持治安的经费一再提高。但隆武皇帝也听说，把守各关隘的军队实际人数从未达到计划的数字，至于军饷倒是照领不误，那就是郑芝龙在里面弄虚作假了！

忠臣英勇赴死

当郑芝龙与黄道周为如何北伐而激烈争吵的时候，北京的清政府则在为南征受阻而烦恼。

自闯王败退，清廷迁入北京之后，在南进还是固守的根本大计上，曾引起君臣内部一场激烈的争论。多数人主张立即停止进攻，巩固既得。理由是，大明国地广人众，八旗满人入关十余万人，能占稳关东、大漠、黄河以北，已是中华半壁有余。欲占全国，纵然满人个个都是万能金刚也难免淹没于汉人瀚海，自消自亡。唯有皇太后和摄政王多尔衮雄才大略，主张放手任用汉人文武英才，不失时机一鼓作气，武力统一全境，建立满汉联合五族一家的新国家。他大声疾呼："天予不取，必受其咎！"他取得皇太后支持，发出命令，全力以赴对南明用兵。

如今，闯王兵败身死，清军攻占南京，又连下杭州、南昌、武昌等重镇。多尔衮踌躇满志，与太后商量，召回西征南进立了大功的英亲王阿济格、豫亲王多铎回朝复命休养，只待坐收南方半壁河山。

却不想，消息频传，多是东南各地故明遗民顽强抵抗的报奏。明潞王朱常芳杭州投降不几日，唐王、鲁王便在福建、浙江建立政权；益王朱由本、永宁王朱慈炎又相继在建昌、抚州树起抗清旗。苏南和浙北的松江、吴江、宜兴、太湖、崇明、昆山、江阴、嘉兴、徽州、赣州等地的守将命臣乡绅义士纷纷高张义旗，或拥戴唐王，或效命鲁王，奋起抗清，大有烈火燎原之势。不几日，又接报奏：嘉兴、江阴两城军民拼死顽抗，清军伤亡惨重。破城之后，不免示威震慑，格杀顽抗若干，云云。这“示威”“震慑”之谓，便是江南两座名城重演扬州之祸劫。嘉兴三日屠城，血灌四门；江阴城 9.7 万人被杀戮殆尽，只有 52 人躲进一座古塔，侥幸保得性命。

多尔衮接报，心生忧虑。虽说敌前“示威”在所难免，却不禁担心杀戮过甚，激起仇火，何日才息兵争？“武攻与招抚两策必须并用！”他思虑一定，便召见范文程、洪承畴两位汉大臣商议。

两大臣如仪进见，摄政王赐了坐，开口便道：“崇祯自尽，弘光被戮，又出来什么潞王、唐王、鲁王。这个‘监国’，那个‘称帝’，难道都是前明宗亲嫡派，还是妖人冒名惑众？”

洪承畴回道：“这三个人，还有益王、永宁王，确实都是明太祖封在各地的亲子藩王之后，并非冒名。不过，他们自身都没有多少实力。”

“那么，东南各地几十处响应者起兵反清，岂不是我大军南下的障碍？”

范文程不无谀意地回道：“纵使遍地荧光，岂能挡住朝阳普照？殿下不必忧虑，明日大军一到，哪个能不望风披靡？”

摄政王摇摇头，把自己的意图说了，要求两大臣速献招抚良策，绝不允许再出现扬州、嘉兴、江阴那种屠城惨剧。夺天下须夺城，安天下靠攻心。

人心不服，何以坐稳江山？中华版图大半据得，欲令各地仕人百姓归服，心攻胜于武攻，布德重于用兵。对故明文臣武将要列出名册，达以尊礼，许以封赐，说服他们弃暗投明，减少杀戮流血。在他，这是顺天理、益黎民的善行；在我，则是长治久安的良策，不可不认真施行。

于是，洪承畴便亲自到南方前线部署。而他一上任就显示出与众不同之处，推行了一系列的法令，包括大赦；废除明朝的一切苛捐杂税和拖欠；严惩贪赃枉法的贪官污吏；豁免赋税，特别是豁免顺从清朝统治的地区的赋税；审慎起用真心归附的官员，广为延请前朝著名的官员和有才干的地方知名人士；恢复商业；归还被豪强霸占的财产，让穷人家庭团聚，安居乐业；重申官学和科举制度……这一系列的措施表明，清朝对于江南之地极其重视，要从社会、政治和经济全方位入手，进行治理。

当然，满人也有残酷手段，其强行推行“剃发令”：所有不是僧、道的成年男人，都要采用满族发式，剃去头部前面的头发，梳一条长辫子，改穿满族服装。法令规定，各地十天内必须强制执行，违者处死。这条法令一时激起了激烈反抗，烽火四起。

这天，隆武皇帝刚一上早朝，就有两个从江西东北部冒死突围出来的义军首领，来向隆武皇帝求援。

“陛下，臣等正在前方冒死与满人激战，只是敌众我寡，恐怕支持不了几天！请陛下速发援兵，与满人决一死战！”

隆武皇帝沉吟了一下，将目光投向武将行列里为首的郑芝龙。不料，郑芝龙却避开了他的目光，转向别处。

郑芝龙这么默不作声，对隆武皇帝的无声询问视而不见，惹恼了旁边的黄道周。他立即跨出一步，大声道：“陛下，当前满人因为发布‘剃发令’，而肆意屠杀，激发民愤，民心可用，机会难得啊！如果不趁此机会出兵，等满人将各地烽火扑灭，到时候，大兵压境，我等纵然有心奋起一击，只怕也无济于事了！”

黄道周出关以后，她的夫人蔡氏才得到消息，一声长叹：“自古以来，哪有将在内而相在外能成大事的？道周死得其所了！”连蔡夫人都知道丈夫必然一去不返，黄道周更是抱了必死之心。他以隆武皇帝亲赐的空白文札，一路招募义军，居然拉起了一支上万人的队伍，然而这支队伍和清军一接战，立即溃不成军。《明史》称：“由广信出衢州，十二月进至婺源，遇大清兵，战败。”

黄道周败兵之际，要拔剑自刎，被门下劝下：“此地离南京不远，不如等到了南京，死在高祖皇帝身旁！”黄道周觉得有理，就座等被俘。

被俘后的黄道周被押到了南京，在监狱中每天讲学不辍，向他求教学问和求索书法作品的人络绎不绝。黄道周是有求必应，来者不拒。

然而，当洪承畴来见黄道周的时候，却被黄道周拒绝了。

洪承畴听说黄道周被俘，客气地想来探望他，却被黄道周反问狱卒：“谁要见我？”

“洪大人！”

“哪个洪大人？”

“就是洪承畴。”

“洪承畴？我倒是有这么一个老乡和朋友，可是他早就在松山战死了，先帝赐祭九坛，带领百官亲自哭临，他怎么还会活着？这个人一定是无赖小人冒充的，不见！”

洪承畴在监狱门口，听了这番话尴尬不已。正不知道是进去看他，还是知趣离开时，黄道周早在里面铺开纸笔，大笔一挥而就，写成一副对联，道：“既然来了，不能白来一趟，这幅书法拿去吧！”

等狱卒将对联从里面拿出来，递给洪承畴一看，上面写着：

史笔传芳，未能平虏忠可法。

皇恩浩荡，不思报国反成仇。

这是公然在嘲讽洪承畴：史可法在扬州殉难，青史留名；你洪承畴却贪生怕死，反而去做了满人的奴才。真是辜负了皇恩浩荡！

洪承畴再也没有面目见黄道周了，不过还是怜惜他的才华，给清帝上了一道奏疏："道周清节夙学，负有众望，今罪在不赦，而臣察江南人情，无不怜悯痛惜道周者。伏望皇上赦其重罪，待以不死。"但摄政王多尔衮忌惮的正是这"负有众望""江南人情"，下令尽快处决。

此时，黄道周在监狱中，先收到了夫人的家书：忠臣有国无家，勿内顾。见书之后，黄道周知道家里已经将他当作一个死人了，因此再无牵挂，立即绝食。

处决令下来，第二天就是三月初五，也就是黄道周学《易》后给自己断定的归命之期。

这天一早，黄道周起来后，盥洗更衣完毕，对狱卒说："以前某人曾向我索字画，我答应了的，不能食言。"于是铺开纸笔，从容题字。写完字之后又作画，然后写上题识，加盖印章，简直和他在家中一般无二。

出门之后，来到东华门，此地距离孝陵不远，又见到一块福建门牌，就停下来。

"我君在焉，我亲在焉，死于此地，可以瞑目了！"然后就跪下来，面对南方福建的方向磕了三个头，伸长脖子，只等一死。在他身后，门人蔡春落、赖继谨、赵士超和毛玉洁，从后面紧走几步，赶上来和老师告别："老师先走一步了，我们马上就来跟老师的魂魄会合。"

行刑在即，押送的人问黄道周，还有什么遗言没有。黄道周撕开衣衫，咬破手指，留下了他生平最后的遗言，也是最后一幅气节如山的书法作品：

纲常万古，

节义千秋。

天地知我，

家人无忧。

黄道周英勇就死，魂魄一缕，直上青天。他的正气凛然长存，其义行直到一百年后，还感动了他的敌人，清朝的统治者乾隆皇帝，赞其为“古今完人”。而为清政府立下赫赫功勋的洪承畴，却被列入《贰臣传》，被以这么一种方式死死地钉在了历史的耻辱柱上，足为后来者戒！

立场再一次动摇

黄道周兵败身死，郑芝龙心中五味杂陈：一方面隆武帝暂时不会再有北伐的念头，而另一方面他预感到隆武政权的危机就要到来了。就在这时，泉州乡绅黄志美找郑芝龙有要事相告。这黄志美可不是等闲之辈。其父黄熙胤，原为明廷礼部郎中，后来归顺清廷，现为清朝招抚福建御史，专司福建方面的事务。

黄志美递上他父亲致郑芝龙的函件。郑芝龙看到信中写到如若归降，便许他以三省王爵。而自己奔波一生为的是什么呢？还不就是为了保住东南一隅的权益！只要自己能坐镇闽省，管他金銮殿上谁当皇帝！想当初，自己孤鸿野鹤，只身浪迹天涯。这家业是自己挣来的，又不是朱家皇上赏给他的。

在朱明君臣眼里，他不过是个海寇，自己何苦与朱家同归于尽……郑芝龙一直在观望，在待价而沽。现在似乎是时候了，待到大局已定再投降，那就于事无补了。

但是，郑芝龙对黄熙胤的许诺并不轻信。因为黄熙胤的地位尚欠权威性。黄志美催问："郑将军，要不要复书？敝人可为将军送往浙江。"此时清朝平闽大军正云集在浙江衢州。

郑芝龙笑道："如此大事，总得让我思量思量。就是提篮买菜，也得看看秤头。"

数日后，郑芝龙的情报系统送来确切情报，许诺郑芝龙三省王爵是出自清廷摄政王多尔衮的旨意。郑芝龙放心了。

多尔衮是清廷实际上的第一号权威性人物，因为刚登基的顺治皇帝年方6岁。多尔衮在做出南进的决策后，便请洪承畴来商讨南征大事。满族大臣在占领北京后，多数人主张适可而止。洪承畴等归顺清朝的原明朝大臣反而主张南进统一全国。因为这些明朝旧臣最清楚：明朝已是推之即倒之朽木，非少数能人所能挽救的。多尔衮接受了南进的主张。

"南征的事已经决定。你看南征的最大障碍在哪里？"

洪承畴深知多尔衮办事不喜空发议论，于是便单刀直入地回答："是福建的郑芝龙。"

"郑芝龙？"多尔衮不免有点疑惑："我们还没打过长江，远在福建的郑芝龙算什么！"

"郑芝龙不仅是个善战的骁将，而且拥有实力雄厚的私人水师数十万，明朝官兵无法与之相提并论。况且，郑芝龙称雄海上多年，基础牢固，而我大清国又缺乏水军。"洪承畴解释道。

多尔衮继续说道："不是说郑芝龙是海商吗？既是商人，一定重利，我便以利动之。"

当此进军福建之前，作为招抚江南经略的洪承畴即向征南大将军贝勒博洛建议：立刻着手招抚郑芝龙。黄熙胤给郑芝龙的书信就是根据洪承畴和贝勒的指令写的。

但郑芝龙仍然面露难色，不仅是为条件，而是为如何对待隆武皇帝而犯难？这桩交易他还没有与任何人商量过，包括兄弟、儿子、表哥和手下主将们，都一无所知，也不能让他们知道。他思虑再三，还是选择了一个虚以代实的回答："闽军多年以商养武，大小军舰、商船逾万，军商人丁几十万众，非闽、浙、粤陆海之境难以安置。"其余什么总督、藩王、开关、献主等，一概回避。在他看来，条件与战局形势有关，时机不到还需留些余地。

条件提出之后，他更加不安。如果对方不答应怎么办？难道当真拼杀吗？郑家军是清军的对手吗？即使旗鼓相当，空前的大厮杀，几场扬州惨剧重演，功耶，罪耶？如果对方答应条件，又将如何？难道真的献出隆武皇帝，做卖主求荣的罪人？

此时又有舟山从海上送来加急报奏：鲁王逃奔舟山被拒，下落不明。原来，自私狭隘的鲁王朱以海空张恢复祖业之声，却无夺天下之才。虽临危受命，却贪图享乐，朝政荒疏，比福王好不了多少。手下虽不乏有识之士，却不能广纳忠言。争名夺位与唐王对立便是自塞制胜之径。招讨大元帅方国安本是一个势利小人，与操纵福王的马士英、阮大铖是一丘之貉。他半路劫夺唐王赠鲁王的十万饷银，为两王积怨火上浇油。鼓动鲁王贸然攻杭州，惨遭大败，儿子阵亡，又抱怨鲁王。后来，依赖钱塘天险，轻视清军水攻能力，疏于防守，被清军乘落潮一举突破江防，直捣绍兴。关键时刻，他又勾结马士英阴谋劫持鲁王降清求荣，鲁王侥幸闻讯脱险。

鲁王逃奔舟山遭拒，也是他闹内讧自食苦果。舟山守将黄斌原是江北总兵。南京失陷，他率军南撤，渡海占了舟山。唐王在福州登基，他上疏拥戴，获得肃虏伯爵位。两王争权，臣下自然各为其主。可笑鲁王穷途末路还放不

下架子，竟让唯一护卫将官率300亲兵强攻舟山。黄斌杀其将官，收编其亲兵。鲁王只好带着十几个侍卫乘一条小船在海上漂泊。

战局急转直下，守卫福建成了唯一军事选择。郑芝龙又可以按兵不动，思索向清投降之事了。就在这时，关系隆武朝廷命运的三件大事同时发生：一是郑芝龙得到清廷方面许诺，让关撤防清军入闽，在福州授予闽粤总督印信，招抚全闽之后另封王爵。二是郑鸿逵、郑彩在浙西的部队因为欠发军饷而哗变。三是隆武帝决心去汀州，经过赣南赴长沙，一面降旨让唐王和二辅臣速供粮饷，限期送到军前；同时，派忠孝伯郑成功带1.6万两饷银就近前去安抚。然后，将部队调往仙霞关，增强防守力量。

面对日渐衰落的隆武朝廷，面对清廷诱人的条件，郑芝龙跃跃欲试了。他想来想去，似乎没有更好的选择了。自己半生拼争，达到封伯封公，却是当年做梦也不曾想到的。然而，做飘摇亡命中小朝廷的公、伯，含有极大的虚幻性，而且不知能享惠几日。眼看清廷取代大明已是既定的事实。新朝廷的总督、公伯岂是弘光、隆武廉价封赐所能比？二十年的飞黄腾达，主要的奥秘便是以商养武，商武互辅，达到商、武、官一体，实现权、利、名并收，立于不败之地。佛朗机人、荷兰人行之有效的良策在东方同样有效。大清朝廷果能把浙、闽、粤交我经管，那可是半个皇帝的权势。到那时，把红毛荷夷赶回西洋，收回台湾，何异囊中取物？那时的海上王当是天下无双。荷兰人、佛朗机人、东洋人算什么？他的东印度公司能称雄东方、南洋，我的郑记商行为什么不能扬威于外洋列国？他甚至想到，只要手里有兵有钱，大清皇帝也得看我脸色，半壁小朝廷又算什么？

想到这里他真想立即受抚受封。然而，他还有顾忌。满人入关前后，一系列残忍、诡诈行为也令人望而生畏。如今手中有兵，他们极尽甜言蜜语；一旦受抚，能保准不变嘴脸？事到临头他不得不亲自出面摊牌。

正在郑芝龙犹豫之际，清廷派出了自己的代表来说服郑芝龙。而这个代表竟是自己的同僚吏部侍郎晋江人黄颐光。他的堂兄便是贝勒博洛征闽大军副帅黄颐庸。俩人见面，郑芝龙不禁大吃一惊。他立即想到清军策反密谋的厉害，也想到隆武朝臣中还不知有多少人已经暗呈降表，准备随时倒戈呢？

俩人见面相对而笑，已经无须寒暄，双方便开门见山。黄颐光拿出洪、黄两将军的亲笔信札，虽非长篇大论，却是字字有用的。无非让郑芝龙速下决心，无失良机，所许无欺云云。

“满人对郑公所许，已是对归降明臣最为优渥的了。郑公还有什么不放心的？是不是立即将我兄弟两家亲眷送到安平军中？这样，清军到福州不见印信……”

这是黄颐庸信上的意思：若郑公担心有诈，可将二黄兄弟在闽亲属及颐光本人送到安平为质。

郑芝龙相信洪氏和二黄不会欺骗自己，何况清军到了福州，郑军依然完好无损。他们岂能出尔反尔逼他再反？更何况，果其有诈岂是几十口眷属可以为质？便说道：“请转告洪、黄两位将军，他们可稳步进军。这边的事，颐光兄知道，朝中、家中尚是抗清之声弥漫，眼下，闽军公开归投大不便，还是暗中策应为宜。一官半生忘死拼争者裕国利民罢了，早已厌倦杀伐。八闽之事，当以安民心存实力为要，可进军，不可杀戮。”

“果能如郑公所愿，国家之幸，八闽百姓之幸矣！”黄颐光心里一块石头落地，匆匆告辞而去。

郑芝龙送走黄颐光，只有一刹那的兴奋，旋即变喜为忧，心情沉重起来。

谋划用心术，成事见行动。这归清大事，如何变成众人行动？人家看中我这个人，更看中那几十万大军和八闽大地。如何实现招抚，能否顺利实现？确是大难题。子弟、亲友和幕僚、将领们，向来是满怀抗清复明激情，这便是障碍。儿子郑成功深受皇帝宠信，置于驸马地位，早已立下与大明共存亡的誓言，而且授官封爵，羽翼渐丰，必然是最大障碍。再说，一年来，朝野内外都在指摘我抗清消极，已经引起各方不满。如若处置不当，安知不会触犯众怒，陷入孤立？倘若招抚不成，真打起来，郑家军只怕福少祸多，八闽百姓难免空前浩劫，福建再出几个扬州，岂合天理人情？现在唯有召回郑成功，与郑氏宗族统一意见，然后再议招抚，方为上策。于是，郑芝龙便给郑成功写了一封信，谎称其母田川氏病危，命郑成功速回。

郑氏父子“隆中对”

郑成功也是太过稚嫩，忠义有余，智谋不足。他虽身为伯爵、招讨大元帅，虽是有妻室的男子汉，虽曾心怀警觉，却未能抗过父帅的挟私之命。再加一班将领意气用事，一味鼓动他立即探亲，顺便督办粮饷，否则唯有死路一条。于是，他便把守关大任交与郑鸿逵，自己星夜回朝。

当郑成功回到福州，母亲已经去安平，父亲的又一密令也送仙霞关。命令称，近日海氛不稳，命鸿逵立即返朝协理海防，把守关之任交郑彩执掌。两日后，郑彩又接密令称，仙霞关地遥路险，援军粮饷后援难继，又加海上情势紧张，闽中兵力、物力都很吃紧。近期援军粮饷无望，可便宜行事，能守则守，不能守则撤，以保存实力为要，不可徒伤我军元气，云云。

又过几日，仍不见粮饷消息。郑彩只好召集各关守将，宣示三军元帅两道军令，共议守关之策。几十员边关守将听了两道命令，得知两个主帅先后离关，不禁感情复杂议论纷纷。有人涕哭，有人冷笑，有人破口大骂，有人要求立即撤退。于是，一夜之间，百里雄关成了空城。清军从容过关，如入无人之境。当时民谣："峻岭仙霞关，逍遥军马过。将军爱百姓，拱手奉山河。"说的就是这个事情。清军兵不血刃，分几路进入福建。隆武帝直接受到清军主力的威胁，清兵日夜兼程地追赶逃亡的隆武帝，七天后即南明隆武二年（1646年）八月二十八日，隆武帝殉难，隆武政权灭亡。

当郑成功去安平看望母亲，准备返回福州时，闻知战局大变，由大惊而愤怒。而清朝以闽粤总督额官衔招抚郑芝龙，郑芝龙也打算接受，郑成功知道后非常愤慨，于是，郑成功便星夜回家，力劝父亲能够回心转意。

回到家后，郑成功诚恳地对父亲说道："父亲手握重兵，若让儿子调度指挥，还是大有所为的。闽粤之地同北方不同，不能轻易纵横驰骋。如果凭天险设立埋伏，巩固防卫，选将练兵，整顿民心，大兴港口贸易，以充实粮饷，还是可以挽回衰败的局面的。希望父亲深思熟虑啊！"

看到父亲仍然无动于衷，他又说道："父亲，不妨回顾一下，明朝的降臣有几个好下场的，就说吴三桂，投降了清朝，皇帝不信任他，多尔衮处处挟制他，出兵攻打李自成要他充当马前卒，多尔衮押兵在后监战。吴三桂打败了李自成，清廷仍然信不过，未敕封他一官半职，把他当作乱臣贼子，当作莽夫鲁汉，当作草寇英雄而已。还有学界泰斗、政坛名流马士英、阮大铖、秦可贞之流，论其政绩功不可没，论其学识才高八斗，降清后仍然是高山头上擂鼓——名声好听，称为大清重臣、国家栋梁，实际上有职无权，充其量是清政府的食客罢了。这类降臣的可悲下场，还有很多，举不胜举，我也就不举了。难道父亲做了清廷的什么官，结局就会比他们强不成?！我相信父亲说的一句话：'军界之人，惯于使用的计谋是兵不厌诈'。父亲一下子怎么又忘了呢？前车之辙，后车可鉴！"

"你说得太严重了，"郑芝龙淡淡地说，"你举的例子不错，但也不宜把问题看死。问题总是有两面性，有坏就有好，事在人为，坏事能办好，好事

能办坏。除了你以上说的例子外，也不妨看看如下几个人：宋权是明朝的降臣，多尔衮很器重他，言听计从，成为位高权重的幕僚。谢陞和冯铨也是如此。而范文程降清后则成了清廷的名相，就更不必说了。我举出他们来，是证实你看问题还不全面，你带着偏见，一叶障目，不见泰山罢了。一言以蔽之曰：降清是大势所趋，毋庸踌躇观望，然迟降不如早降。早降值千金，迟降值半两。尤其作为商人出身的我来说，降清从某种意义上讲，是最大的投资。莫说我夸海口，福建这地方，不管是商界还是军界，谁能不听我使唤，不被我左右？”

“冒险也罢，不冒险也罢，弃明投清，是会遗臭万年的，总不是件好事，让人心里难受极了。我宁愿战死在沙场上，为抗清复明而流芳千古！”郑成功似乎要与其父斗争到底，他挑衅的语言又一次激怒其父。郑芝龙怒火中烧，骂道：“小子敢口出狂言！简直蒙昧无知！我们郑家为闽南首富，人称富可敌国，仗长久打下去，明朝国库空虚，入不敷出，就来找我们这些富户捐献，那是个无底洞，几年来我们捐献钱财无数。为父之所以弃明投清，一是为保财产，二是为保官爵，三是为保权势，四是为保名誉。保住了这四样，郑家的财富就像是珠江上的水，滔滔不绝而来，永远不会枯竭。我这么好的盘算，却得不到你的理解和支持，真是岂有此理！”

见父亲动了怒，郑成功只好收敛一些，耐心地说：“父亲，请你不要激动，冷静一点。我承认你说得都有道理，不过，这只是站在家庭的立场上看；若放眼国家，就未免太狭隘了。国不保，家岂能保？国家、国家，先要有国，后才有家；国和家是个死结，是不能分离的，谁也离不开谁！这个道理父亲似乎理解得欠缺些，于是出现了偏颇，单单只强调了家的重要，而忽视了国的位置。眼下山河破碎，社稷危急，国家四分五裂，狼虎入室，生灵涂炭，百姓颠沛流离，哀嚎四野，你就不动一点恻隐之心？你手握国家兵权，不保国安民，却一心一意只顾保存自家的势力，乞降苟安，开口一个富贵荣华，闭口一个荣华富贵，仿佛离开了荣华富贵就不能生存，比天塌下来了还可怕，真有那么重要吗？乞降来的荣华富贵，我们宁可不要！”

郑成功说着说着，神情不知不觉地显得越来越激愤。他显然抱着豁出命来反抗清廷的决心，所以语气凌厉异常，措辞尖锐无比，不给其父一点面子，也不留任何一点回旋的余地，干脆一拒到底，让父亲完全彻底地打消降清的心思。说到动情处，他甚至瞋目攘臂，英雄气概跃然纸上。

显然，郑芝龙是强忍着心头的怒火听完儿子说的话，一次也没有打断他，那张铁青色的脸上流露出愤怒的神色。待到儿子停下时他才开口骂道：“你真是胆大妄为，竟敢教训起我来了！你是个不孝之子，我意已决，你不降，我降！”

父子争吵一番后，不欢而散。消息传开，闽南各阶层人士顿时纷纷议论起来。人们万万没想到，看起来仁和、孝顺的郑成功，竟然与其父争吵得如此激烈。不知内情的人认为，郑成功如此顶撞老父，是冒天下之大不韪，罪当遭谴；知情之人则怪郑芝龙利欲熏心，竟不顾亲情，滥施父威，逼儿就范，如此冷酷无情，断然拒绝儿子的耐心劝谏。一时间，整个闽南，尤其郑家军上下吵成一团，不可开交。那些听从郑芝龙的人，自然垂头丧气，私下里愤愤不平；而那些对郑成功所作所为钦佩已久、心怀感激的人，则惊喜相告，感到大畅胸襟，纷纷称颂国姓爷立场坚定，抗清复明有望。国家又出了一个顶天立地的英雄汉，大快人心。同时郑成功也作诗一首以明心志，诗云：天以艰危付吾俦，一心一德赋同仇。最怜忠孝两难尽，每忆庭闱涕泗流。

郑芝龙与郑成功的激烈争辩，对于郑氏海商集团来说，这是一次发生在父子之间的决定家族和集团前途命运的“隆中对”。这一降一战，既反映了郑芝龙、郑成功父子在政治上的高下立判，体现了郑氏父子在战略上的生死异途，更关系到郑氏海商集团的兴衰成败，进而直接影响荷兰、南明、清朝、郑氏在东西洋海权战略上的此消彼长。郑芝龙在降清这样一个生死攸关的重大问题上，先是自作主张，并未与其弟、子密商；次则一意孤行，子苦劝不听，置若罔闻；最终酿成日后一入牢笼，身不由己，只能任清廷摆布，一家11口人被杀的悲惨结局。

靖国难，建奇勋

郑芝龙投降以后，他的水陆大军全部瓦解。郑鸿逵率领一部分亲兵逃往金门附近。郑彩、郑联拥戴从浙江南逃的鲁王，占据金门、厦门。其他文武官员散处各地，互不统属。

面对父亲一意孤行的投降政策，郑成功十分失望，便带着自己穿戴过的儒巾蓝衫，来到了孔庙，要在这里与至圣先师告别。孔庙是纪念和祭祀孔子的祠庙，每个读书人都要在此朝拜先师孔子。当年，郑成功考中南安县学为博士弟子员时，就曾在这里拜领儒服。郑成功来到孔庙，向孔子的排位诀别道："昔为儒生，今为孤臣，向背去留，各有所用，谨谢儒服，唯先师昭鉴之。"说罢，他就命人把带来的儒服点火烧着了，换上铠甲，手持宝剑，从此走上了抗清的武装斗争道路。这一年他才23岁，郑成功与他的父亲彻底决裂了。他树起了"杀父报国"的旗帜，成为名昭史册的"逆子忠臣"。人们为了纪念郑成功，就把他曾焚烧过青衣、投笔从戎的文庙改名为"焚衣亭"，至今还有很多人去"焚衣亭"凭吊这位爱国英雄。

"焚衣亭"是郑成功人生中一个重大的转折点，从此他高举"反清复明，恢复中兴"的旗号，率师转战东南沿海，开始了轰轰烈烈的抗清运动。

1647年正月，郑成功从广东南澳募兵后，来到厦门鼓浪屿，大会文武群臣，举行誓师仪式。大堂上，设明太祖高皇帝牌位于正中，郑成功带领诸臣将，首先向高皇帝牌位行礼；接着，又遥祭在汀州殉国的隆武帝及曾皇后。而后，升起“杀父报国”的大旗，表明郑成功与降清的父亲郑芝龙彻底决裂了。此举传为佳话，受世人敬佩。他慷慨激昂地宣读抗清誓词：“本藩乃明朝之臣子，缟素应然；实中兴之将佐，披肝无地，冀诸英杰，共伸大义！”首次起用“招讨大将军印”，自称“罪臣国姓成功勤王”，并且出家资犒赏将士。最后，郑成功宣布将领的任命：洪政、陈辉为左右先锋镇，杨才、张进为亲丁镇，郭泰、余宽为左右护卫镇，林习山为接船镇，柯宸枢、杨朝为参军兼统领随征，杜辉为总协理。这是郑成功首次正式编组军队。此后，郑军的编组仍然以“镇”为单位，但员额数量则大为增多了。

1647年4月，郑成功以南澳、鼓浪屿为根据地，联合厦门的郑彩、郑联兄弟，率领人马向漳州附近的海边重要城市——海澄进攻。这次进攻，因部队是新建的，战斗力不强，与清军一交战，便败下阵来。郑成功整顿兵马，鼓舞士气，准备再战。郑鸿逵见郑成功不怕挫折，感到欣慰。他担心郑成功少年气盛，行动鲁莽，万一孤军深入，会给清军造成可乘之机，便写信给郑成功，说：“凡事先固根本然后求末，现在你只有安平弹丸之地，又无天险可恃，一旦清军来攻，如何是好？你应火速回军，我以军旅相助，你我合攻泉州，暂作安身之所。然后养兵蓄锐，攻其不备。”郑成功觉得叔父的意见合乎道理，当即回兵安平。

1647年8月，郑成功与郑鸿逵合兵进攻泉州。清朝福建提督赵国祚驻守泉州，除了各县及溜石墩的兵马外，泉州城内仅有浙直兵700名和本地士兵500名，再加上其他零散兵马以壮声势。

赵国祚认为郑成功年轻无能，不过率领一批海盗而已，不会有太强的战斗力，一战即可将其击溃。于是只率领骑兵500名、步兵1500人，分为两队

前往泉州城下的桃花山迎战。一队人马从塗门出发，一队人马从东门出发，直冲郑成功营垒而来。此时，郑成功与郑鸿逵两支人马加起来，有 10000 余人，分别部署在桃花山下。郑成功见赵国祚率兵来攻，便命令洪政、陈新两员大将率兵迎战。战斗从早晨一直打到中午，双方相互冲突，未见胜负。郑鸿逵站在瑞峰山的一座小山冈上观战，见不能立时取胜，便命林顺从旁夹攻。同时，郑成功也命余宽出奇兵截杀清军。清军经不住郑氏大军的勇猛攻击，阵势大乱，郑成功乘机挥军追杀，清军大败而逃。郑军追至城下，鸣金收兵。

郑成功与郑鸿逵每次攻击泉州城，清军溜石寨参将解应龙都出兵救援，使郑军不能全力攻城。郑成功便对郑鸿逵说："解应龙在溜石寨作犄角之势，泉州城就难攻了，叔父可督兵攻城，如果解应龙来援，我便派水师一镇，由桑一筠、杜辉暗中袭击其寨，另外派郭新、余宽先埋伏在其回寨的途中。等他回寨救援时，两支部队前后夹击，这样肯定能擒获他。"郑鸿逵认为这个方法不错。

第二天，他带着队伍，来到泉州城下，命人吹号进军，猛攻泉州城。赵国祚看见城下到处都是郑军的旗帜，好像所有的队伍都在攻城，急忙呼救。解应龙果然又来援救，走到中途时，忽然有快马来报告，郑军攻寨，攻势很猛。解应龙听报，气得大骂不止。他这次出兵，以为郑军全力进攻泉州，所以，只留了少数士兵守寨。虽然溜石寨地势险要，易守难攻，但如果没有足够的兵力防守，也会被攻破。解应龙见势不妙，立即回兵救援，一路上不住地催促士兵加快速度，一心只想快些回去救援，却不料，匆忙中走进了郑军的伏击圈中。郭新、余宽指挥伏兵，按照作战计划，大声呐喊，惊天动地，一跃而出，把解应龙 1000 人马团团围住。这时解应龙猛然醒悟，发觉中计，但为时已晚，忙指挥军队与郑军对抗。最后，解应龙被乱军打死，溜石寨被攻破，郑军声势大振。赵国祚此时才开始注意加强防守，不敢轻视郑军，日夜在城内巡察。

郑成功见解应龙被歼，已无后顾之忧，便亲自督阵，在泉州城四下摆好大炮，四面齐攻；命令洪政、陈新、余宽、郭泰等将，率兵架起云梯一起登城。赵国祚千方百计防守，郑军始终没能打下泉州城。

清漳州守将王进，绰号“王老虎”，作战非常勇敢，听说泉州被围，又有报告说溜石寨已被郑军所破，解应龙战死，说：“泉州城危，我应该前去救援。”漳州和泉州是属于不同的两个防区，漳州遭到驻守厦门的郑彩部队攻击时，既没向泉州求过援，泉州方面也没有主动出援过，清漳州总兵杨佑便不想救援泉州，但又不便直说。他对王进说：“各人有各人防守的地方，而且又没有总督的命令。胜败关系利害，谁去承担这个责任。”王进说：“你说错了，郑军现在正挡在中间，总督的命令怎么能到我们这里？如果坐视不顾，一旦泉州城失守，郑军的势力就更加强大，我们的城池能单独保住吗？这就是所谓的‘唇亡齿寒’。你好好地防守漳州城，我率兵前去救援。”杨佑说：“如果我们派兵救援泉州，势必削弱了漳州的防守，万一郑彩率兵来攻，漳州不就危险了吗？”王进说：“我不需要太多的兵力，只要有1500人就够了。这样，既救援了泉州，又不会削弱漳州的防守，你看如何？”杨佑见无法说服王进，便同意由他去救援泉州，自己防守漳州。

王进于是率骑兵500名、步兵1000名，分为三队，前去救援泉州。第一队由总领旗赵英和左哨千总杨得功会同安营游击王廉郎，声言攻击安平。因为安平是郑成功的根据地，郑成功肯定回兵救援。王进亲率一队，随机而动。第三队由右哨千总李玉和游击祁光秋作为援兵。首先派人号称是王进率领大部队，会合潮州援兵数万人，抵达泉州城下，攻击郑成功部队，以解泉州之围。

郑成功得到这一消息后去见郑鸿逵，说：“王进会合潮州清军救援泉州，不几天就可到达，且泉州城防守严密，不易立时攻破，如果清军一部扼守，另一部进攻安平，那么，我们就会首尾受敌。”郑鸿逵说：“如果这样，那怎

么办呢？应当暂时撤退。”郑成功说：“怎么能撤退呢？可以命令杨才、张进先到刺园防守；林习山去装备船只，停泊在江上，以防不测；你可率林顺、洪政等人，进攻泉州城；我领着郭泰、余宽在王陵防守，做两边的救援。”郑鸿逵同意了郑成功的意见。

王进率清军来到大盈，侦察到各处均有郑军联营把守，大路不通。王进一时没了主意，不久，探子来报有小路直通南安县。王进遂命杨得功、董之制造进攻安平的假象，自己悄悄带领骑、步兵，乘夜由冷水进出发，经何坑，前出到南安，突围到泉州城下。洪政率兵出战，败下阵来。赵国祚在城墙上远远望见，知道救兵已到，便命兵士在城上四面呐喊，以造成相助之势。郑鸿逵心虚，以为清军大军来到，不敢再战，急忙退回金门，郑成功见郑鸿逵已退，自己势孤难战，便也退回安平。

王进率部进入泉州城，赵国祚一再挽留，他说：“感谢将军前来救援，务请将军多住几天，等我准备薄酒，为将军接风。”王进说：“多谢将军好意。我来时，杨总兵一再嘱咐，达到目的，立即返回。”王进当即率部返回漳州。其实，王进深知，如果郑成功知道他们只来了 1500 人，肯定会追上来的。

果然，郑成功得知王进仅以 1500 人前来解泉州之围后，追悔莫及，遂令洪政、余宽二将，领兵从小路埋伏在青石宫，令杨才、郭新二将，领兵埋伏在刺园，另令张进带兵接应。五将去后，不日即回，说：“王进已经撤离泉州两天了。”

泉州之役郑成功虽未达到目的，但他在桃花山把清军打得落花流水，在福建人民中产生了巨大的影响，他的声望日益提高。原浙江巡抚卢若腾、进士叶翼云、举人陈鼎等都来拜见郑成功。郑成功对他们非常尊重，待若上宾，有什么事情也征求他们的意见。来投奔郑成功的还有武艺精熟的漳浦人蓝登，通晓谋略的南安人施琅及其弟施显等人。郑成功加紧操练部队，并在安平筹集粮饷。

11月，桂王朱由榔在广东肇庆称帝，史称南明永历政权。郑成功听到这个消息非常高兴，说道："我有君了！"并传令设置香案，望南朝拜，并且亲手写下贺表，派使臣从海路辗转入粤祝贺。从此郑成功奉永历为正统王朝，放弃了隆武年号，改用永历纪年。沿海农民、渔民以及水手等大多投奔郑成功，一些不愿意随郑芝龙投降清朝的明朝将士也前往归附他。郑成功的军队势力正在一步步壮大。

不拘一格招人才

郑成功明白，要想成大事，必须首先扩大自己的实力，并且在当时也有很多人怀有反清复明的壮志，只是苦于找不到报国的途径。于是，郑成功决定到各地招兵买马，招纳天下贤才共成大事。

郑成功在各地广泛地开展各种"招贤"的活动，通过各种途径招收有能力的人，不问出身，不问来历，只要是身怀报国之心的有才之士，郑成功都以礼相待。

郑军中有一个擅长制兵器的汉子，名叫杨大文，郑成功知道这件事后，对他以礼相待，使得杨大文真心归顺。不日，杨大文制造的精良兵器源源不断地充实到军营。他不但自己制造，还教出了一大批优秀的兵器制造家，为义军的发展做出了不可磨灭的贡献。

关于郑成功招纳天下名士，有一个非常著名的故事，即"设案招贤"，讲

的是郑成功招收陈永定的经过。

据传说，郑成功当年揭竿起义时，曾经在泉州西门外潘山村北面的一座石桥上树旗设案，来招揽天下贤士，附近的群众将这座桥称为“招贤桥”。

郑成功命令部下张进在桥头摆了一张方桌，上面放置一碗清水，碗的旁边放一把宝剑，一支蜡烛，一副火刀、火石。张进派两个亲兵守候在那里，吩咐只要看见有人过来动方桌上的东西，立即前来报告。

最初的两天，经过这座桥的人很多，但是大家看到这样的摆设，不知道有何用意，好奇地看看便走了。

第三天的中午，陈永定挑着鱼经过石桥，当他来到桥中央时，看见桥头那边正飘着一面招兵旗帜，便将鱼放在一边，朝桌子跑来。当他看到桌子上摆放的物品时，再看看旁边招贤的旗帜，想了想，似有所悟，脸上也露出了笑容。只见他拿起宝剑将那盛满清水的碗打得粉碎，然后又拿起火刀、火石，将那蜡烛点燃。

守候在一旁的士兵看到这个情景，连忙向郑成功报告，郑成功立即亲自赶来，笑着问他：“请问壮士尊姓大名?”

陈永定答道：“小民陈永华，祖籍同安，仰慕国姓爷已久，听说国姓爷在此举旗招贤纳士，特来投奔。”

郑成功又问道：“壮士以剑击水，以火燃烛，不知此举有何用意?”

陈永定答道：“宝剑击碎清水，以喻‘反清’；火石点燃蜡烛，以喻‘复明’。国姓爷寓意深刻，令人佩服，我愿随国姓爷，以尽微薄之力。”

郑成功听了陈永定的回答，对他刮目相看，认定他是一个才智不凡、志同道合的义士，便将他收到麾下，共谋反清复明的大业。

郑成功设案招贤的故事很快便流传开来，很多人知道后便纷纷前来投靠，包括南安县溪东村以李启轩为首的 18 条好汉以及后来名震南国的大将甘辉、当过明朝都察院御史的老先生沈佺期以及后来威震敌胆的大将陈豹等。这样一来，郑成功的抗清力量进一步得以壮大。

其中比较著名的还有隐士江山投靠郑成功的故事。

江山，号泰山真人，14 岁中秀才，15 岁与其父同中举人，只是生不逢时，遇天下大乱，科举中止，进士美梦难圆。但是他满怀壮志，一心想要报效国家，只是苦于没有出路，于是隐居泰山，已经有十多年了。

一日，江山闻其父江河满罹难的噩耗，于是下山来，准备为父亲报仇。这江河满早年投靠了义军，郑成功委其教谕之职，两人的关系非常好，郑成功也非常信任他，江山为父报仇来投义军，郑成功本意打算将其父之职授予他，但是他却拒绝了，他一心只想找回父亲的尸首好好安葬。

江山化装成云游的和尚进入清营，带回父亲的尸首，同时还探得清军的重要军事机密，回到义军军营。郑成功对他的归来，大喜过望。

江山拱手致礼道："蒙国姓爷谬爱，封我教谕一职，我受之有愧。徒有虚名之人，岂敢负此重任，还望收回成命。若不嫌弃，我愿当个小兵足矣。"

"兄台过谦。我今日得君，如鱼得水。有识之士与我肝胆相照，匡我不逮，乃我之福，不胜感激。我素有爱才惜才之好。泰山真人是当代名宿，又是至孝之人，理当受到重用。况且兄台识大体，前来助我抗清复明，是我的造化，是苍天的恩赐，实乃大幸也！"

二人抱拳在胸，礼毕，分宾主而坐，兴致勃勃地纵论天下之事。一个娓娓而谈，一个侃侃而论，甚是投机。郑成功被泰山真人博大精深的学识所震撼，激动地说："由此可见，兄台平日熟读兵书，尤谙政史，深识玄机，且娴于辞令，纵论精辟，所言之事均深中肯綮，不愧是卧龙再世。恕我妄称：刘备拜诸葛何职？"

"不敢接受军师一职，鄙人才疏学浅，实不堪当此重任。"泰山真人执意不就。然而，郑成功的玉口金言不容收回。泰山真人见郑成功一片诚心，这才徐徐起身，彬彬叩首道："吾无才无德，无半点功劳，侥幸获此重任，唯

恐众人不服……”郑成功连忙将他扶起说：“军师德才兼备，经纶满腹，智胆无双，军师一职，非你莫属。”

泰山真人接受封职后，对郑成功说了四句话：“通洋贸易，疏通财源，光复台湾，扬我军威。”郑成功大喜过望，把四句话简括成四字方针“通疏光扬”，并以此作为义军的行动纲领，亲自书写成条幅悬挂于书斋里，作为座右铭。

郑成功除了广纳天下贤才之外，还网罗各地英雄豪杰。当时的金门岛被五个海盗盘踞着，他们自诩为绿林好汉，但是世人称其为“金门五虎”。当地百姓恨透了他们。这“五虎”是李傲、杨康、朱雀、龙飞和马腾。他们专门网罗地方上的流氓恶棍，为非作歹，横行乡里。因此，他们的恶势力遍及整个岛屿。郑成功听说后早有降伏他们之心，却迟迟未动。

一日，军师泰山真人向郑成功献计道：“先放风出去，说义军要攻打金门岛。”郑成功采纳此计。

义军攻岛的消息传到李傲耳里，他不禁一怔。李傲是五虎之尊，大小之事均由他领头。此番当然也由李傲发出邀请，“五虎”聚首一处，共商对策。郑成功又依军师之计，给李傲修书一封，差人送至金门岛，信上写道：“时局濒危，鞑子造势之滥委实不容观望。祈尔与其他四位兄台以国事为重，共举义旗，光复明室，此乃为光明正大之道。献岛者不分彼此，立功者上报重奖。时下，义旗猎猎，尤思虎将增辉。郑某爱才如命。切切勿贻误良机。”

“五虎”看完信后，杨康、朱雀和龙飞非常气愤，他们大骂郑成功，并决定无论如何都不会投降。会上，李傲和马腾没有说话。

会后，李傲与马腾并肩而行。他俩是儿女亲家：李傲之子娶了马腾之女为妻，自此二人交谊更深一层，所言无忌。李傲说：“如今天下大乱，群雄四起，据地为王，强食弱肉，自古一理。郑成功在闽南，声名鹊起，非等闲之辈，其手段远胜于其父。故而，郑麾之下，翘楚济济，豪杰盈门，来势之猛，空前绝后，不可小视。你我据此弹丸之地，势单力寡，岂可与强者颉颃？依我之见，我们迟早会被郑成功吞并，如果是这样，我看迟降不如早降。如今，郑成功用的是先礼而后兵之策。况且，他真心邀请我们一道抗清，这是给我们一个体面的台阶下，何不趁此良机靠拢他？常言道：‘大树底下好乘凉。’归顺以后，总比如今焦头烂额地硬撑着这个破摊子强。亲家你看如何处置此事为好？”

马腾说：“亲家见多识广，所言极是。我愿与大哥一道投奔郑氏麾下。不知何日动身？”

“事不宜迟，早则主动，迟则生变。”李傲言毕，将手一挥，示意马腾立即行动。马腾会意，径直回去了。

次日，李、马二人各自率部直奔郑成功营房。郑成功大喜，令部下出营迎接，全营将士列队夹道欢迎。郑成功站在队列之首，李、马二人率部来到，拱手致礼。郑成功走出队列，左手挽着李傲，右手挽着马腾，亲如兄弟，一面走一面寒暄，来到帷幄中央致辞道：“二位将军莅临，蓬荜顿时生辉。我代表义军对李将军、马将军的到来表示热烈欢迎！二位将军真是爽快人，办事如此雷厉风行，昨日去信，今日即光临，这种果断作风甚合吾意。

“卑职早闻李将军大名，果然是识时务之俊杰。尤其李将军水性极好，能潜水数日，如鱼在水，真奇才也！

“马腾将军亦天下皆知，处事果断，具有雄才大略。二位将军的到来，无疑为我义军增添了一支劲旅，为壮大抗清复明的声势助了威。我郑某有幸，得天下奇才而用之，尤其与二位将军不期而遇，更是锦上添花。”

言毕，郑成功又给二人各赠黄金百两，绸缎二百匹；又委任李傲为水军正参军之职，马腾为副能军之职。二人感激不尽，立志要报知遇之恩，于是，自告奋勇去劝那“三虎”来降。

谁知那“三虎”死活不肯投降，还把李、马二人骂个狗血淋头，并扬言

要联合清军消灭郑成功。

“三虎”不吃软，这下难住了郑成功。军师泰山真人道：“君子重仁，但对小人岂能以仁治之？务必以其人之道，还治其人之身，方可奏效。”郑成功听军师之言，提兵5000直捣金门诸岛，欲除“三虎”之害，为百姓报仇。

义军直逼杨康巢穴，见其防务甚严，刀枪林立，旌旗蔽日，战鼓阵阵，杀伐之声数里之外可闻。

郑成功运筹良策，伺机出击。忽见一人跃马持戟，往来驰骋于阵前，十分威武。郑成功又动了爱才之心。问李傲：“此乃何将？”李傲审视良久后说：“此将便是杨康之子杨大海的拜把兄弟栾顶天。此人凶悍无比，万人莫敌。”

正当郑成功一筹莫展之时，他的一个部下朱益自信满满地说道：“国姓爷勿忧，在下昔日与栾顶天有交情，交往甚深，知其是个贪财好色之人。凭我三寸不烂之舌，可引他来降。”

“你有何妙计？不妨说来听听！”

“我闻国姓爷有个义女美若天仙，若以此女许之，再赏黄金若干，我便有八九分的把握。但不知此计可中国姓爷的意？”

郑成功沉吟半晌后说：“此计好是好，却不知我义女如何想。”

“据说你家义女是至孝女子，义父之言岂有不听之理？况且，又不是贱嫁，栾顶天也是天下美男子，才华横溢，这样的才俊难道还不相配？”郑成功默不作声，显然被朱益说动了心。

第二天，朱益便带着礼物，去了栾顶天大营，经过一番谈论，栾顶天被说服了，他答应投诚，并且答应在郑成功袭击杨康军营时拿下杨康人头。

是夜三更时分，郑成功率3000雄兵来袭杨康军营。他小心谨慎地挥军向前，很快逼近杨康军营。栾顶天早做好了投诚的准备，一见郑成功的人马就打开营门出来迎接。

当时杨康正在书斋里背诵《孙子兵法》。他一心想做个军事家，尤其喜好神机妙算、用兵如神的韬略，看着看着，就入了迷。忽然，他听见门外有脚步声，便举灯来看，刚一开门，冷不防被栾顶天戳死。

是时，龙飞、朱雀已获讯杨康被杀，余部被郑成功收编，知大势去矣，无力挽回，带着喽啰投靠清去了。“五虎”的势力瞬间土崩瓦解，大快人心。百姓闻之，莫不笑逐颜开，抬着猪羊、酒水犒劳义军。然而郑成功一概谢绝，分文不取。百姓感动地说：“真王者之师！有如此纪律严明的军队，何愁天下人心不归附！”

郑成功平服了“五虎”，又马不停蹄率大军东征西讨，威震南疆。受尽了惊骇、掳掠的百姓莫不感激，说：“我们之所以能安居乐业，多亏了国姓爷给我们撑了腰，做了主，才有今日。国姓爷就是好！义军不管到哪里，都秋毫无犯，连鸡鸭都不少一只，古往今来，哪有这样的好军队！我们拥护郑成功，全力支持他铲除海盗和鱼肉百姓的恶霸贼子，为光复明室尽绵薄之力。”

豹尾屿、马蹄岛、蛤蟆滩的百姓获悉“五虎”被郑成功收服或驱逐，人人欣喜不已，纷纷给郑成功写信祝贺，并请求他出兵剿灭当地土匪恶霸。郑成功收信必复，寅时能出兵，决不等到卯时，暂不宜于出兵，则给个说法，则给百姓撑腰壮胆。

文韬武略，见识不凡

1650年，郑成功在厦门、金门站稳脚跟后，便在军事、政治、经济等方面实行了不少革新措施，使金、厦成为郑军巩固的根据地。

首先是在军事方面进行革新。郑成功鉴于明末军令废弛、武备不修、兵将分离、不堪战守的教训，面对弓马娴熟、兵力强悍的清朝八旗劲旅，深感如不认真加强军队的管理与训练，不针对军务弊端加以改革，就不可能击败势众兵强的清军，完成抗清的事业。因此，郑成功十分重视军事改革，他主要从以下几个方面来进行：

首先健全军队组织，完善编制。

他承袭明朝军制，建立前后左右中五军，作为战斗的主力部队，每军设提督一名，负责军事指挥。每军有五镇，分别设镇将一员；每镇有五协，各设协将一员；每协设五正领，十副领，每副领管十班；班设班长，每班50人。

在厦门共建陆军72镇，水师20镇。各镇用中协作预备队，前、后、左、右四协配置相等兵力，战时不管受何方敌人的进攻，都可有充分兵力进行攻击或防御。在各协中有刀、牌、弓箭各兵种，相互配合作战。水师除水战士兵外，每大舰另配陆军兵士40名，中舰20名，小舰10名，以备登陆战斗。

除五军之外，另设左右虎卫镇，是郑成功的亲军，行军出征，随郑成功同行，护卫左右。虎卫镇的兵将都是由郑成功亲自在各镇中经过严格挑选的武艺精湛者组成，是郑军中最精锐的部队。

在郑军中还设有类似政治工作的人员，称监营，每军设总理监营一员，左右协理监营各一员；各镇设监督监营。由总理监营统管大小监营，行军作战随同提督统镇一起出征，负责参谋、情报、军纪等工作。

全军设置总督五军戎政，主持召开军事会议，制订作战计划，是类似于参谋总长性质的官员；另设监纪、饷司，分别负责各提镇军法、军需等工作。他们在名义上附设于各提镇，但又自成系统，不完全受提镇控制，遇重大军机要事可以随时呈报，对提镇起着监督的作用。

这种分层节制的严密组织，有利于贯彻全军的作战指令，使指挥权更加集中，便于发挥军队的战斗力。

郑成功还特别重视军队纪律的遵守与执行。1651 年，郑成功公布“杀虏大敌中敌赏格”，每一战役结束，都召集官将进行分析总结，公开议定官兵功罪，赏功罚过，奖惩严明。每次出战，令监参监营在军前高举铁杆红旗一面，上疏“军前不用命者斩，临阵退缩者斩”，违犯者，副将以下当场枭首示众，统领总镇捆解军前枭首示众。即使对自己的亲人骨肉郑成功也毫不徇情，执法无私。

郑成功军纪严明还表现在严禁军队扰民。他从建军开始，就制订并公布《出军严禁条令》，严禁奸淫、焚毁、抢掠、宰杀耕牛；如果违反纪律，本犯斩首，大小将领从重连罪，不论官、兵、伕役，凡捉拿和检举违纪者有赏。因此，郑军不仅军纪森严，而且执纪不苟。北伐南京期间，师抵湄州，有一士兵在打水时拾得老百姓一只鸡，监营发现就将兵士解送，大将甘辉当时担任总镇，自认统驭部下不严有罪，脱衣自请责打十棍，犯兵斩首。郑成功多次教育官兵，出征作战，应以民为本，要求军队要做到“行师而耕市不变”，考核官兵功绩时，要以战功大小和执行军纪情况并重。所以郑成功军行所至，民户不惊，市井不扰，深得民众的称颂和拥护。如北伐南京时，沿海沿江人

民纷纷来郑军水师船舰争做买卖，往来如织。大军进入镇江时，军队夜宿商馆，不进民家。后来收复台湾时，大将吴豪因掠夺民众银米被处死，真正做到了令无不行、禁无不止，使军队保持了良好的斗志与纪律，同时得到民众的有力支持和配合，产生了良好的政治影响。

同时，郑成功也十分重视操练士兵。1655 年，他在厦门港南普陀寺前的广场，修建了一个约 500 平方米的演武练兵的大校场——演武场，又命工官冯澄世在厦门港院东澳仔岭之交修筑演武亭楼台，为住宿和操练官兵之用。

郑成功经常不分日夜在演武场上督操，训练官兵，教授士兵演习五梅花操练法、各阵合操法等战术，训练极为严格。他还训练出一支“铁人”劲旅，这种劲卒，武艺精熟，力量过人，头戴铁面，身披铁臂铁裙，手执砍马大刀，并佩带弓箭，号称“铁人”。作战时三人一组，一兵执团牌保护其他二人，一兵砍马，一兵砍人。“铁人”弓法娴熟，弯弓射箭能远距离命中。这支英勇善战的“铁人”，在后来收复台湾的战斗中，给荷兰侵略者以沉重打击。

郑成功在演武亭旁还修建了一个演武池，作为训练水师和停泊军舰之用。演武池呈半圆形，面积很大，出口通往大海。水师是郑军的骨干力量，对水师的选拔训练，比陆军还要严格。水兵的选拔条件是必须熟习水性，惯于海上生活，能耐风涛颠簸之苦。

据说，郑成功训练水师时，命战士们下海，手拿大刀或铳枪，游水进退，水只能淹到腰部，不能齐胸；要求水兵不仅会游泳，而且要有相当好的游泳技能，能掌握踩水等技巧，否则不得入选。

水师的大部分官佐是郑芝龙旧部，他们有丰富的海上生活和战斗经验，水师将士以漳、泉、潮、惠沿海一带人居多，经郑成功严加训练，成为一支强劲的海上舰队，清朝的铁骑对这支海上劲旅，只有望洋兴叹而无能为力。

当对的西方传教士说：“国姓爷握有大量船舶，由他指挥的强大海军所树立的威名，使邻近海岸一带为之震动。”

其次加强政治建设。

政治改革是郑成功领导的抗清事业能够成功的一个重要保证。郑成功在以金门、厦门为根据地后，漳州、泉州百姓聚拢而来的日见其多，因此百姓的生产、生活管理等事日趋繁杂，于是郑成功在1655年春，在中左所设吏、户、礼、兵、刑、工六部，分掌地方行政和民政事务。六部文衔相当于侍郎，挑选举人充任，左右司务文衔等于都事，相当于郎中。文职诸官各司其职，使二岛民政庶务，井然有序，人民生活安定，生产得到发展，二岛在经济上也日趋繁荣。

另外，为了招纳明室旧臣、缙绅，培育阵亡将士的后代，在设六部之后，又设储贤、育胄二馆。储贤馆招纳明室旧臣和文人及闽浙一带的缙绅。让他们入馆协助六部办事，或外派军中为监纪、通判，使人才得尽其用。

育胄馆是郑成功为培养和抚育死难将士和官员子弟而设的育才机构，不仅在生活上给他们照顾，而且聘请严师教导，使他们得以成才，作为各级官将的后备人选。

由此可见，郑成功文韬武略，卓有见识，是南明政治舞台上文武双全的一位优秀人物。郑成功从军事、政治等多个方面进行治理，为日后抗清复明活动建立了强大的根据地。

为自己埋下祸根

1650年，就在郑成功训练军队、寻找合适的进攻机会的时候，清军将领尚可喜、耿继茂奉旨调集南方各路大军，准备向广东的永历朝廷进军。正在驻守广州的晋王李定国感到压力很大，于是派遣使者前往厦门，希望郑成功能够派兵援助。

郑成功找来各个将领商量此事，通过分析现在全局的形势，认为如果清军占领了广州，那永历帝的处境就会更加危险，反清复明更加无望，同时南下广州可以镇压朝阳地区因为追征粮饷过急而导致的战乱，如此一举两得。

于是郑成功决定自己亲自南下勤王，但是害怕清军会乘他南下的时候来攻打厦门，于是派叔父郑芝莞留守厦门，走之前特意和郑芝莞说了此次任务的重要性。厦门是郑成功抗清的根据地，它的安全关系着郑家军的存亡，而郑芝莞也保证一定会守护好厦门。

1651年，郑成功率军南下勤王，大将施琅一同前往。施琅，字尊侯，号琢公，祖籍福建省晋江市龙湖镇衙口。早年，他是郑芝龙的部将，1646年随郑芝龙降清。由于郑成功的招揽，入海加入郑成功的抗清队伍，成为郑成功部下最年少、且知兵善战的得力骁将。但此时施琅因不赞成郑成功“舍水就陆，以剽掠筹集军饷”的做法，于是便托言夜梦不吉请求回去留守厦门，郑成功虽然很爱惜他的才华，但是觉得他背地里喜欢暗害别人，曾经逼走了大将陈斌，再加上他平时恃才傲物，有时候不服从郑成功的命令，所以在郑成功的心里已经开始对他有所怀疑。但这时由于担心厦门的安危，最终还是同意施琅回守厦门。

行军途中，郑成功仍然担心后方守备力量薄弱，又派郑鸿逵率军队回厦门防守，自己则率军继续向前行进。

清军侦探到郑成功率兵离开了厦门，于是紧急命令福建巡抚张学圣、提督马得功袭击厦门。没想到留守厦门的郑芝莞对清军竟然毫不抵抗，反而是自己收拾细软准备逃命，完全不顾岛上人民的性命。

关于郑芝莞半夜乘船逃跑，还有一个小故事，说的是郑芝莞贪生怕死欲将郑成功之妻董氏弃之不管的事情。在清军开始进攻厦门后，一天夜里，郑芝莞将财物装上大舰逃跑。正起锚解缆，董氏怀抱郑氏祖宗牌位来到岸边。舰已离岸，董氏高声呼叫："叔爷慢走，我郑家祖宗神牌在此。"郑芝莞装作没听见，催促船工说："起航！"舵手李礼说："爷家祖宗神牌还未登舰。"郑芝莞说："哪顾得那么多，快划！"李礼说："我去接神牌。"说着逃下舰去，背董氏登上军舰。

郑芝莞见董氏上舰，对李礼说："接神牌就行了，怎么妇人也上来了？"转身对董氏说："这是战舰，夫人坐不得，快快下去。"董氏怀抱神牌不肯下舰，郑芝莞又对李礼说："你再背夫人下去！"李礼和众水手用力向前划桨摇橹。李礼说："水深了，下不去了。""下不去也得下！"郑芝莞拔剑威逼李礼。董氏见郑芝莞如此无情，怀抱祖宗神牌，向他跪下争辩说："战舰出征，妇人不得上舰；今非出征，而是逃亡，妇人为什么坐不得？莫非叔父有意要侄媳落入敌手不成？"众水手一齐下跪说："求爷开恩吧，看在国姓爷的分上，带夫人一起走吧。"郑芝莞面对董氏的质问和全舰下跪的水手，哑口无言，抬头看看岛上，人已慌乱，不得不快走，才不耐烦地对水手们说："都起来！不干你们的事，快快开航。"

从这个故事可以看出郑芝莞是多么自私，只顾一己私利，而对整个厦门

人民的安危视若无睹。

当施琅和郑鸿逵率兵赶回厦门时，厦门已被清军攻下，他们只能在金门休整部队。过了几日，郑鸿逵和施琅引兵反攻，施琅命部将陈勋、郑文星将所有通港封住，马得功只有在岛上等待清军来救援。此时，马得功忽然心生一计，他想到自己曾是郑鸿逵的守备，于是冒险亲自去见郑鸿逵，见到郑鸿逵后，他巧言哀求说：“往日得功离去，出于无奈，今日得功只是奉命而来。上岛以后，一人未杀，一草一木未动。如今被封锁在岛上，得功知道必死无疑，得功死是罪有应得，但恐怕得功死后，军无路可退，誓死守岛，公仍不得收复失地。况且公兄还在北京，公等家业全在南安，恐怕不利于公，请公仔细权衡，不如放得功一马，以为退路。”郑鸿逵想想觉得马得功说得也有道理，于是决定放他一条生路，并借给他几只渔船，帮助他的军队回到泉州。

此时郑成功已经攻克惠州，正要乘胜前进，忽然传来了厦门失陷的消息，军中士兵都很担心岛上家眷的命运，军心不稳则难于继续南下勤王，郑成功只能率兵回厦门。

待郑成功回到厦门时，清军已于几天前离开厦门了。郑成功了解全部经过后非常气愤，下令不许郑芝莞、郑鸿逵与任何人见面。他感慨道：“让清兵上岛的，放清兵走的，把厦门拱手让给清兵的都是郑家的人啊！”

过了几日，郑成功当着各镇将领及文职官员的面，对此次厦门之战所有的人做了赏罚，对于英勇与清军作战的士兵，大力奖赏；对于弃城而逃的郑芝莞，按军令处斩，郑鸿逵自知有错，主动辞去职务。郑成功的铁面无私，使他在军中树立了良好的威信，郑家军的纪律因此也更加严明了。

而郑成功对在厦门之战中有功的将领一概重赏，但不知出于何种原因，却对施琅奋勇抗战只字未提，只是赏了二百两了事，这也引起了施琅的不满，他对部下说：“国姓爷能有今天这块稳固的安身之地，还不是全靠我施某人，不然的话，厦门早是清军的囊中之物了！”这句话不久后便传到郑成功那里，郑成功不置可否地笑笑，心里对施琅的不满情绪更大了。

恰在此时，施琅的一位亲兵曾德被人告发调戏民女，施琅欲将其处死，曾德害怕而逃匿到郑成功处，施琅知道后立即派人去郑成功处捉拿他，准备治罪。施琅在问清缘由后，知道这其中有误会，曾德只是向那个女子求爱，并没有做什么越礼之事，于是下令杖责二十。

这时，郑成功考虑到正是用人之际，于是紧急派人传令："勿杀!"曾德被杖责后刚刚出门，"勿杀"命令传到施琅军中。施琅听到"勿杀"的命令后，之前对郑成功的不满涌上心头。他雷霆大作："勿杀？一定要杀！把曾德给我追回来，杀!"传令兵以为施琅听错了，急忙说："国姓爷是说'不杀'。"施琅拔出宝剑，劈在公案上说："不杀？既这么说就非杀不可！与你无关，回去交差吧。"曾德被杀。传令兵复命说："国姓爷的命令传到以后曾德被杀。"

郑成功大怒："公然如此违抗军令，拿施琅!"

施琅哪肯俯首就擒，拔出宝剑进行抵抗。执法的四个人都不是他的对手，经过一场搏斗，四个人被杀伤三个，夺路逃跑。郑成功火气更大："连执法人都敢伤害！跑了和尚跑不了庙，到他家里去搜，搜不到就拿他的家属。"

经过彻底搜查，士兵也没有在施琅家里找到他，其实施琅并未跑回家，也没有远走，而是藏在一个石洞里。搜捕队举着灯笼火把搜了两天两夜，无数次进洞，几次从施琅跟前擦肩而过，硬是谁也没看见。到第三天天蒙蒙亮的时候，施琅又饿又冷，冻得几乎出声，曾想干脆被他们拿去算了。可巧搜捕队也累得饿得够呛，就撤走了。施琅趁着天还没有大亮，搜捕队前脚走，他后脚就逃向他的部将苏茂帐中。苏茂见到施琅后，想到施琅对自己有救命和知遇之恩，于是便想方设法地用一条小船将施琅送出厦门。

苏茂送走了施琅，他清楚地知道，为了报恩，自己成了施将军的同案犯，这是国姓爷的军法所不容的。但是他很坦然，自己被施将军收留提拔之后，

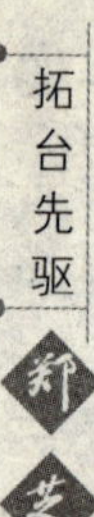

常怀报恩思想，这次算是对自己有再造之恩的施琅尽了一点心意。

第二天一大早，苏茂便主动向郑成功负荆请罪，郑成功知道各中曲折后，知道他也是为了报答施琅的恩情，不仅没有降罪于他，还夸奖他重义气，并让他接替了施琅的官职。

苏茂为报不杀之恩，每次出阵都舍生忘死冲锋在前。众兄弟见他身先士卒，大受鼓舞，奋勇杀敌。苏茂所率的队伍成了一支劲旅，所向披靡，威震四方。郑成功大喜，封他为“慈善大将军”。时人激赏道：“天下是能人的天下，摆不平的事也能摆平。”“惺惺惜惺惺，君子无嫉妒之心。得人才方能拓宽天地，得人才何愁事不成欤!”

施琅逃脱后，便投靠了清军，郑成功怒而杀其父施大宣及其弟施显。此举更加深了郑成功与施琅之间的仇恨，为后来施琅攻打台湾埋下了伏笔。

第六章 踌躇满志：扯起抗清旗帜

郑成功最终走上了抗清的道路，他的态度十分坚决。即使清廷一次次派人南下进行招抚，即使郑芝龙也写信劝说，但郑成功始终没有动摇。在他的带领下，郑氏军队开始北伐，希望收复南京，与清朝对峙。

清朝的心腹大患

在夺回厦门之后，郑成功率军各处征战，从1651年至1658年这段时间内，郑成功率领部队纵横闽南，发动了很多战役，取得了很大的成功。

例如1651年下半年，郑军在闽南小盈岭、海澄（今龙海市）等地战斗，获得了磁灶战役、钱山战役和小盈岭战役的胜利，收复平和、漳浦、诏安、南靖等地。年底，包括定西侯张名振等人皆来投靠，使郑军的声势逐渐高涨。而在这7年间，最著名的战役当属海澄战役和漳州战役了。

海澄是厦门和漳州之间的军事要地，制约着整个金、厦。海澄的东面、南面临海，西面是湖水，只有北面与大陆相连，有水路与其西北的长泰相通。清军在泉州、长泰、海澄都派有重兵把守。长泰是步兵的基地，海澄是水兵的基地，较远的泉州则驻扎骑兵、舟船，可以随时支援两地。如果想要攻取海澄，则必须同时攻下泉州、长泰两地，而这是十分困难的。

郑成功日夜研究攻取海澄的战略。1652年的某天，当他围着沙盘走来走去的时候，忽然发现海澄北面的陆地是低洼地带，遇有海潮暴涨时便与大陆断开，成了海岛。如果在大潮的日子刮起东风，必将潮水暴涨，把海澄变成孤岛，如果这时候发动水师进攻海澄，肯定可以一举攻克。而刚好通过推算，几天后就有大潮，于是郑成功决定召集部下，几天后向海澄发起进攻。大潮的日期是正好是正月初二凌晨，于是郑成功心生一计：厦门和海澄是军事对立方，经常会有密探互相刺探敌情，于是在大年三十这天晚上，郑成功故意让全部士兵和民众摆出狂欢庆祝新年的局面以麻痹对方。探子将探得的郑军狂欢的情况回去报告，海澄的守将郝文兴信以为真，便放松警惕，下令部将们可以尽情吃喝，庆祝新年。在清军酒酣饭足后，郑成功点齐各镇将士，顺着风浪扑向海澄。乘风暴涨的海潮已经涨起来，郑成功先让苏茂、甘辉二军趁潮水堵住海澄退路和长泰水路的时候，命各镇水师包围海澄县城，趁清兵酒醉酣睡之机爬上城墙，攻占敌楼，控制城门。郑军打开城门，就要杀进城去。郑成功急忙传令："待郝文兴出降再进，避免在城中厮杀，伤及百姓。"

当郝文兴被卫兵叫醒时，守城水师早已被冲散，城外的退路和援兵水路也已经被掐断，而且潮水还在乘着风浪往上涌，顺着通向长泰、漳州的河道倒灌，根本无法救援，只好出城投降。郑成功率大军进城，收降郝文兴水、陆守军3万余人。

郑成功攻下海澄后，率军进入海澄城内，将部分物品分给城内的百姓，让他们能够过一个富裕的新年。城内的百姓都十分拥戴他，郑家军与百姓亲如一家。

同时，郑成功派中提督甘辉继续进攻长泰。守长泰的是清军副将王进，别看此人只是副将，但是他善于防守。王进与甘辉在北溪展开激烈的战争，双方棋逢对手，甘辉能攻，王进善守，所以双方未能分出胜负。月底，郑成功亲率军队赶到，王进退入城内，但是无论郑军怎么攻城，仍然不能攻破。同时，清朝派遣浙闽总督陈锦支援长泰。陈锦准备分四路包围郑军，他亲率数万清军由同安向西丰进攻，另派一队清军由汀州向南出击，同时广东清军由潮州向东出击，广东海军也由海上向北截断郑军后路，妄想围歼郑成功部队。郑成功各派一部兵力阻击北、西、南三面清军，自己则率领主力在江东山迎战陈锦率领的清军主力。他以逸待劳，趁陈锦率领的清军未到前，设伏于江东桥，据险迎敌。3月13日，明、清两军会战于江东桥。郑成功对地形较为熟悉且伏击战术得当，不到一天就击溃清军，迫使清军退入同安，郑军

乘胜包围闽南重镇漳州。这就是著名的江东桥战役。

陈锦战败后率少量残余清军狼狈逃到同安附近，陈锦的性格变得乖张暴戾，经常无故鞭打奴仆。他手下有个侍从经常被他无故鞭打，心怀怨恨，便趁他不注意的时候将他杀死，并把他的首级献给郑成功。长泰守将杨青自知寡不敌众，连夜弃城逃跑，郑军取得了江东桥大捷，攻克长泰。

攻克长泰之后，郑成功集结大军进攻漳州府城，将漳州层层包围。4 月，清廷为解漳州之围，集合百艘船舰进攻厦门。厦门是郑成功的军事基地，所以郑成功一定会派兵回来营救。郑成功派陈辉、周瑞等率领百余艘战舰迎击，于崇武大败清军，取得崇武战役的胜利。郑军在海上大捷，因而对于清廷来说，漳州之围没有减轻；然而漳州守军亦相当顽强，使得围城的势态持续超过半年。

几个月下来，漳州城内的水粮已竭，士卒、百姓饿死者不计其数。一碗稀粥索价白银四两，居民以老鼠、麻雀、树根、树叶、浮萍、纸张和皮革等物为食。据说当时，城中军民互相争夺食物，即使家中有食物者也不敢烹调，因为一旦被发现燃起炊烟就会被抢，更传说有吃人肉的惨况发生。

1652 年 9 月，清军将领金砺率领万人大军开抵福建，进入泉州府，郑成功才下令解除漳州之围以待敌军。郑成功将部队布置于江东，欲用击败陈锦的方式，来伏击金砺的军队，但却被金砺识破。两军展开激战，郑军提督黄山、礼武镇陈俸、右先锋镇廖敬、亲丁镇郭廷、护卫右镇洪承宠都在激战中阵亡。郑军在交战失利后，只能撤退以确保海澄、厦门的安全。清军乘胜收复南靖、漳浦、平和、诏安四县。

1653 年 5 月，金砺又率领大批精锐部队大举进攻海澄，在距离郑军营地仅半里之处，以大小铳炮向白门日夜攻击，郑成功部队损失惨重，许多部将战死，一时间士气低落。在此关键时刻，郑成功冷静传谕各阵营：“此城如不能守，还谈何恢复中兴？本藩早晚自有破敌之计，必令它片甲不回。”除此之外，郑成功还亲自督战，表明与海澄共存亡的决心。郑成功在督战台上迎着清兵的炮火，大张明黄色伞盖而坐，挥舞红旗。清兵的炮弹就在台前炸响，郑成功依然镇定自如。

在关帝庙驻守的甘辉，举镜看见郑成功暴露在敌军炮火面前，飞身上马，穿过敌人的防线，冲到台上，拔掉伞盖，拱手说："请国姓爷赶快离开！这里已经暴露在敌人炮火射程之内。"郑成功把手一挥，说："不！你赶快离开！去指挥你的部队。"甘辉不顾一切，指挥周围的卫兵说："把国姓爷抬走！"卫兵们不敢动手，甘辉举起刀说："快抬走！"卫兵上前去抬，郑成功说："你们不见弹在避我，我岂能避弹！"甘辉说："国姓爷身系明室复兴大业，前线挥旗督战，不是国姓爷的事，快快离开。"强令卫兵把交椅抬起，甘辉掩护在郑成功身前，郑成功被抬下督战台。郑成功的交椅一落地，轰隆一声炮响，督战台倒塌。郑成功振臂大呼："我不离台，弹避我，我离台，台倒塌。天佑孤臣，诸将不要为我的安危多虑！"

海澄之战相持五昼夜，战斗一开始，清兵的炮火就占有极大的优势，郑军防御工事全部被清军异常猛烈的炮火摧毁，城外的营垒、木栅不复存在。但郑军斗志不减，白天挖掘战壕躲避炮火，夜晚出击，用火箭集中射向敌人的炮台，引爆火药，炸毁炮台，敌军的炮火优势被压了下去，战争又进入相持阶段。

随后，清军造云梯爬城。守城的郑军中有个地位最低下的军中仆隶"厮养卒"郑仁，见清兵爬上城来，举起战斧，朝着刚露头的清兵劈头砍去，一斧砍下城去，一连砍下五人。城上士卒都以郑仁为榜样，争先效仿，各自操刀持斧，只要清军露头就一刀劈下去。

清军见少数人登城无效，仗着人多势众，用大队人马抬着梯子、木板冲入护城壕，一时间壕内敌兵密集。

郑军待敌军大量涌入壕中，点燃了预先在壕内埋设的火药。随着火药的引爆，城内外将士手持刀斧一齐掩杀上去，壕内清兵被炸死的、压死的、刀斧砍死的，不计其数。没有死的都弃械举手，跪地投降。这时，郑成功下令出击，清军狼狈逃窜，精锐部队丧失殆尽。此次海澄之战以郑军的胜利告终。这一次，郑成功面临的是清军的精锐部队，无论是装备还是兵力郑成功都处于劣势，但是这次战争他仍然取得了胜利，这也充分展示了他杰出的军事才能。不久，他被永历皇帝晋封延平王，大将黄延、甘辉、王秀奇等五人，也因在此次战役中表现突出被封为伯爵。

漳州、海澄战役之后，郑成功在军事上进入鼎盛时期。他，成了清廷的心腹大患。

真招抚，假和谈

1651 年，摄政王多尔衮病逝，13 岁的顺治帝临位亲政。这位生于关外、5 岁进关入东宫受汉族文化教育的少年，自幼接受“明君”“仁政”等儒家观念，总想早日结束征战，统一国家。他与洪承畴等人商量，东、南两个战场，杀伐不休总非良策。尤其福建的郑家军，纵横海上，剿讨艰难，何不借郑芝龙之声威招抚为己效力？于是，便有抚慰精奇尼哈番之举。

这是少有的举动，皇帝命内大臣遏必隆、鳌拜和大学士范文程、洪承畴等人，向精奇尼哈番郑芝龙传达一道充满人情味的圣谕：“朕闻尔子弟在福建为乱，身为兄父，能不为忧？尔投诚有功，慎毋出城行走，恐人借端诬陷。即往郊外祭扫，亦必奏明而行。前者，睿亲王不体朕心，猜疑不释，防范过严；在闽眷属，又不行安插供养。以致阖门惶惧，不能自安。加以地方抚道官不能宣扬德意曲示怀柔，反贪利冒功，妄行启衅。虽郑芝豹音信尚通，而郑成功、郑鸿逵音信遂阻，有背朕意。朕嘉尔功，故以此告谕。尔子在京有所为者，可送一人入侍。”

郑芝龙进京五年有余，名曰封赏优厚，实为幽禁寓公，有苦难言。接到圣谕，怎不感激涕零？

内大臣们心领神会，皇上亲政，追封多尔衮为“成宗义皇帝”，不出一个月又追论其“图谋不轨”罪，削去尊号，无非宣示以仁治国独立执政之意。大臣们便敦促郑芝龙为朝廷招抚诸弟子尽力。

郑芝龙自然乐行其事。几天之内便拟就一道奏章称：“臣知天意在清，故决心归附。在朝数载，诚意弥坚。为报圣意，特拟就招抚逆子事宜九款，恭谨奏闻。伏乞敕吏、兵二部核实施行。”其九款无非是：弟、子有意归顺，请准招抚；受抚之后，赦免前罪；量授官职；仍留驻厦门、泉州，不必北上；闽粤海寇责令其防剿；往来洋船责其管查等。

在福建，完成内部统一军令的郑成功，向闽南沿海频频出击。一年之内又接连攻克漳浦、长泰、平和、海澄、南靖等城。对府城漳州久围不攻，闽浙总督陈锦亲率3万马步大军增援。郑军在江东桥设伏，激战一昼夜，数万马步劲旅全军覆没。陈总督侥幸逃脱，却被其护兵刺杀。

这期间，永历朝的西宁王李定国收复广西，清将孔有德战败自杀。这一切，促使清朝加紧对郑军实行招抚，以便集中力量对付两广战场。

不久，郑成功接到父亲家将周继武送来家书，通告清朝欲行招抚之意。成功不摸虚实，立即派遣自己的家将李德奉书回复云：“儿南下数年，已作方外之人。张学圣无故擅发大难之端，儿不得不应。今众集难散，骑虎难下矣。”复信回避了受招与否，只以“众集难散”四字，蕴含无限，父子心照不宣。郑芝龙如实呈报皇上。

顺治帝命两部、内大臣及亲王速议，无不赞成招抚。于是，皇帝又连连施仁加恩。

郑芝龙趁机上疏试探，请求更改旗籍，移亲眷来京等事，很快得到皇帝恩准。

皇帝谕曰："精奇尼哈番郑芝龙，以其祖坟茔在原籍，请留母、弟、子各一人守视。其生母、妻、妾及二子移送来京；兵部速告福建督抚，给其眷属进京堪合，遣人同芝龙所差家人护送来京。任其在京一子为二等侍卫。又以住房在镶黄旗而身属正黄旗往来未便，恳请改隶旗分等语，照准。"

经过一年多的酝酿，顺治十年（1653年）五月，降下一道圣谕给郑成功："曩大军下闽，尔父首倡归顺。缘睿王疑心轻听，不计周全恩养，以致子弟疑惧淹留，迹寄海中。朕念父子大伦，慈孝天性，父既为功臣，子岂愿仇敌？推心置腹，何分新旧？即使海域底定，防镇亦需才，与其另择他人，岂如任用尔等？且尔父举不避亲，力为保任。朕念尔父郑芝龙投诚最早，忠顺可嘉，故推恩延赏，封尔公爵，给予敕印，畀以事权，镇守泉州地方，禄俸如例。闽境海寇，悉听便宜防剿；海洋船只，俱令管理稽查，收纳税课。海滨安宁，惟尔之功，毋负朕命。"

同时，又降旨新任浙闽总督刘清泰称："近日海寇郑成功等，屡屡骚扰沿海郡县，本应剿除。但朕思昔年大军下闽，其父首先归顺，弟子何忍背其父兄甘蹈叛逆？此必地方官不体朕意，行事乖张，功等虽有心向化，无路上达。朕又思郑芝龙既久经归顺，其子弟即朕赤子，何忍征剿？若郑成功等来归，即可用之海上，为国效力。今已令郑芝龙作书宣布朕之诚意。遣人往谕郑成功、郑鸿逵等。如其执迷不悟，尔即进剿。如成功、鸿逵果发良心，悔罪归顺，尔即一面奏报，一面遣才干官员到彼审察归顺事宜，许以赦罪授官，仍住原地，不必赴京。凡浙、闽、粤之海寇，责其防剿；往来洋船，由其管理稽查、输纳税课。若能擒斩海中逆渠，不吝爵赏。此朕厚待归诚大臣至意，尔当开诚推心，令彼悦服。”

郑芝龙读罢圣谕副本，见皇上已把他的九款献策，尽行采纳，心中甚感自慰。只不知子弟们有何意图？眼见崇祯元年的那条路，重又摆在儿子面前，但愿他走得比自己更好。这时，浙闽总督刘清泰，也拟书致郑成功，托其祖母黄氏转交。

郑成功接谕后，不禁笑道：“清朝以利诱我乎？将计就计，权措粮饷以养兵可也！”

清朝为争取抚局成立，不能不说尽心竭力。

刘清泰遵旨秘察张学圣等袭厦门一事，奏报称：“厦门一窟，素称郑逆老巢。抚臣张学圣、道臣黄澍镇、总兵马得功垂涎金穴，乘成功他出，潜师往袭，悉攫其家资，以致郑逆索偿修怨，县郡沦陷。三臣罪固难脱，请交部议罪。”

皇上见书，严厉斥责地方官员“贪利冒功，妄行启衅”。

五月底，正式降下封敕，由芝龙表兄黄文清、家将周继武、倪忠等随使臣同往福建招抚郑成功。圣旨、父命同至，使臣家人共劝，无非欲一往而抚成。只见圣谕曰：“朝廷功必隆其典，臣子效顺各因其时。地方抚道官不能宣扬德意曲示怀柔，反贪利冒功，妄行启衅。厦门之事，咎在马得功等。已将有罪官员提解究问，治其误国酿乱之罪。朕念尔等前有功不能自明，后有心不能上达，君臣谊隔，父子情疏。尔等保众自全，亦非悖逆。朕亲政以来，知百姓疮痍未平，不欲穷兵。今以芝龙首倡归顺，赏未酬功，特封为同安侯，郑成功为海澄公，郑鸿逵为奉化伯，郑芝豹为左都督总兵官。各食禄俸如例。朕推心置腹，不吝爵赏，嘉与更始。犹虑尔等疑畏徘徊，特遣黄文清等往谕。敕谕到日，满洲大军即行撤回。闽海保障事宜悉以委托。尔等受兹宠命，果能殚心竭力，安定地方，实尔等之功。况尔等父兄在朕左右，子弟尽列公侯。怀君德乃为忠臣，体亲心则为孝子，顺兄志是为悌弟。此尔等千载一时之遇

也。可不勉哉？今日奉差之黄文清、往来之李德、周继武、倪忠等，事竣之日各加官赏。”

清廷招抚之举，可说晓之以理，动之以情，颇具感召，郑成功将做何应对？

事有凑巧，这期间，鲁王朱以海由定西侯张名振、兵部侍郎张煌言护送南下，郑成功迎入厦门。三年前，郑彩、郑联兄弟曾迎鲁王到厦门，不久又北上舟山。这次清军攻破舟山，鲁王二番南来，主动放弃监国名分。尊奉永历的郑成功，早已并有郑彩兄弟之军，便迎奉安置鲁王（后移居金门），收其将领，并应张名振要求，拨水军两万、舰船百艘，北上攻长江，牵制清军。

在广西龙安州的永历帝则遣兵部万年英赉敕册封郑成功为延平郡王。同时，封郑军将领甘辉为崇明伯，黄廷为永安伯，王秀奇为庆安伯，赫文兴为祥符伯，林习山为中定伯，万礼为建安伯。李定国同时致书，要求郑军会师两广。于是，郑成功便忙着调拨战舰、兵将，准备二番南下勤王。

郑成功读着顺治谕旨，心里暗笑：这边封公，那边封王，相形之下，清朝的条件未免显得小气、吝啬。人家封王他封侯；原来的公卿降侯、伯。是抚意不诚，还是筹之失策？

刘清泰也致书成功加强感情攻势曰：“从来大丈夫举事，必使功业有所归，身名无所累，而后奋臂一往，以求白于天下可也。今令尊身依日月之旁，令祖母年逼桑榆之景，更思海上有事以来，涂炭者何方之膏血？足下英雄之姿，忠孝之性，岂甘一时之倔强而冒青史之讥，咫尺之飘摇而酿赤族之祸也哉？愿适时幸决裁鉴。”

同时致书鸿逵曰：“前日令兄老先生先以一函达令侄，字字通家骨肉之言，亦字字今日时势之言也。不意令侄即昧进止。乃特剖心相告，幸呼令侄而谕之，羁身岛外，既非英雄结局之场；回首京华，终是天伦缺陷之恨。况朝廷浩荡周至之恩，亦史书所未载，往事所难邀矣。不弱于摇摇未定之时，或力挽以同归，或独先以就议。不佞与足下交道之始，即勋业之终矣。从来乘气运者，俊杰之事也。至于措置永安之计，凡可以玉成，必竭绵力。倘一言之不应，不但非男子披沥肝膈之举，且何以面对鬼神湛湛之下耶？”

定国公复书清泰曰：“仰荷明命，远辱大教。新朝浩荡之恩，与老公祖优渥之爱，合门颂镂，如何可言？无奈久病卧床，有心无力，能不惶恐？至于舍侄，壮年锐志，颇足有为，君父命重，罔敢不尊？绺以数十万之众，仰给于一府，安顿不易，其未敢拜扬成命，出自其衷，且揆之事势，亦不得不尔者。老公祖其别有以教之否？”

一心北上反攻的郑成功，怎肯以一府一公而受招抚？他迎接诏使如礼，托言从缓计议，却令李德星驰赴京，禀父云：“违侍膝下，已八年矣。但吾父既不以儿为子，儿亦不敢以子自居。总由时势殊异，以致骨肉悬隔。盖自古大义灭亲，从治命不从乱命。儿初识字，辄佩服《春秋》之义。自丙戌冬父驾入京时，儿既筹之熟，而行之决矣。忽承严谕，欲儿移忠作孝，仍传清朝面谕受封、加衔等话。夫既失信于吾父，儿又安敢以父言为信邪？当贝勒入闽之时，父早已退避在家。彼乃卑辞巧语，甚至许父以三省王爵。今已数年矣，王爵且勿论，即欲一过故里亦不可得，彼言岂可信乎？父在本朝，岂非堂堂一平国公哉？即谓清朝，岂在人后哉？夫归之最早者且然，而况于最后者？虽然，儿亦已扬帆入粤屯田数载矣。不意乘儿远出，妄启干戈，袭破我中左，蹂躏我士民，掳辱我妇女，掠我黄金九十余万、珠宝数百镒、米粟数十万斛；其余将士之财帛，百姓之钱谷，何可胜计？将士痛念国耻家恨，咸怒发指冠，是以有漳泉之师。且不特此也，异国之兵，如日本、柬埔寨等诸兵，旦晚必至，亦欲行春秋大义矣。信如父命及清谕，犹且两难。夫沿海地方，我所固有者也；东西洋饷，我所自生自殖者也；进战退守，绰绰余裕。其肯以坐享者反而受制于人乎？且以闽粤论之，利害明甚，何清朝莫有识者？盖闽粤海边也，离京师数千余里，道途阻远，人马疲惫。兵寡必难守，兵多

则粮食难支，兵食不支则地方必不可守。虚耗钱粮而争必不可守之土，此有害而无利者也。如父在本朝时坐镇闽粤，山海安宁，朝廷不费一矢之劳，饷兵之外，尚有解京。朝廷享其利，而百姓受其福，此有得而无害者也。清朝不能效本朝之妙算，而劳师远图，年年空费无益之资，将何以善其后乎？其或者将以三省之虚名，前啖父者，今转而啖儿；儿非不信父言，而实有难信父言者。若实以三省地方相畀，则山海无动荡之虞，清朝无南顾之忧。至于饷兵而外，亦当使清朝享其利。不亦愈于劳师远图，空费帑金万万者乎？况时下我兵数十万，势亦难散。散之则各自啸聚，地方不宁；聚之则师旅繁多，日费巨万。若无足够地方钱粮，是真如前者啖父故智也。父既误于前，儿岂复再误于后乎？儿在本朝，亦既而赐姓矣，称藩矣，人臣之位已极，岂复有加者乎？况儿功名之念素淡，不然，悬乌有之空名，蒙已然之实祸，而人心思奋，江南亦难久安也。专禀。”

清人曰招抚，郑氏谓议和，第一轮“招抚”就这么结束了。

亲手关上招抚大门

1654年，清廷遣内阁侍读郑库讷、兵部员外郎贾齐纳为招使，周继武、李德带着郑芝龙手书同往，行第二番招抚。

次年二月，郑成功亲赴安平，在东山书院盛礼宴请诏使，收下印信、诏书，却不开读。宴席上诏使问所欲求，成功答曰：“兵马繁多，非三省不足安插。和则高丽朝鲜有例在焉。”

诏使六月返京，带回成功、鸿逵、郑彩等人家书。郑芝龙阅罢家书，希望伴着疑虑。因为儿子尚未剃发，也未开读诏书。他知道，所谓“高丽朝鲜有例”者，无非要求衣俗照旧；“非三省不足安插”者，则费猜度。不知是虚张声势，还是有意要把抚局搅垮？

更令人不安的是，朝野广传福建总兵官杨名高奏言：郑成功之就抚，奉诏不恭，衣冠如旧，意甚叵测。或曰以假受诏行缓兵之计。这些议论令郑芝龙疑惑、忧虑。

众见果然不谬。郑成功充分利用议和休战的机会，在自己的势力范围内委官、派饷，筹得上百万军费和十年也吃不完的粮食，且致书刘清泰云：“以数十万之众按甲待和，虽议可俟而腹不可枵。稍就各郡邑权宜措饷，以济兵粮，可也。”弄得闽浙总督哭笑不得。

新建的“铁甲军”“藤牌军”“滚被军”，正是利用议和时间加紧装备、演练，准备随时投入杀伐。

一年前派往日本借兵的使官张光启已经归来。日王不允出兵参战，却答应提供铜炮、鹿铳、倭刀、硝黄等器物。

定西侯张名振和忠靖伯陈辉率水师进入长江，夺得清军战船百余艘。又遣亲标营直入天津，焚烧运粮船百余艘。

然而，郑芝龙仍然不愿儿子错过受招机会，并提议遣次子郑渡前往劝降。清朝也没有放弃招抚努力。和硕郑亲王等议奏：“精奇尼哈番称，次子渡与兄谊切手足，若令其随使臣同往见兄，谕以君恩，责以父命，恳诚婉导，彼必欣然向化。”皇帝自然照准。

这便是顺治十一年（1654 年）八月的三度招局：由内院学士叶成格、理事官阿山为正副诏使，郑渡、黄文清、周继武、李德等随之。

这次的敕谕可谓柔以含刚，刚中有柔：“自古识时俊杰，遇推诚待人之主，披肝效顺，矢忠勿二，方能建业立功，身名俱泰。未有猜疑观望，可称

识时知命者。朕承皇天眷佑，奄有万方，海陬一隅，何难戡定？但闽峤苍生皆吾赤子，不忍勤兵，又念尔父郑芝龙投诚最早，忠顺可嘉，故推恩延赏，封尔公爵，给予敕印。俾尔驻扎泉漳惠潮四府，拨给兵饷，供养弁兵。朕之推诚待尔，可谓至矣。尔自当剃发倾心，义不再计。今尔虽受敕印，尚未剃发，词语多乖，要求无厌。若怀疑犹豫，原无归诚实心，当明白陈说。顺逆两端，一言可决。今如遵照所领敕印剃发归顺则已，如不归顺，尔其熟思审图，毋贻后悔。”

郑成功照例派员迎诏使到泉州。不想诏使态度十分强硬，先遣周继武告曰：“藩不剃头，不接诏；不剃头，亦不必相见。”

郑成功岂是怕硬之人？他据理交涉，要求先将诏书迎入安平供奉，再议剃头之事。诏使不允，于是，双方僵持起来。

这时，李定国又遣人催闽军广东会师。因清使在泉州，永历使者只好暂避金门，缓议援广事宜。郑成功利用和局，得缓兵之利，却贻误了援两广和北伐时机。

北京的郑芝龙苦等消息，望眼欲穿。

诏使和家将返回北京。他急切地读着儿子的复信，听着次子、表兄向他的诉说，不禁怨恨诏使，痛骂逆子。他绝望了，叹道：“逆子害我！”

原来在闽一个多月时间，情与理的交锋，可谓挖空心思，竭尽心力矣。

郑渡、黄文清、周继武、李德四人应诏使和郑成功的要求往返于厦门、泉州十几次，两头各执坚辞，互不相让。倒把居中奔波者弄糊涂了，他们说不清招局破裂的症结何在，责任所在。

那是十月初七，郑渡第五次到厦门见兄长。他跪在地上哀哭乞求：“父亲在京许多斡旋，此番和局不成，只怕全家性命难保，求兄勉强受诏吧！”

兄长却郑重答道：“尔等凡夫未知世事！从古易代，待降人有几个善终？父既误于前，我岂蹈其后乎？我一日未受诏，父一日在朝荣耀；我若苟且受诏剃发，则父子俱难料也。我岂非人类而忘父耶？事理奥秘，何能言表！”

他强打精神陪着兄弟饮酒言笑，不谈招抚之事，却仍与诏使虚与委蛇。他邀约诏使安平相见，并于报恩寺设盛宴款待。一方坚持先受诏，一方要先剃发；这边赠厚礼，那边拒不受。终于不欢而罢。诏使愤然返回泉州。

第六次相见，黄表伯再三苦诉：“二使失意而回，大事难矣。我等复命，必无生理！太师老爷愈为难矣！”

郑成功凛然道：“我意已决，无多言也！”

他嘴上这么说，却又遣人邀请诏使回安平议和。二使臣则以时限已过为辞，催促人们回京复命。

郑芝龙听罢诉说又反复阅读复信，只觉句句语震雷霆，情燃烈火，气贯长虹，令人哀怨愤慨，却不知所恨何向。

只见郑成功致父书云：“……不孝儿重申前志，词尽而意决，虽天翻地覆，誓无更改。纵张、苏复生，岂能动摇吾心哉？若诏使决意回京，亦可持此言以回奏矣。壬辰为议和事，儿差李德进京，修禀聊述素志，和议实非初衷。不然，岂有甘受招抚而词义如彼，不待明言而可知矣。不意清朝以海澄公一府之命突至，儿不得已，按兵以示信。继而四府之命又至，儿又不得已，接诏以示信。至于请益地方，原为安插数十万兵众为善后计。何以责之‘词语多乖，要求无厌’？地方无增加，而四府竟属画饼；啖父之故技重演，不出儿之所料。遽然剃发之诏一下，三军为之冲冠。嗟嗟，自古英雄豪杰，以德服其心，利不得而动之，害亦不得而怵之。清朝之予地方，将以利饵乎？儿之请地方，将以利动乎？在清朝，罗人才以巩封疆，当不吝土地；在儿，安兵将以绥民生，故必借土地。今清朝斤斤以剃发为辞，天下间岂有未受地而遽称臣者乎？天下间岂有未称臣而轻剃发者乎？天下间岂有事体未明而可以糊涂者乎？大丈夫做事磊磊落落，毫无暧昧。清朝若能信儿言，则为清人；果不信儿言，则为明臣而已。九月二十五日，儿先令周继武报诏使云：‘欲接诏，欲剃发。先接诏，奉于安平署中。其剃发万分大事，须与诏使面议，十分妥当，然后放心剃发。’犹恐周继武传述失实，故书一稿为据。九月二十六日，又差两员随二弟进城，再请诏使来安平商议接诏剃头之事。九月三十日，李德来报，诏使已于二十九日回省去矣。盖叶、阿身为大臣，奉敕入闽，不惟传宣德意，亦将抚安民心。然彼来闽月余，未闻与儿商量官兵如何安置，粮饷如何设处，辄以剃发二字相逼胁。儿一身剃发，即令诸将剃发乎？未安其心即落其形，能保不激变乎？

“叶、阿不为始终之图，辄出轻率之语；不为国家虚心相商，而图躁气相加，可乎？未接诏时，犹致殷勤；接诏之后，辄肆逼胁。使臣尚如此，朝廷可知矣。大抵清朝外以礼貌待吾父，实以奇货视吾父。此番之诏书，与诏使之动举，明明欲借父以胁子。一胁则无所不胁，而儿岂可胁之人哉？且吾父往见贝勒之时，已入彀中，其得全至今，亦大幸也。万一吾父不幸，天也命也，儿只有缟素复仇，以结忠孝之局耳。又据报：督抚行文各府，办粮秣策应征剿大军。此即虚和而实剿之谓也。儿此时只有秣厉以待，他何言哉？他何言哉？儿本不敢回禀，缘黄表伯痛哭流涕，必欲得儿一字回禀，姑详悉颠末，统惟尊慈垂照。”

又见与弟书曰：“兄弟隔别数载，聚首几日，忽然被挟而去，天耶命耶！弟多方劝谏，继以痛哭，可谓无所不至矣。而兄之坚贞自持，不特利害不能以动其心，即斧刃加颈，亦不能移吾志。何则？决之已早而筹之已熟矣。今兄之心绪，尽在父亲复禀中，弟闻之亦可以了然矣。大抵清朝若信兄言，则为清人；若不信兄言，则为明臣而已。他何言哉？盖叶、阿身为大臣，忽然而来，忽然而去，真令人应接不暇矣。此弟所目睹也。总其立心，只用‘胁’之一字而已。若用‘胁’，则用之干戈，不当用之叶、阿为也。夫虎豹生于深山，百物惧焉，一入槛阱之中，摇尾而乞怜者；夫凤凰翱翔于千仞之上，悠悠乎宇宙之间，任其纵横而所之者，超超然脱乎世俗之外者也。兄名闻华夷久矣，用兵老矣，岂有舍凤凰而就虎豹者哉？惟吾弟善事父母，厥尽孝道，从此之后，勿以兄为念。噫！汉有子瑜而有孔明，楚有伍尚而有子胥。兄弟之间，各行其志，各尽其职焉。兄不敢勉，弟其勉之！”

这次，郑芝龙也致书三弟，求其劝子受诏，清朝亦欲授郑鸿逵勋爵。只见三弟复书曰：“弟与兄泪别八载，盼望归期，望眼欲穿。辛卯春，张省抚乘大侄屯田南粤，侵掠中左，男女遭惨，掠黄金宝物，计近百万。将士愤绝，故有攻郡取邑之举。在弟则因足疾艰楚，择地白沙而居，足疾日深日甚。凡移寸步，皆用俩人扶持，故功名之念久灰。至于大侄一事，弟在白沙，彼在中左，相见尤罕。此番兄书到，弟即抚病移舟，极力言劝。大侄云：大义灭亲，筹之早而计之决矣！彼素不听吾兄之言，岂肯听弟之言乎……”

郑芝龙糊涂了。千言万语，虚虚实实，叫他摸不透南天来书是虚是实，是凶是吉。听那激昂慷慨，如锋镝向寇仇，“吾父既不以儿为子，儿亦不敢以子自居”，“自古大义灭亲，从治命不从乱命”；看那骨肉情切，却又催人泪下，“盖我岂非人类而忘父耶？事理奥秘，何能明言”，“汉有子瑜而有孔明，楚有伍尚而有子胥”；拒招抚，竟是意如铁石，令人瞠目，“和议实非初衷”，“词尽而意决，虽天翻地覆，誓无更改。纵张、苏复生，岂能动摇吾心哉”，“坚贞自持，不特利害不能以动其心，即斧刃加颈，亦不能移吾志”；至于说“清朝若能信儿言，则为清人；果不信儿言，则为明臣而已”，岂非唱价待贾，尚可交易？

错错综综，真真假假，总是凶多吉少。郑芝龙痛恨招使有负朝廷诚意，又骂儿子不顺时势。他怀着惶恐而又无可奈何的心情，含泪把儿子和兄弟的几封复信呈奏给顺治皇帝，自责道：“臣虽遣人贻书宣传圣意，力图招抚，无奈逆弟鸿逵、逆子成功，俱未受封，有负圣命，无比惶愧。”

雄师十万气吞清

自从1650年（南明永历四年，清顺治七年），郑成功以金、厦为根据地以来，在固守沿海诸岛、伺机进取漳泉二府为基业的战略方针指导下，与清军大小数十战，支撑着整个东南沿海战局，逐渐收复了一批沿海郡县。但是，随着清军对于围剿郑成功兵力的增加，郑成功认为必须改变固守金、厦的战略，以更为积极大胆的出击，来摆脱目前被动应战的困境，同时根据他所得到的情报，江南等地怀恋前明、密谋反清的人很多，如能得江南，就能控制运河粮道，进而进攻中原。于是，从1657年（南明永历十一年，清顺治十四年）3月开始，郑成功开始着手北伐。

郑成功下令各镇取运船料，赶造战船，由忠振伯洪旭负责这件事，命令水师前军张英率部前往浙江温州、牙城等地措粮取饷，水师后镇施举前往浙江定关一带探查敌情，招募熟悉水情的渔民以作为入江向导。此外，他要求各级官吏严格全面检查水陆大军的素质和战备情况，同时派人检查国库的收支状况，防止出现资金不足的情况。

6月，一切准备完毕，郑成功大宴文武百官，对于选定出征的将领家属，郑成功的夫人董氏在王府内七次宴请款待，并赐给银钱帛匹，以示慰问。

7月，郑成功任命老将忠振伯洪旭为居守兵官，统水陆四镇留守思明州，自己亲自率军北征。当时清朝在福建、浙江一带的守城将领多是明朝降将，郑成功部队一到，他们便纷纷倒戈迎降。

8月，郑成功率大队人马进攻黄岩，守将王戎开城投降。郑成功乘胜围攻台州，那里的总兵李必、知府齐维藩投降。

清朝福建总督李率泰见郑成功大军远行，有机可乘，便率军准备袭击郑成功在福建的驻地。郑成功担心厦门有失，便留一支部队守卫浪崎，自己率兵赶回厦门防守，同时派兵到潮州等地征集粮饷，以备再次北伐。

虽然这次北伐中途折回，但是却通过实地行船和作战，使水陆将士熟悉了浙东沿海气候水情，进一步探明清军兵力虚实，同时夺得舟山数岛，为来年再度北伐做了准备。

从前文可知，郑军南归后，郑成功曾下令全军严格训练，为了提高陆军战斗力，在与众将商议后决定组建一支特殊的军队——铁人军。铁人军头戴铁盔，身穿铁甲、铁臂、铁裙，脸带铁面，只露出眼耳口鼻，佩带云南斩马刀和弓箭，全身披挂重达30斤。郑成功从各营挑选雄壮强健的士兵到厦门港的演武亭进行选拔。凡能举起500斤重的石狮绕演武亭走3圈的人才可以入选到铁人军中。铁人军大大加强了郑军的战斗力，郑成功认为以铁人军为前锋，一定可以应付与清铁骑在陆地上的恶战。

1658年（南明永历十二年、清顺治十五年）2月，清军分为三路，分别向云南、贵州进剿永历政权。郑成功为了牵制清朝的兵力，开始了第二次北伐。这次北伐远征军的总人数约为17万人，而郑军的全部总兵力号称20万人，足以看出郑成功对这次北伐的重视。他将军队分为四个军团。第一军团，司令官中提督甘辉。在该军团之下，右虎卫陈魁率领铁人军5000及其护卫兵1万；每个铁人左右各配备护卫兵1人；另外率兵2万、兵船40只、快船10只。第二军团，司令官右提督马信，率兵2万、兵船50只、快船10只。第三军团，司令官后提督万礼，率兵2万、兵船50只、快船10只。第四军团，为大本营，由国姓爷郑成功亲自指挥，率兵10万、兵船120只。

北伐出发前，郑成功颁布了严格的纪律：奸淫妇女者枭首，上级军官连

罪；随意破坏民房者枭首，上级军官连罪；抓捕男子从事杂役者枭首，上级军官连罪；屠杀耕牛者枭首，上级军官连罪；军纪极其严厉，不准动民间的一草一木。在北伐中郑成功严格执行军纪，杀掉了一些违纪的官兵。

6月13日，北伐军浩浩荡荡从福建厦门港出发，经沙关（福建福鼎沙埕镇）的浙闽交界处，一路航行进攻浙江南部平阳、瑞安、温州城等地。筹足军粮，全军赴舟山。随后郑军舰队全部到达羊山岛，郑成功下令，全体军官到羊山岛上的娘娘庙集合，开军事会议，此时突然雷电交加，狂风大作，损失惨重。在这次风暴中不少船只沉到海中，死亡人数达8000人。另外，郑成功的六位妻妾和两个幼子也不幸身亡。

因惧怕风浪，一些北方籍的士兵偷偷逃走，这使得郑成功对于北方籍的将领开始产生怀疑，竟然下令解除北方籍将领贺世明、朴世用、魏光华、李必、张魁五人的兵权，以致生性耿直的贺世明"以心迹不明"，"忿激气死"。这次事件动摇了军心，尤其是挫伤了北方籍士兵的士气，后来的事实证明郑成功在这件事的处理上是十分不明智的。

由于此次舟山风灾导致郑军损失惨重，继续北上的计划只能暂时搁置，郑军船舶停在浙东温州、台州沿海及舟山群岛一带进行休整，准备再战。

各镇统领率领所部就浙江东南部分驻，分配如下：左武卫镇统领林胜、右虎卫镇统领陈鹏等驻扎永嘉县东盘石卫及县南永嘉场一带，担任对西机动警备；右武卫镇统领周全斌、左虎卫镇统领陈魁等驻扎瑞安南沙园所一带，担任对西南机动警备；前锋镇统领余新、左卫镇统领黄安、中卫镇统领萧辰等驻扎平阳一带，担任对南机动警备；左先锋镇统领杨祖、右卫镇统领黄礼、后冲镇统领黄昭、援剿右镇统领姚国泰等驻扎宁海北的蓁屿水、天台西的澳敛城一带，对北机动警备；左提督翁天祐、奇兵镇统领高应、正兵镇统领韩英等驻扎仙居县西的碣石一带，对西机动警备；右提督马信、五军镇统领张英等统率诸军，分别驻扎温州、台州各地训练。

郑成功自率宣毅左镇统领万义，驻扎在盘石卫，往来巡视，支援各地。各军就地筹饷、练兵、招兵、修船、造船、修械、制械，以备再图。

各镇军开进驻地，遵照命令行事。浙江清军见几万郑军向东南沿海开来，不知道郑军的意图，各府县清军只是坚守府县城池，不敢出城作战。郑军迅速得到休整、补充、训练，船械修造，进行得热火朝天。经过百日的整补训练，军心开始安定，士气日增，重新恢复了北伐的实力。

1659 年（南明永历十三年、清顺治十六年）5 月，郑成功再一次率军北上，这是规模最大的一次北伐，他亲任招讨大元帅，以张煌言为监军。出发前，他庄严地重申了"恢复大明江山，上报国恩，下救苍生"的决心，并再一次颁布了对百姓要秋毫无犯的军令。

6 月 13 日，郑军抵达镇江的金山。然后，郑成功率领官兵祭祀明太祖和崇祯皇帝。郑成功在吸江楼上设祭，设天地之神位、明太祖之神位、崇祯帝之神位、弘光帝之神位、隆武帝之神位，恸哭誓师，然后命大将周全斌率所部 2000 人向北岸登陆，夺取瓜洲。

清军得知郑成功大举北伐的消息不敢轻敌，日夜大造防御工事，在瓜洲江面上筑起一道防线，名叫滚江龙。所谓滚江龙，就是在江面上拉起一条铁索，拦江锁住。清军江防工事密集，两岸还筑了箭楼。江面上排列着竹筏，称为浮营，其上密布火炮，火力可控制整个江面。镇守瓜洲的清军不下万人。守将叫左云龙，辅佐他的军师叫朱衣佐。

郑成功见清军防备森严，却毫不气馁胆怯，反而更气贯长虹地对诸将说："敌人想凭借长江天险，阻止我收复金陵，这是白日做梦！我命令张亮率一只快艇，前去砍断滚江龙；左提督马信和前锋镇余新各带战船 50 艘前去摧毁浮营；中提督甘辉和右提督翁天佑直取瓜洲。不得有误！"

张亮是水师中既富有作战经验，又勇敢顽强的一员猛将。他身先士卒，乘着一只快艇冲向滚江龙。浮营上的敌人用密集的炮火向快艇轰击，炮弹如

雨点般射向快艇，快艇却丝毫无损朝前猛冲，眨眼工夫便驰近了滚江龙，放下水兵，然后又掉头回去，把炮火引开，好让水兵去砍滚江龙。炮弹何以打不沉这快艇呢？原来这只快艇外面裹了一层厚厚的棉絮，炮弹被棉絮挡着，只冒出团团青烟而已，根本伤不着艇身。那时的土炮射程不远，火力较弱，加上快艇自身坚固，中一两枚炮弹伤不了要害。

郑军的水兵都是经过严格训练的，自然懂得如何去面对清军这种特殊的部署，顺利完成任务。果然，一刻工夫后，滚江龙便断为两截，同时浮营也被余新摧毁。郑军见没了拦路虎，开战船直闯而入。

清军失去了天险，不由得惶恐不安，没了士气，一击即溃，纷纷逃命去了。此道屏障一破，瓜洲就易攻难守了，那里的清军开始乱了方寸，继而乱了阵脚。郑军将领周全斌率部登陆，前部刚刚弃舟上岸，后部还未上岸，突然岸上炮声四起，杀声震天，瓜洲的清廷骑兵像从江堤后面冒出来的一样，挥刀杀来。

周全斌见敌人来势甚凶，指挥将士说：“快快下船，与敌人背水一战，势在必行。”周全斌率领将士徒步冲在前面，左云龙的骑兵冲到跟前，兵力不及展开，两军杀在一起。人喊马叫，在混战中周全斌身中五箭，还奋勇向前。

就在这两军杀在一起、难分难解的时候，忽然一声霹雳，闪电似从天直下，顿时下起倾盆大雨。正鏖战得汗水淋漓的马匹，突然被雨水一淋，有的惊跳不止，有的突然倒地，四蹄乱蹬。不多时，全部骑兵都陷入泥泞之中，无法继续前进。

郑成功见此情形，又见中提督甘辉、左提督翁天佑已率军登岸，于是对甘辉说：“天助我也。”用手向前一指，甘辉、翁天佑等见敌军骑兵都滚在泥中，立即命令将士们：“脱去战靴，把敌人掩杀在泥水中！”

在大雨如注的泥水中，这些东南沿海渔民出身的郑军，踏泥踩水是其特长。不多时，左云龙所率清军就被郑军击溃，左云龙本人被周全斌轻取了首级。

周全斌提着左云龙的首级往回游来，发现水下还藏着一个人，见了自己正浑身发抖。周全斌将他抓捕，提到岸上，发现他就是左云龙的佐军军师，名叫朱衣佐。

周全斌将他押去见郑成功。此人原是崇祯末年的一个贡生，做过明朝的官吏，后叛明投清，来到清军军营，当了一员反明干将，随清军四处逞凶，犯下了不宥之罪，即使三杀其命仍死有余辜。因此，他心中恐惧万分，一见郑成功便叩首不已，并说："罪臣死有余辜，即使就地正法，小人也无悔。但念家中有八旬老母无人赡养，祈求垂怜。"郑成功是个厚道之人，尤以孝道至上。听他说有八旬老母，就放了他，又赠予钱资，让他回家伺候老母。当晚，郑成功犒劳三军将士，庆贺光复瓜洲的重大胜利。

瓜洲战役，是郑成功部队进入长江后的第一场胜仗，为攻打南京开了好头。长江中下游的清军听说郑成功的胜利都为之震动。

目标南京

6 月 17 日，郑成功召开军事会议，商讨继续进军的方案。大将马信说："我们应出敌不意，乘虚而入，直取南京，占领了南京，镇江就不在话下了。"甘辉也说："兵贵神速，我认为马提督所见甚是，我们应尽快从陆路直捣南京。"张煌言则认为："瓜洲敌陆军虽败，但水师退入芜湖，后患很大，应该先把镇江攻下，才能先声夺人。应水陆并进，陆路取镇江，水路攻占南京。"

经过几番思考，郑成功命令张煌言和杨朝栋率领水师前镇逆流而上到芜湖，进行追击，并堵截从长江上游赶来的清廷援军，命令援剿左镇在瓜洲留守，派监纪柯平管理沿江防务和地方事务，自己则率领兵将沿着水路直奔镇江。19日，郑成功到达镇江南岸的七里镇。

同时，清廷江宁提督管效忠从福山镇长驱400余里赶到镇江，马未停蹄，人未下鞍，正在人困马乏之际，侦察哨跑来，急忙报告："瓜洲城失守。"

管效忠向空中把马鞭一挥，向身后的将士下令："准备战斗！"回头一看，汗水淋漓的战马喘着粗气，战士一个个趴在马背上一动不动。这时，管效忠声嘶力竭地大吼一声："沿江布阵，准备战斗，违令者斩！"

清军众将正在严令战士准备战斗，忽听一片喊杀声从江滨传来，郑军前锋已到跟前。两军展开激战。管效忠的军队疲劳应战，经过一昼夜奋力拼杀，死伤众多，正在节节败退之际，赶来赴援的清军1000铁骑赶到。两军杀得天昏地暗，激战两昼夜。郑军数十万大军陆续赶到，越战越勇；清军1000铁骑无法抵挡，全线大败。管效忠退到镇江城南的银山，镇江城陷入郑军重围之中。清镇江守将高谦自知陷入孤立无援，无法固守，与知府戴可进献城投降。管效忠率残军退保银山，企图卷土重来。

郑成功命陈魁率铁人军攻打银山。铁人军将士，全身披挂铁甲，头戴铁盔、脚穿铁靴、手执利刃，勇往直前。管效忠见郑军冲锋，急忙命令将士放箭。顿时箭飞如雨向铁人军射来，箭射在铁人军将士身上，即被铁甲挡落在地，铁人军依然列阵前进，挥舞着刀斧，向清军砍杀。铁人军刀剑不入，清军不能抵挡。个个失魂丧胆，一哄而散。到了翌日黎明时，银山上已经满是迎风招展的郑字军旗了。

管效忠见此，感慨地说："我管效忠光是大仗已打过不下十次，还没有见过能与我的将士如此死战的。"说罢挥起手中的长剑高喊："我大清将士向我靠拢，不可分散。"管效忠正收拢队伍，又有江宁府援军赶来。为挽回败局，管效忠把残军及各战役援军编成五路军，布成梯队式叠阵，分别向镇江反攻。郑军已经占据城池，郑成功命令用火炮轰击。一时间，炮声隆隆，弹落如雨，浓烟遍地，能见度不过十步。清军为躲避炮弹，骑兵下马，以马做掩护，继续向前殊死战斗。郑军炮轰之后，一齐冲下城奋力拼杀，清五路军都被冲散。管效忠见已无可挽回，率所剩百余人逃回南京。

清军大败，横尸遍野，所剩残敌都已投降，随管效忠逃走的不过百余人。前锋马信正要率部追赶，郑成功认为，小股逃敌，不足为虑，立刻鸣金收兵，率军入城。

郑成功进入镇江后，命令全军将士不得抢夺百姓的财物，并且安抚百姓，奖赏从征将士。镇江上下一片欢腾。此外，对于战败的清军将领，郑成功也以宽大胸怀对待他们。

郑成功仁慈的胸怀使得其部队的力量不断壮大，这里有一则关于郑成功宽大处理清军将士的小故事。

话说这天管效忠派一壮士出阵斩杀郑军，郑成功令周全斌出战，周全斌领命飞马而去，与那壮士战到二十回合，败走回营。壮士赶至营门，被弓箭射回。

片刻，壮士复来骂阵，周全斌复出再战。壮士骂道："败将安敢复出？"言毕，纵马来战。周全斌略战数回合，便掉转马头回营。壮士求胜心切，快马穷追，直追五里计，猝不及防人仰马翻，被伏兵绑来见郑成功。

郑成功礼贤下士出了名，哪怕是对待敌方败将。他见壮士被绑押上来，连忙上前亲解其缚，又是奉茶，又是赐座，与他亲切寒暄，亲如家人，问其籍贯姓名。壮士说："吾乃广西人氏，姓朱名冲。遭清军兵乱，遂聚众自卫。后来被清军诱骗，投在管效忠麾下，兄弟人服心不服，又眷念故土，又受尽歧视，尝尽苦难，无不怨艾。但欲反又不能，被清军分化，我虽为将领，手下无一个亲兵。今日主动请缨，并非真心想杀贵军。我早闻国姓爷大名，知

国姓爷爱兵如子，故有心来投诚，不知肯纳败将否?”

郑成功闻言大喜，拜朱冲为中镇粮饷官，又赏赐银两若干。朱冲受宠若惊，为报答知遇之恩，愿返回清军营寨，为郑军另作图谋。就这样，郑军大营中又多一员猛将。

为了鼓舞更多人，招揽更多的人加入抗清队伍，郑成功乘胜发出声讨清朝的檄文。其文如下：

恢复天下兵马镇国大将军郑，为义切君亲，声援南北、计图恢复，布告同心鼎造中兴，早膺上赏事。切惟王者一统，治服四夷。大义严于春秋；首言尊攘，丰功勒于秦汉，不讳鞭驱。粤我大明三百年基业，德配唐、虞；先皇帝十七载忧勤，功侔天地。胡天不吊，国步多艰……肆予荼毒，继被腥膻。裂冠毁冕，羞此沐猴；断发文身，操同人彘。寡人妇而孤人子，不闻塞上飞鸿；南走越而北走胡，尽是长平坑卒。惨矣黔首靡遗，幸而苍天悔祸。东南占天子之气，四海献赤帝之符。恭遇皇帝神武天援，仁孝性成，英协高皇，勋追成祖，文称师济，武列纠桓。不期而会者海外一十四国，同心而应者土司三百五营。连袂云，挥汗雨，谁云越士三千；左带山，右砺河，不弱秦关百二。领滇、黔而镇巴蜀，牧养秦、晋之郊，群定冀北……惟钟山拯土，乃十七帝之英灵，于兹凭式；南国士民，受三百年之恩养，报效于今。先取金陵，肇开皇业。独是麻、黄为蜀地之咽喉，英、霍、为楚、豫之指臂，左连东吴，右通濠、泗。其间削籍勋耆，埋名隐姓；忠臣义士，剑侠奇人。细柳闻天子之诏，尺土龙蟠；大树振将军之名，千里寻穴，矧崇山久成铁笼，峻垒愿借金汤。凡我同仇，义不共戴。勿夺先声，徒成烽火之戏；矢为后劲，同坚背水之盟。且一战而敬谨授首，再战而贝勒成擒。招来万亿游魂，屈指二三余逆。于此人力，可卜天心。瞬息夕阳，争看辽东白豕；灭此朝食，痛饮塞北黄龙。功永勒于汾阳，名当垂于淝水。世受分茅，勋同开国。谨檄。

檄文富有文采，铿锵有力，表现了郑成功的儒家风范，对于北攻金陵，反清复明而言，的确是一个鼓舞人心的号召书。

北伐军一开始就取得了辉煌的胜利，声威大震。东南各地的反清力量纷纷起来响应，清朝政府大为震惊。

浙东举义旗的鲁王政权，受到郑军大捷之鼓舞、推动，已经初步稳定下来，并且凭借迅速扩大的政治军事影响，把势力范围扩展到自太湖以东，包括闽、浙、湘、赣、粤的广大地区，正逐渐成为清廷进军的巨大障碍，单单南京附近地区，就有嘉定、江阴、徽州、无锡等地义军正在顽强地同清军拼死厮杀。清军已经先后投入20余万兵力，攻打了两个多月，死伤了近万人马，战局竟然毫无转机。这种时局，可以说是清朝自入关以来从没有遇到过的。

清廷总兵刘良佐制订出一个“以剿促抚，打打抚抚”的策略，并且立即开始行动。首先，以抚为先导，向四面八方发出招抚文告，大力宣传“明朝气尽，清廷当立”的不可抗拒的天命论来蛊惑人心。同时，对于其中一些可以利用的人，像原明朝兵部尚书张缙彦、明朝总兵高进忠等人，他还特地写去了措辞恳切的亲笔信，劝其抛弃幻想，放下武器，及早归顺，以便造福社稷民生，永保荣华富贵。与此同时，他又传檄各地，命令清军对反叛作乱的“残匪刁民”实行坚决无情的歼灭。无疑，清军这个双管齐下之术，给郑成功收复失地，尤其是进攻南京带来了莫大的阻力。

功败垂成的遗憾

在北伐取得辉煌胜利之时，郑成功决定收复南京。1659 年（南明永历十三年，清顺治十六年）6 月 28 日，郑成功召集诸将商议进攻南京。

7 月 4 日，郑成功率北伐大军乘船溯流而上，猛扑南京。在沿途到处张贴檄文，并呼喊抗清口号："报仇雪耻岂待异时，归正反邪就在今日。"沿途的清廷守将听到郑成功的这个口号，纷纷主动归降。

7 月 7 日，郑成功到达南京城外的观音门，亲自登岸观察地形，他望着波涛汹涌的江面和笼罩在雾气中若隐若现的城楼，大笔一挥，便写下《出师讨满夷自瓜洲至金陵》诗：

缟素临东誓灭胡，
雄师十万气吞吴。
试看天堑投鞭渡，
不信中原不姓朱。

清廷江宁驻防大臣管效忠在南京城内坚决守卫，等待援兵。面对当时的情形，郑军提督马信建议道："我军一路进展顺利，所向披靡。眼下南京空虚，城内残敌已成瓮中之鳖，应乘势发动进攻，一举收复南京。"郑成功根据兵法"攻心为上"的原则，没有听从马信的建议，只传令围城等待清军投降。

17 日，中提督甘辉再次提醒郑成功，大军久屯城下，易致士气懈怠，请求急速攻城，但郑成功却另有一番考虑。他认为清军惧怕郑军，即使不降也会逃走，而不必劳师攻城，造成太多的杀戮，使南京百姓也跟着遭殃，于是没有采取甘辉的建议。这样，南京城内的清军就有足够的时间来准备反攻。

郑成功在这件事上的确犯了战略上的错误。他错估了当前的形势，被之前所取得的胜利冲昏了头，而自以为清军必然或降或走，而事实却给予了他沉重的打击。

其实在这个时候，清兵援军已开始奔赴南京，总兵梁化凤自崇明赴援，突围入南京城，与城中守军合为一股，加强了防守力量，同时密切注意郑军的动向，准备随时发起进攻。这时郑军中有个姓林的小卒犯了纪律，惧怕郑军严厉的处罚，于是便私投清军，并供出 7 月 15 日是郑成功 35 岁的生日，按照每年的惯例，全军都要饮酒祝寿，是发兵偷袭的大好时机。

7 月 15 日晚，郑军开怀豪饮，众官兵醉得一塌糊涂。梁化凤见郑军毫无戒备，武器也是到处丢弃着，心里暗喜。他秘密命令士卒挖开用土石夯死的神策门，至夜半月亮出来的时候，亲率 500 骑兵，向白土山下的郑营摸去。

清军闪电般地扫荡郑军先锋营之后，又神速冲向其余各营寨，如入无人之境。沉醉中的郑兵，被喊声震慑，纷纷溃逃，郑军大乱，伤亡惨重。

郑军统领余新等从睡梦中惊醒，连衣裳都没有来得及穿好，仓皇出战。没等冲出帐外，梁军已经围上来。余新等奋力冲杀，不到半个时辰，副将董延中、萧拱柱在忙乱中战死，余新等 30 余人被梁化凤逼进水塘里被俘。

这时，郑成功悔恨不已，方知中了缓兵之计。事到如今，悔又何益？只好拚死一战，以图扭转败局。哪知兵败如山倒。由于腹背受敌，郑军很快就陷入岌岌可危的困境，这场殊死的战斗，持续了三个时辰。敌人的援军从四面八方涌杀而来。马信一边掩杀一边掩护郑成功，直到杀至江边，遇到王秀奇引军前来接应，方脱险上了战船。后来得知郑军将领潘庚钟战死，陈魁与

铁人兵全部阵亡。其余将领生死未卜，郑军不敢恋战，清点人马折了大半。无奈，郑军退守镇江。此次战役使郑军的士气受到了很大的挫伤。

7 月 22 日中午，清军又向郑军中防守最松懈的前锋阵发动攻击。郑军摆在路口的炮架全被清军击碎，官兵无处藏身，接着清军的大队人马从城里冲出来，极大地打击了郑军，清兵趁势蜂拥出城扎营。

这次战役郑军遭受挫折，郑成功当晚便重新布置了兵力，传令抽兵驻扎观音山待敌。郑成功的部署是：

左先锋镇杨祖，统援剿右镇姚国泰，后劲镇杨正，前冲镇蓝衍屯扎大山上，做犄角应援；中提督、五军，伏在山内；左武卫、左虎卫，列在山下迎敌；郑成功督右虎卫、右冲镇万禄，在观青门往来应援；后提督、宣毅左等堵御大桥大路；右提督、宣毅后镇、正兵镇，由水路抄蹑敌后；左冲镇专理水师，防止敌兵由水路抄来。

郑成功的这个布阵有个严重的问题，即兵力过于分散，很难互相支援，一旦一路遭到清军优势兵力的攻击，其他各路很难及时赶到救援。第二天的战役证明了这一点。

7 月 23 日，清军发动更大规模的攻击。清军大队人马从山后抄出，南冲左先锋镇之营，但是由于郑成功布局的失误，使得其他的部队无法及时赶到，同时郑成功之前也严格下令：没有得到军令不能擅自迎战，因此当援军去支援左先锋镇时，左先锋镇已被清军杀败。此次战役，郑家军大败，左先锋镇、右武卫镇、右虎卫镇几乎全军覆没，这三镇的将领和后提督万礼，户官潘庚钟先后战死。

郑成功见败势已定，便指挥军队撤退到船上。清军水师这时也攻击过来，左冲镇一面堵截反攻，一面保护其他官兵撤离。清兵畏惧郑军的水师，不敢轻易再战，因为水战是郑军的优势。

当晚，郑成功传令撤往镇江，并让左冲镇、宣毅后镇殿后，并援救从战场上逃回的士兵。

郑成功退守镇江途中得知，周全斌箭伤康复并率水师前来接应。周全斌见了郑成功放声大哭，郑成功亦潸然泪下，并自责道："南京惨败，都是我的过错啊！我有何面目回去见东南父老！"言罢，竟拔剑欲自刎，左右大惊，急忙上前劝阻，郑成功这才镇静下来。这时，南京兵败的将士都陆续归来。郑成功见了伤痕累累的部下，痛楚万分，悔恨自己没有听众将的建议，致使酿成大祸。他知道镇江也不是久留之地，便令瓜洲、银山等地驻军，统统上船泊于排沙湾待命，命马信戍守长江要塞，阻击从水路追来的清兵；命周全斌做陆军殿军，断敌后袭之旅。他自己率重兵退守厦门。

船过舟山群岛时，前哨来报，称张煌言因南京之役失败，遭清军四面夹攻，孤军难克顽敌。郑军日夜征战，兵力伤亡惨重，只好忍痛把已光复的州县拱手相让。撤退时，郑军遭遇阻击，只好改走江西、湖北。绕道迂回，仍无法摆脱与清军打仗之苦，不得不白日作战，夜晚行军，苦不堪言。军队无暇休整，战斗力急剧下降，出现难支危局的形势。这时，内部又出了叛徒，副将李萍率军投敌，以致一度恶战，伤亡无数将士，真乃应验了一句箴言："不怕外强，只怕内乱。"自此之后，郑军更是雪上加霜，几经较大的挫折，兵员辎重几乎半数不保，完全丧失了战斗力，迫使张煌言退入浙东。此时，全军只有数百人，无力举事。轰轰烈烈的北伐到此画上了句号。

一波未平，一波又起。不久，郑成功又得知甘辉被俘。他不愿降清，英勇就义，献出了宝贵的生命，死时他年仅 38 岁，忌辰是 1659 年（南明永历十三年）9 月 7 日。那一天，郑成功满面泪水，仰头浩叹："天灭我也！无我则罢，无甘不可！甘亡矣，我还能活多久！"可见他对甘辉之死追悔莫及，悲痛不已。

这话也道出了郑军此后的戎马岁月该是多么艰难。甘辉是郑军中除郑成功之外的第一号人物，是个举足轻重的大将，不但武艺盖世，而且竭诚于郑

成功。甘辉之死，的确是义军的重大损失。郑成功失去了一臂。后来，郑成功建“忠诚庙”纪念他，里面供奉的神像中最高大的那个便是甘辉，与他一同壮烈牺牲的英雄皆列在其侧。

枭雄的没落

1659年（南明永历十三年，清顺治十六年）秋天，郑成功率领北伐的军队撤回厦门。在厦门，郑成功一边招募失散的将士官兵，修整战船，打造武器，一边静观清政府的动静。此时的清政府被胜利冲昏了头脑，打算一举歼灭郑成功。1660年3月，郑成功得到消息，说清将达素已到达泉州，正在整顿水师，准备进攻思明；4月，探报称清兵出征马匹已备齐，船只器械、舵梢也备好，定下日期，即将进犯思明。郑军探知这一军情，开始感到恐慌。因为，义军自南京战役之后大伤元气，至今尚未恢复，满打满算只有16万人马，其中还有不少伤残兵员。从数量上看来，敌我悬殊有天壤之别。正因为如此，清廷才敢乘人之危，命令全军疯狂进剿。

然而郑成功非但不紧张不畏惧，而且更冷静沉着，他从失败中总结教训，寻找克敌制胜的良策。

不过，时下他的心境仍有几分抑郁，南京之役惨败的惆怅一直未消。南京之战，郑军损兵近十万之众，折将百员之多，如此大败，震惊天下。永历皇帝不胜伤感，同时更加激励了清军，致使天下军心都动荡起来。郑成功痛苦地哀叹这次失败，但同时他也看到，动荡越大，越有机可乘，清军也会因此战之利而产生骄狂之气，他们会趾高气扬而蔑视郑军。尤其达素其人，据说是个好大喜功之辈，这正好合郑成功之意。骄兵必败，哀兵必胜，也许这一战会有一个意想不到的结果。同时，郑成功分析清军要汇集各路兵马，起码也要到四五月才能到达厦门，郑军有足够的时间备战迎敌，并且在与清军的瓜洲、镇江战役也说明清军并非不可战胜，并且此次清军舍弃了骑马之长技，而与郑军进行水战，不仅船只少，而且所用人员也大多是叛降者。因此，郑军是很有可能取胜的。想到这里，郑成功心里浮起了一种微妙的喜悦之情，他看到前进道路上的希望之光在闪着耀眼的光芒。

但他眼下不愿把这个想法和判断说出来，他要让众人在不知不觉中按照他的谋划，一步一步去实现，到时候让他们领略一下意想不到的惊喜。

郑成功以一个军事家的坚毅目光，审视周遭的一切，得出正确的判断，冷静地指挥着战争。

战云密布，一场惊天动地的战役就要打响了。敌人正在运动着，朝郑军的领地猛扑过来，大有毁巢击卵之势。

郑成功当即召开高级将领会议，研究部署作战方案和破敌良策。他下意识地环顾众将一眼，然后下达命令："陈鹏和副将陈蟒同领 5000 人马迎击同安来犯之敌。郑泰与副将朱忠同领 5000 人马迎击从江西来犯之敌。周全赋和张进各领 10000 人马镇守根据地厦门；周戍守东门，张戍守西门。马信、杨勇、黄安，随我亲征，率水师迎击从漳州来犯的敌方水军主力。"

为了鼓舞士气，郑成功向全体官兵发出一道谕令。他在谕令中特设一赏格，不论大小将领官兵，一律照赏格立功受奖。

4 月 26 日，清军泉州港水师船只 200 余艘，进到祥芝澳，步兵登陆，船只傍山而行，停泊在围头，步兵就地扎营。

郑军一切准备完毕，只等敌人来攻时给其回击。

5 月，李率泰和达素，带领施琅、黄梧等人合力进犯。达素兵进海门，李

率泰兵进金门附近的浯屿。

5月10日，双方在海上大战，各有伤亡。中午时分，郑成功站在中军舰上，一手拿着指挥旗，一手拿着宝剑，问左右将领："海面是否已经平静了？"诸将回答："平静了。"郑成功胸有成竹地说："海流平静就潮转，潮转风就随之而转。"于是下令发出信号，命令各船发起进攻。郑成功下到八桨战舰上，来往巡视，鼓舞士气。

果然，顷刻之间，海面上刮起了强大的东风，波涛翻滚，船只上下猛烈颠簸。

郑成功手持战旗，指挥各船与清军交战。清军在郑军的攻击下阵脚大乱，死伤无数。李率泰领兵从浯屿赶来增援，被早有准备的郑军两面夹击。敌船处于逆潮之中，船只互相碰撞，损坏无数。船上清军，站立不稳。郑军冲杀过来，清军大败。

郑成功利用天时、地利、人和的三要素战胜了不可一世的达素贝勒。鸣金收兵之时，部将陈璋突然赶来，说有十万火急的军情禀报，要亲见郑成功。

郑成功听罢陈璋的紧急军情，得知叛贼李亿率军来犯，怒不可遏："兄弟们，再打一回牙祭，活捉叛贼李亿！"

原来，李亿是从郑军军营里叛逃到清军军营里去的将领，了解郑军的底细，再加上他是南方人，尤谙水性，善用水军，故而，达素十分器重他，晋升他为水师副总兵，命令他率水师讨伐同安。

迎战李亿水军的是郑军将领陈鹏。李亿和陈鹏是同母异父的兄弟，从小一起长大，手足之情尤深，又是同一天投军的，在郑军军营里共同生活、并肩战斗了三年之久，结下了无比深厚的情谊。李亿叛变以后，经常与陈鹏书信往来。李亿多次劝诱陈鹏投降清廷，告诉他说投降后会有怎样的荣华富贵。后来陈鹏被说动了心，打算投降，于是派人与李亿密约，准备设计除去副将陈蟒。

这一天，陈鹏看见郑成功不在军营，便产生了暗杀陈蟒之心。于是，陈鹏借请陈蟒来帐下议事之名，暗地埋下刀斧手。陈蟒来到他帐下时，敏锐地发现了蛛丝马迹，顿生疑窦，但又怕被陈鹏看破，诈称自己早有心降清，只因无人引荐，至今还无机会高攀。

陈鹏一听，不禁大喜过望，便以此情相告，并与李亿约定当晚三更起事，举火为号，放清军进袭营寨，里应外合，给郑军一个措手不及，他们认为活捉了郑成功，日后定能飞黄腾达。

陈蟒表面上领命，匆匆辞行，回到自己的帐下后，便立即把情况原原本本向陈璋陈述了一遍。陈璋认为事关重大，时间紧迫，不容迟疑，便火速来报告郑成功。

郑成功根据陈璋报告的军情布下陷阱，专等叛贼李亿来，叫他死无葬身之地。

是夜三更鼓响，李亿得到陈鹏密信，引军来偷袭郑军营房。不料船进了预约之处，却不见一人，正迟疑间，忽然一声炮响，陈蟒指挥伏兵四下里一齐出击。李亿大惊失色，拼命抵抗。陈蟒岂容他逞能，只三五个回合便将他擒拿住。李亿大骂陈蟒是小人，不讲信用，不得好死。

这时，郑成功率军从后面包抄过来，与陈蟒两相夹击，清军大败。李亿趁人不备跳海自尽。叛将已死，众将莫不拍手称快。

此次战役，郑成功大获全胜，成功进行反围剿，鼓舞了士气。从此，清军不敢轻易来犯。

厦门围剿失败以后，一位并无名气的四品兵科理事官孙兰上书，建议朝廷委用郑芝龙于东南。否则，令其子弟赴军前援剿郑成功。如此公然倡议重用一个禁中服罪武臣，且长篇大论，利害剖析言之成理，皇上颇觉非同寻常，一时欲驳不忍，欲准不愿。于是，便批给兵吏两部会议。不想，此议一出，立即引起一场争论。支持者寡，反对者众。竟有多名言官上书参奏孙兰，说

他与郑芝龙通谋，为其求脱，悖逆欺诳，图谋反叛，应拘讯治罪。

就在这时，福建巡抚佟国器急报，呈上截获郑芝龙与在闽家人的通信，内有“大军至时，宜慎外出”等语，认为这是交通私书，泄露军机，内外勾结，图谋反叛。

这件事说小可小，说大可大，都关系着郑氏父子的命运。皇上未便表态，批给和硕郑亲王齐尔哈郎与内大臣秘议。

这里秘议未果，谢表、小八两个带着郑成功的书信回复家主。正在惶恐不宁的郑芝龙，拆开儿子的手书，一过目便瘫软在坐椅上，垂泪自语道：“老夫休矣！”

只见那信写道：“自古之治天下，唯德可以服人。自满人入关以来，丧许多人马，费许多钱粮，百姓涂炭，赤地千里，已验于往时矣。兹世子倾国来伐，将历二载。一弄兵于白沙，而船兵覆没；再弄兵于铜山，而全军歼之。连年屡战，我未尝损一帆，遗一矢，而彼人马丧尽。图相久持，不服水土，千里馈粮，转运难继。远征剿伐，果有损耶？有益耶？此不待辨而明矣。今欲战不得，欲守不能，悲夫！大抵清朝欲以剃发别顺逆，不知顺逆差在于心，而不在于形。试观金声垣、李成栋诸将领，降而复归者大有人在，岂皆非辫发之人哉？大丈夫磊磊落落，光明正大，皎皎如日月，总不肯效诈伪所为，苟就和局，取笑当世。清朝度想，今日之域中，是谁家之天下？损无数之兵甲，费无稽之钱粮，死亿万之生灵，争区区数根无用之头发，亦何量之不广耶？清朝诚能略其小者而计其大者，安插我兵将，俾地广足以处，粮裕足以养，彼无诈，我无虞，何难罢兵息民？如此，则奉清朝之正朔，无非为生民地而为吾父屈也。将兵安插得宜，清朝自无南顾之忧。中左在海外别一天地，儿愿效巢许严光辈优游山林，高尚其志耳。清廷多疑，不曾遣人再往。儿至此，言已尽而心尤实，伏祈鉴照！”

郑芝龙再读儿子的来信。反复玩味那“俾地广足以处”“钱粮照前约”

“奉清朝之正朔”“言之于先决之于早”“言已尽，回之何益”等语，自觉心潮沸腾，不能平息。逆子是待价而沽？是他索价太高，还是朝廷气量太小？想来想去，他对自己的儿子和年轻而圣明的皇帝仍抱几分希望，对握有权柄心怀私情的亲王、大臣们无限畏惧，恨之入骨。有这班人挡道，儿子来归无望，自己必死无疑。

郑亲王和内大臣们闻知郑成功再次拒绝招抚，个个痛恨，很快便议就有关三事的奏章：刘清泰革职查办；孙兰论斩，妻、子为奴；郑芝龙论死，赐其自尽。

顺治帝阅罢奏章，虽然不免恼恨郑成功负他一片苦心，但要杀三位重臣也不忍立即准奏，便压下奏章不发。谁知，几个月工夫，军情频报，郑成功的上千艘战船扬帆北上，闹得温州、台州、宁波等沿海府县不宁，守军望风而退。于是，新任浙闽总督李率泰上书奏称：郑芝龙一日不杀，郑成功之心一日不死。群逆之意，亦观望不决。恐致狡谋，贻祸沿海。请敕刑部立将郑芝龙处死。随后，更有苏、浙、闽巡抚、降将黄梧等人，纷纷上疏要求速斩郑芝龙，以绝贼寇父子观望呼应之虞。顺治皇帝这才将十几道奏章批下：立斩孙兰，刘清泰下狱；加严禁锢郑芝龙及其亲属，绝其与狱外一切联系。

在生命最后的两年里，郑芝龙成了断魂钦犯，绝了一切信息。作为敌酋之父的他没有被诛杀，全赖一心施仁政的年轻皇帝直接呵护。他不愿做诛杀归降的国君，不顾众亲王、贝勒及两部阁员、闽浙督抚等文武重臣们要求杀郑芝龙的呼声，决定以流放代替诛杀。后来，福建又传出消息，说郑成功在密谋武力劫狱，朝廷内外又一次响起诛杀郑芝龙及其全家的呼声。顺治帝只叫加紧防范，不许诛杀，远放黑龙江关押，以防变故。

郑芝龙在流放途中颠沛半年之久，一路得到押解官许多照顾。那是大笔银两的作用。怎奈 2000 里囚车之苦无以旁贷，56 岁的钦犯虚弱之躯更加虚弱。他幼年随母礼佛，澳门受洗礼拜上帝，海上敬天妃、敬财神。如今，他

什么也不信了。在出关以后，惊人的消息频频传来，令他欲哭无泪，欲静不能。顺治驾崩，康熙登基，郑芝龙的保护伞没有了，等待他的便是死亡的审批。这年十月，郑芝龙及其子孙家眷 11 人被清廷杀于北京柴市，郑氏在北京老少无遗。

当郑成功听闻父亲及宗亲被害的消息，悲愤之心溢于言表。他悲的是父亲和宗亲的离去，愤的是清廷对待郑氏的举措，以及父亲的投降政策。福无双至，祸不单行，没过几日又传出朱由榔和李定国昆明被杀的消息，此时的郑家军成了抗清孤军。

第七章

英雄落寞：海商风姿不再

父亲的死以及抗清局势的下滑并没有让郑成功意志消沉。他继续扛起抗清的大旗，又完成了收复台湾的重任，终于使台湾重新回到了祖国的怀抱。虽然几年后郑成功病逝，其后人也归顺了清朝，但台湾却牢牢地掌握在中国的手中。

宝岛台湾重回祖国

由于处于“国丧”期间，再加上清政府认为对于郑成功实行军事打击的有效性不大，于是开始寻找另外的途径来打击郑军，但一时也找不到合适的对策。

这个时候，原是郑成功的部下、后投降于清廷的黄梧凭借自己对福建的熟悉，提出了几项政策，具体内容包括以下几点：

1. 金门、厦门以小小的弹丸之地，之所以能够抗守至今而不溃败，是因为沿海百姓为了获利不怕走险，供应给郑军粮饷油铁桅船等物资。如果将山东、江苏、浙江、福建、广东沿海居民全部迁往内地，并设立边界，派兵把守，不许百姓到沿海生活，防止百姓与郑军接触，那么就切断了郑军的物资来源，郑成功就不攻自灭了。

2. 将沿海的船只全部烧毁，不许寸板下海。所有入海的河流处都禁止木材运送。如果有违反的，立刻杀死。如此一来，郑军虽然人多船众，但船只日久无法修复，自然腐烂。而粮草也无法接济，郑军只能土崩瓦解。这一条主要是断绝郑军海上交通工具的来源。

3. 郑成功家的坟墓，现分布在各处。叛臣贼子，应该诛杀其九族，他的祖坟也不能放过，应该将其全部毁掉，使其命脉断绝。清政府也同意此条策，想给郑成功以精神上的打击。

4. 东南沿海投诚清军的官员，散居在各府州县，倘若从中捣鬼，又会给地方造成祸乱。可将投诚的官员迁往各省，进行分垦荒田，不但可以瓦解他们内在的不良联系，还可以开拓疆土之内的地方，富足国库。

清政府觉得黄梧的建议很好，便采纳了他的建议，强迫沿海地区的百姓背井离乡，并且严令沿海地区的百姓寸板不得下海，违者处斩，同时处斩替郑军收集情报的人。这些措施都给郑军造成了极大的困难，尤其是断了经济来源。对郑成功进行经济封锁后，仅靠孤悬海上的厦门、铜山、南澳几个海岛，很难供养庞大的军队。

在这种情况下，郑成功认为为了反清复明的大业，必须寻找新的根据地，不能仅限于东南海上这点地方，于是他决心收复被荷兰人占领的台湾，台湾与大陆有广阔的海域相隔。郑军可以掌握制海权，不惧清军跨海来攻。更重要的是，取得台湾，控制海峡，即可夺回对日本、东南亚乃至整个远东水域的贸易控制权，今后桐油桅舵、火药铜铁，种种军需供给，都可源自海外，不必惧怕清廷。同时也可以赶跑荷兰入侵者，将台湾作为新的根据地，可谓是一举多得。

1660 年 12 月，郑成功下令修理战船、备办粮饷、铸造器械，并对军事做出全面部署。他考虑到这次东征行动，既要能从荷兰殖民者手中夺回台湾，又不能失去厦门、金门、南澳一带沿海岛屿。因此，郑成功决定亲自率主力出征台湾，这支主力共分两批赴台，首批 11 个镇约 2.5 万人，次批 6 个镇约 1.2 万人，合计约 3.7 万人，经过大修的渡海船舰约有两三百艘。在金门、厦门、南澳一带留下相当兵力：命忠勇侯陈豹防守南澳，阻止广东清将苏利、许龙乘虚而入；派郭义、蔡禄二镇及张进守铜山，必要时策应陈豹部；留户官郑泰和参军蔡协吉守金门；由世子郑经率洪旭、黄廷等众将镇守厦门，洪磊、冯锡范、陈绳武三人调度各岛防守事宜。

1661 年 2 月，清帝顺治的死讯传到厦门，郑成功估计清朝在所谓“国丧”时期内部权力格局未定，不会对外大举用兵，这是出兵收复台湾的有利时机。

1661年4月8日，郑成功率首批军队乘船离开大陆东南沿海的金门，向台湾的方向进发，在料罗待风，21日中午“天时霁静”，开航前进。22日，全部到达澎湖，分扎各屿，但重新开航到柑橘屿时遇到顶头逆风，被迫折回澎湖。郑军根据何斌提供的情报，以为“数日内可到台湾，粮米不竭”，多数不带军粮。在澎湖各屿尽量收取，“惟番薯、大麦、黍稷，升斗凑解，合有百余石，不足大师一飧之用”。郑成功“惊乏粮，又北风无期”，如果继续停驻澎湖候风，恐有断炊之虞，更危险的是有可能动摇进军台湾的军心，那将是巨大的灾难。于是，郑成功当机立断，于29日夜看到风势渐转，遂下令冒着“风雨阴雾”的危险开航前进。当时风雨不断，波涛汹涌，船行其间，十分惊险，但到了三更，竟然云消雨散，天气转好。4月30日拂晓，郑成功在马信的南京平底船引导下直达台湾外沙线，天亮时驶抵鹿耳门。

郑成功率军从鹿耳门进入港口并顺利登陆，可谓占尽了天时、地利、人和。所谓天时，就是潮水大涨。恰值潮水比平常加深数尺，船队得以顺利入港，连最大的船只都毫无阻碍。除留一部分兵力扼守港口和北线尾岛外，大部分船舰都于同日下午陆续驶入港内。所谓地利，就是形成航道。经过雨水和潮汐的多年冲刷，鹿耳门逐渐形成了一条可以航行大船的航道。由当地渔民发现，何斌进一步探测后绘成地图，郑军的船队就是按照航图的指引，以及何斌和澎湖渔民的领航才得以入港的。所谓人和，就是当地人策应郑军。赤嵌居民纷纷拿出货车、扁担及其他运输工具前来迎接郑军，在他们的帮助下，还不到两个小时，已经有几千名士兵完成登陆，而荷兰人由于没有估计到郑军会冒着逆风的危险渡海，因而处于毫无戒备的状态。郑军由鹿耳门兵不血刃，悄悄入港，完成敌前登陆，进而占据险要，从而牢牢地掌握了战争的主动权，为夺取复台的全面胜利奠定了重要基础。

1661年5月24日，郑成功刚一登陆，就将在澎湖写就的劝降书及文告送达荷兰联合东印度公司台湾总督揆一，郑成功义正词严地说：“台湾者中国之土地也，久为贵国所踞，今余既来索，则地当归我，珍瑶不急之物，悉听而归。”郑成功的招降书，既宣示了主权的归属，又表达了和解的态度，更提示了解决问题的途径。但是傲慢的荷兰人并不以为意，更不以为然，他们坚信高大船舰、优良火器和铁血精神，足以吓退贪生怕死的中国人。于是，荷方迅速集结兵力分水陆三路向郑军发起猛烈反扑。

5 月 20 日早上，揆一下令战舰赫克托号和格拉弗兰号，以及通信船玛利亚号、运输船白鹭号一边开炮一边全速冲向郑军船队，务求给郑军船队以重创，来一个下马威。郑成功也不敢怠慢，立即派遣侍卫镇陈广和左虎卫左协陈冲率领大型帆船 60 艘迎击。荷舰一驶过来，立即有几十艘中国帆船蜂拥而上，像许多老鼠包围一只狗的死尸似的从各个方向围住攻打，其中有五六艘最勇敢的满载硫黄、焰硝之类易燃品的船只，冒着猛烈炮火冲到赫克托号近旁，点起了火种，引起了舰上火药仓的爆炸，把这艘荷军主力舰连同舰上 100 名士兵炸沉海底。其他三艘荷舰见势不妙，连忙逃出港外，五六艘郑舰穷追不舍。格拉弗兰号为抵抗郑军船舰的攻击，在后甲板安置一门大炮，频频向郑舰发射，郑舰则数船并在一起，搭成一桥，用铁钩钩住格拉弗兰号，几名士兵奋勇爬上敌舰，砍断缆绳，差一点就将该船俘获；另一郑舰已经用铁索扣住敌舰的船头斜桅，使烈火延烧过去，但荷兰人拼命打退连续攻击中的郑军，并将系着郑舰的船索砍断后拼死冲出重围。这场海战可谓惊心动魄，荷兰的两艘主力舰，一被炸沉，一遭重创，其他船只均负创而逃。郑成功以木船对抗当时最先进的西方武器装备，击败了当时号称世界第一流的荷兰海军，除了郑军有旺盛的士气，不怕死的大无畏精神外，郑成功的战略得当也是很重要的因素。

荷军由贝德尔上尉率领 240 名士兵在北线尾岛南端登陆，以 12 人为一排，连放三排枪，神气活现地阔步向前。郑军由宣毅前镇陈泽率领，奋勇杀敌，许多士兵“不顾死活地冲入敌阵，十分凶猛而大胆”。另一路郑军又从荷

军后面包抄过来，荷军腹背受敌，“他们的勇气这时完全被恐惧所代替，许多人甚至还没有开火便把枪丢掉了”。在短短几十分钟的战斗中，贝德尔上尉及其部下就损失过半，其他的都落荒而逃。

阿尔多普上尉率领另一支由 200 名士兵组成的荷军，准备乘舢板前往士美村一带阻止郑军船只靠岸，发现形势不妙，赶紧改从海道增援普罗文查。郑军一登陆随即包围了普罗文查，在困守无援的情形下，荷兰守军派出两名代表求见郑成功，郑成功采取武力解决与招降双管齐下的方针，迫使荷军献出了城堡和所有军用物资，向郑军投降。

1661 年 6 月，郑成功的第二批军队 6 镇 1 万多人分乘 20 艘船到达台湾，军事力量得到进一步增强。这时，郑军缺粮逐渐严重，这是郑成功攻台遭遇的最大问题。郑成功采取派人下乡搜粟、厦门催粮和分兵屯垦等方式，解决粮食问题。而荷军的主力已全部退守热兰遮城，郑成功认为台湾本岛已经收复，剩下对岸一座孤城，不会有什么作为，遂采取“围困候其自降”的方针。没想到，这一围又长达半年时间。在抗清战争中，郑成功曾经历过两次围城失败的战略失误。第一次是在 1652 年 5 月，围困漳州五个月不下，城内“百姓饿死过半”，最后清军援至，郑军迎战大败，退回厦门。第二次是在 1659 年 8 月，围困南京 20 日，误中守军诈降之计，拒绝诸将建议，没有全力攻城，结果大败而退。这次围困热兰遮城，郑成功仍然没有吸取前两次的教训，始终没有切断守军的通海之路，让他们同援军保持联络，从容获得补给，这不能不说是攻台战略上的一个重大失误。

在围困热兰遮城相当长的时间内，郑成功没有发动攻击，而是意图等待固守城堡的荷军弹尽粮绝，不战而降。但心存幻想的荷兰人仍然负隅顽抗，直到巴达维亚的援军彻底远去，城堡内的病人不断增加，绝望的情绪在荷军中像瘟疫一样蔓延开来。1662 年 1 月起，郑成功接受一些投降荷军的建议，在乌特利支堡外围赶建了 3 座炮台和一些战壕，配备了 28 门巨炮；1 月 25 日清晨开始，郑军用大炮轰击了一整天，把乌特利支堡彻底炸毁。荷兰殖民者眼看他们统治台湾的末日已经来临，走投无路之下，揆一和荷兰守军才不得不向郑军投降。1662 年 2 月 1 日，揆一和郑成功双方代表在大员街的税务所各按本国的习俗举行誓约、签字、盖章的仪式，然后互换条约，完成换约媾和的手续。揆一和郑成功签订的和约内容共十八条，包括守军将所有炮台、碉堡、重炮、火药、战具，以及东印度公司的粮食、商货、金银等一切财产交予郑军，郑军则承诺释放荷兰俘虏，发还捕获的小艇和守军日常用品等。

1662 年 2 月 17 日，揆一率领残兵败将，按照荷兰的习俗，全副武装，举着旗子，燃着火绳，子弹上膛，击打着腰鼓，分乘卢斯杜南号、唐堡号等 7 艘舰艇返航巴达维亚，永远结束了荷兰联合东印度公司对台湾 38 年的殖民统治，台湾重新回到祖国的怀抱。

郑成功光复台湾，具有极其深远的意义。台湾之战是东方古老文明对西方殖民主义第一次战略性的胜利，是中华民族第一次取得全面胜利的民族解放战争，阻止了西方殖民主义的扩张步伐，维护了东方国家的主权独立。从政治上，它延续了明朝的正朔，鼓舞了人民的斗志；从文化上，它传播了中华文明，扩大了儒学影响；从海权战略上，台湾是中国海防的第一门户，是扼守巽他海峡到日本诸岛海上通道的战略要地，地形险要，易守难攻，郑成功东征驱荷，是中国人第一次从欧洲人手中收回殖民地，并经郑的有效管治，彻底杜绝了荷兰、西班牙、日本等东西方列强再度染指台湾的可能，从而确保中国海权的安全。而随着时间的推移，收复台湾维护了中国的核心利益，彰显了中国海权战略的大国地位。

铲除殖民文化之根

荷兰殖民者统治台湾38年，在政治、经济、文化方面都留下了许多殖民痕迹。郑成功于1661年4月在台湾登陆，他驻足台湾的时间前后不满14个月。在这短暂的时间内，尽管大半年是处于战争状态，但他还是抓紧时间采取许多举措，废除殖民制度，肃清荷兰残余势力，清除殖民主义在政治、经济、文化等方面残留的痕迹，对后继者产生了深远的影响。

郑成功在台湾站稳脚跟之后，便立即着手政权建设。1661年5月，郑成功召集文武百官开会，宣布在台湾正式建立政权。他改台湾城（包括台湾城堡、台湾街）为东都明京，改赤嵌城为承天府（今台南市），下设天兴（今嘉义）、万年（今凤山）两县，并任命官吏，清查田园人口，规定赋税。

东都，是相对明王朝的南都金陵、北都北京而言；承天者，是与明太祖朱元璋早年改元朝的集庆（今南京）为应天相承袭。承天府，下置天兴、万年两县。天兴县，管北路；万年县，管南路。郑成功任命杨朝栋为承天府府尹（长官），庄文烈为天兴县知县，祝敬为万年县知县；与此同时，又将台湾城堡连同附郭街市改为安平镇。安平，是福建泉州的一个港口，是郑芝龙的发迹之地，今置安平镇，含有郑成功承袭其父功业的意思。他在5月18日的令谕中称："东都明京，开国立家，可为万世不拔基业。"郑成功的这些政权设置及其名称，让人们不难看出他显然是不忘大明王朝，不忘祖国大陆，不忘其祖业的。

从此，台湾有了行政机构。此外，郑成功还在普罗文舍堡外原来的商业区设立四坊，管理商业，安定市场。

除此之外，郑成功还在台湾建立了一套富有特色的赋税制度。

郑成功把台湾的土地分为三类，一类是军队的屯田，称为“营盘”，自耕自给。一类是召佃开垦的荒地，称为“私田”。“私田”由佃主收取地租，向政府缴纳田税。另一类是荷兰人的“王田”，他把这些土地收归国有，称为官田。原来耕种的人称为“官佃”，按荷兰人的旧规收取地租。以上这套赋税制度有效地保证了郑氏政权的正常收入，为日后台湾的富强奠定了基础。

做了这些工作之后，郑成功迅速地展开经济建设，掀起了开发台湾的高潮，迅速而有力地推动了台湾的前进，做出了前人所未及的事业。

郑成功在入台之前，素以治军严明而著称。入台之后，他更是严格实行法治，不分亲疏，内外同法，律人律己，就是对犯了法的功臣和亲眷，也一视同仁，坚决惩治，不徇私情。郑成功认为：“立国之初，法贵于严，庶不至流弊，俾后之守者易治。”

郑军登陆台湾，刚刚取得初步胜利之时，郑军大将吴豪犯下了“搜掠台湾百姓银两，盗匿粟石”之罪，虎卫右镇陈蟒也有贪污行为。虽然他们二人都在以往的抗清战争以及攻台战争中立有大功，但当郑成功经过调查确认他们的犯罪行为属实之后，他毫不徇私，召集官员讨论，召开宣判大会，判处吴豪死刑，并撤职查办了陈蟒。

杨朝栋又名曹文龙，是继甘辉之后最受郑成功信任的将领之一，追随郑成功南征北讨，战功彪炳，尤其是他力劝郑成功收复台湾，甚得郑成功器重。在收复台湾后，郑成功任命他为承天府府尹，主持台湾政事。但是，杨朝栋知法犯法，伙同知县祝敬和斗给（粮秣官）徇私舞弊，克扣军粮，还私自征调军民，大兴土木，营造官邸，以满足其个人享受。郑成功得知他的行为之后，非常气愤，马上派人调查，经查属实，杨朝栋、祝敬二人罪证确凿，郑

成功毫不犹豫，决定处死他们。虽然当时有很多将领向郑成功求情，说台湾初定，正需要人才，况且杨朝栋曾经立下汗马功劳。但郑成功认为若不治杨朝栋之罪，诸官员日后必倚功而枉法，遂将杨朝栋、祝敬等人推出斩首。杨朝栋被处死的消息传开了，各镇将士臣民，见郑成功执法严厉，犯者虽亲无赦，无不叹服。这种依法处分的做法，进一步稳定了军心、民心，也增强了广大将士和移民们开拓台湾、建设台湾的信心和决心。郑成功治台近乎严峻，使文武百官莫不佩服，无敢犯者。从此百姓安居乐业，社会秩序井然。

清初到台湾的郁永河，在《裨海纪游》中描述郑成功在台湾严于执法的情况，书中写道："郑氏之治台，立法尚严，犯奸与盗，死不赦。有盗伐民间一竹者，立斩之。民承峻法后，犹有道不拾遗之风。市肆百货露积，委之门外，无敢窃者。"

郑成功在台湾实行法治，励精图治，使台湾的政局与面貌焕然一新。

早在郑成功到台湾之前，清政府就对沿海各省严厉执行迁界政策和锁海政策，下令沿海各省人民迁入内地 30 公里，设立边界，不许任何一只船下海，也不许任何一只船靠岸；将沿海船只及沿海 30 里内的庐舍、田园全部烧毁，沿海人民如出界者则处死。其目的是阻止沿海人民支持郑成功。锁海和迁界，使沿海人民流离失所，生活悲惨。郑成功目睹沿海人民因这一政策所遭受的苦难，下令部属将沿海各地人民用船载到台湾，参加农业生产，鼓励和帮助沿海人民移居台湾。沿海人民由于痛恨清政府的迁界令，因此纷纷投奔郑成功。

此后福建漳州、泉州，广东的潮州、惠州等地人民竞相渡海移居台湾，台湾人口在清廷锁海迁界政策下不降反升。这是清政府的极大失策。

另外，郑成功入台带来了 2.5 万士兵，但家眷大都在大陆，人心容易涣散。所以郑成功一到台湾，就立即下令将家眷迁来，一则以安定军心，二则以之从事垦殖，增加生产。正是由于大陆汉人军民的加入，使得台湾人口开始激增，开荒的范围也迅速扩大。这些从大陆来的移民，带来比较先进的农业技术，促进了台湾农业的发展。在郑成功治理台湾的23年中，到处都有来自中国内地的移民。

由此可知，郑成功对台湾的经营与开拓，大大加深了台湾人民与大陆居民血浓于水的亲密关系。

当时台湾文化教育相对落后，而荷兰人侵占台湾后，又对台湾实行殖民奴化教育，兴建教堂和办小学，用高山族语言翻译《马太福音》，编著《耶教问答》，传播基督教，企图以此磨灭台湾人的民族意识和反抗意志。为了改变台湾文化落后的状况和消除荷兰殖民教育的影响，郑成功大办学校，以兴办与发展台湾文化教育事业。要兴办文化教育事业，就得依靠文人儒士。郑成功在厦门树起反清义旗后，鉴于他的政治主张和民族气节，许多文人儒士争相归附，他们或身怀经世辅政之能，或是精通经史文学之才，积极支持郑成功从事抗清驱荷的爱国事业。郑成功一向尊师敬老，礼贤下士，推崇儒学。即使在他挥师入台以后，“士大夫之东渡者盖八百余人”。到台湾的士大夫备受郑成功礼遇，尤其是得知抗清名士沈光文也在台湾时，非常高兴，以隆重的礼仪召见了沈光文，还赐给他田宅。随后，又有一批遗老儒士入台。这批人来到台湾后，刮起了一股强劲的文风。他们著书立说，结社吟诗，把中华文化的种子撒播在祖国的宝岛，促进了台湾文化的勃兴。尤其是沈光文以传统的诗文形式，写下了台湾最早的一批文学作品，成为台湾文化的开拓者。郑成功还委托陈永华辅佐儿子郑经发展这些教育事业。

郑成功去世之后，郑经又委托陈永华以勇卫之职，掌管台湾政事。陈永华秉承郑氏父子的意愿，除大力抓农业、贸易、煮盐等经济建设外，还建立孔庙，设立科举，兴办学校，大力发展社会教育事业。

孔庙落成，旁设“明伦堂”，将祖国几千年的传统文化传播到台湾；又广设学校，聘请从大陆过去的有文化的人做老师，收授学生。

据《台湾外记》记载，当时规定：

“两州三年两试，照科岁例开试。儒童州试有名送府，府试有名送院，院试进取，充入太学。准仍按月授课，三年取中试者，补之官内都事擢用升转。”

陈永华为学院的教育长、太学的院长，叶亨为国子监助教（相当于太学的副院长），把大陆的科举考试制度也带到台湾。

郑成功特别重视台湾高山族同胞的文化教育，提出在高山族同胞各乡社也遍设学校，请汉族有知识的人去教学。8岁可入学，“课以经史文章”；又规定，高山族子弟入校读书的，可免其徭役，以鼓励他们读书学文化。

在郑成功的重视、倡导下，经过两代人的努力，台湾文化的蒙昧、停滞、落后的状态得到了改变，殖民文化的影响得以铲除，教育事业蓬勃地发展起来。

处在两国夹击之下

清荷之间的联合，是17世纪中叶中国东南沿海国内矛盾和国际矛盾交织的结果。这个过程，大致可分为两个阶段。

第一阶段，1653年到1661年。荷兰殖民者由于和郑成功的矛盾不断加深，试图和清朝廷建立贸易关系，并寻求结成军事联盟的可能性。

1653年，荷兰东印度公司第一次派船由台湾“至广东请贡，兼请贸易”。由此和清朝开始接触。但他们的要求，经广东巡抚具奏以后，没有得到批准。

1656年8月，东印度公司再次派遣使者到了北京，“资表朝贡，并请贡道以便出入”。礼部拟议“准五年一贡，贡道由广东入”，最后，清廷在给荷兰国王的敕谕中表示，“至所请朝贡出入、贸易有无，虽灌输货贝，利益商民，但念道里悠长，风波险阻，舟车跋涉，阅历星霜，劳绩可悯，若贡期频数，猥烦多人，朕皆不忍。著八年一次来朝，员役不过百人，止令二十人到京，所携货物，在馆交易，不得于广东海上私自货卖”。关于这一次荷人赴京，许多论著都认为是“不得要领而回”，然而，这仅仅是针对荷兰人要求海上贸易而言的。如果从整个清荷关系来看，则是揭开了新的一页。“它只有算做中华帝国的一个朝贡藩属，才得侧身于天朝的朝廷。”清廷承认荷兰的贡国关系，就为以后关系的进一步发展打下了基础。

当荷兰殖民者在郑成功军队的围攻下，困守热兰遮孤城之时，他们除了寄希望于巴达维亚的援军之外，也希望和大陆的清军结成联盟。1661年10月，几艘荷兰船只在澎湖被郑军打败后驶往大陆，他们向清朝的地方官员“请求在该地停泊装水、购买食品和柴薪”。这些荷兰人被引见靖南王耿继茂后，“靖南王对公司表示好感，特别希望联合攻打强盗国姓爷，并加以消灭”。耿继茂还让荷兰人带回了一封信，“他十分慷慨地建议提供一切可能的援助，但也请我方派两艘战船前去消灭仍留在中国内地的国姓爷军队”。11月26日，台湾评议会根据耿继茂的建议，“要考乌（巴达维亚援台舰队司令）准备好三艘威力最大、航速最快的帆船，加上两艘小船，备足粮秣、弹药及其他军用物资，配备善战的士兵，打算用这支兵力同鞑靼人联合，进攻并消灭国姓爷留在中国的其他军队。他们希望这样可以牵制国姓爷对‘福摩萨’的包围。而我方舰只又可以运回必要的物资以供应大员的守城军队”。由于考乌率领舰队逃回巴达维亚，荷兰殖民者企图和清军联合，使郑成功腹背受敌，从而解脱在台湾困境的计划终于落空。

第二阶段，从1662年到1664年。荷兰殖民者被郑成功逐出台湾以后，

念念不忘卷土重来，但力量孤单，又没有一个立足的基地，因此希望借清朝的力量消灭郑氏，达到自己的目的。清朝统治者则由于缺乏足以制胜郑氏的海军力量，需要借助荷兰的大型夹板船。他们互相利用，签订军事协议，采取联合的军事行动。

1662 年 6 月，荷兰东印度公司首次派出由 12 艘夹板船、1284 人组成的远征舰队，由海军提督巴尔塔沙·波特（我国史籍中记载为出海王，是荷兰人为便于和清军合作的自称）率领，由巴达维亚出发。8 月 14 日（七月初一），荷兰舰队驶抵闽江口五虎门，“各船上均竖有大纛旗。纛上书有‘支援大清国’字样”。当地清军派人前往询问，荷人声称“前来协助大清国征剿郑逆……请先准我船停泊内海”。18 日，荷人派代表 1 名、随从 2 名、通事 2 名、书办 1 名前往福州。来人持有致靖南王、总督和巡抚的照会，要求将船上所载胡椒、丁香、豆蔻、檀香、水银等物全数销售，“准于府、州贸易。若不得销售，则可以从十三艘船中酌留一二艘，以贮存货物，余者尽听调遣”。9 月 19 日，波特又写信给福建总督，声明对“郑军以及一切清廷之敌人作战有万全之准备，惟应以准许自由贸易、恢复台湾为条件”。耿继茂、李率泰对与荷军合作的事情不敢擅自主张，故具疏请旨定夺。1663 年 2 月 2 日，清廷批示：“彼红毛人来船出力剿贼，殊甚可嘉。可否助战，著该王、总督等核议具题。所带货物，著委员监督贸易。”在此期间，荷兰人还派遣商务员康士坦丁·诺贝尔（我国史籍记为户部官老磨军士丹镇）等到京朝贡，并“请助师讨台湾”。在清方公文往返的时间里，在福建的荷兰人由于一时没有得到清廷的答复，曾单独攻击郑军船只，但没有获得多大战果。康熙二年（1663 年）春，波特率领舰队回返巴达维亚，临行与清闽安镇总兵韩尚亮约定，“待入夏后，率领舟师前来助剿”。

1663 年 7 月 1 日，波特再次率领由 16 艘夹板船、2600 人组成的舰队从巴达维亚出发；8 月底到达闽江口，9 月 5 日驶抵闽安镇（《台湾外记》《台湾郑氏始末》等书记荷舰由揆一领队，实误）。荷人这次赴闽，受到清方热情款待。靖南王耿继茂和福建巡礼委托官员特别给拨房屋，以便荷兰人“卸存货物”，并邀荷舰驶往泉州会齐。10月15日，荷舰驶入泉州湾。21日，波特向泉州城内的耿继茂和李率泰递交了一封有他签字盖章的信，要求耿、李的回信也签字盖章，“以合乎平等外交的惯例，以昭信守”。这封信，就是通常所说的清荷联军协议的草本，共有十一项条款。第一条规定：“清荷两国民间应有不得破坏之同盟关系存在。”第二条至第六条规定了军事合作的一些具体事项。第七条规定：“荷兰东印度公司在中国与一切华人得享有贸易之自由，不受任何干涉。但联军未克服金厦两地以前，对于荷人所带来之货物，暂不讨论。”第八条：“克服金厦两岛后，荷人必要时，得在两者之间，择取其一或其他地点，以驻舰队，以防海贼攻击。”第九条：“克服金厦两岛后，联军应驶往台湾。攻取此岛后，清军应将该岛以及一切城堡物件交与荷人，以供荷人居住。”最后一条规定：“此约应得清廷之批准，并将其批准送交荷人。”耿继茂和李率泰对七、八、九三条持有保留意见。10月27日，耿、李二人在协议书上签字，并写信给荷方，对保留部分加以说明，表示只能按朝廷的授权范围来考虑荷兰人的要求。

协议签订后，分派官员相机渡海。11月18日和19日，清荷联军和郑军进行海战。荷兰船只从“外洋驶入海口，两面夹击”，他们倚仗船高大且炮铳多，“横截中流，为清船藩蔽”。20日，荷兰夹板船仍在海上牵制郑军，清军各路水师齐头并进，向厦门发起总攻击，郑军因寡不敌众，退出厦门。清荷联军占领厦门后，遂乘胜克取金门、浯屿。

金、厦战后，清荷双方在下一步作战意图上产生了分歧。关于这一点，台湾有的学者认为，“清荷联攻金厦后，荷人旋则要求清方协力进攻，然清方对近海之铜山，亦不主进攻，只允派若干篷船助战，荷军自然对此抱大不满”。其实，清军取得金、厦两岛以后，一面对郑军进行诱降活动，一面积极

准备进攻铜山。为了进攻铜山，曾“邀荷兰船助剿”，倒是荷方对进攻铜山不感兴趣，反请清方“派船兵进取台湾，伊等相助”，又建议清方“行文招降台湾兵民，伊等可派船协助运回闽省”。耿继茂、李率泰考虑到郑氏部属“早有思念故土之情，故依所请，派船二只，差官持谕，同往招抚”。1664 年 2 月，波特率领舰队单方面向澎湖、台湾进发，先占领了澎湖，后因听到清郑交涉有所进展，寄希望清方遵照协议将台湾移交，故又率领舰队返回巴达维亚。

1664 年 7 月 7 日，波特率领 12 艘船第三次驶往中国。8 月 20 日，在澎湖打败守岛郑军。27 日，侵占台湾北部的鸡笼港，把它“作为行驶于北方——即中国沿岸的船只的临时集合地”。9 月 27 日，波特率领船十只、兵千人从鸡笼出发，10 月 5 日到达闽安镇。耿继茂等与其约定，“九月二十日至围头取齐，于十月上旬往澎湖攻贼巢。候风便进取台湾”。关于波特第三次来征的这段航程，台湾学者赖永祥先生在《清荷征郑始末》一文中，认为是巴达维亚—闽安镇—澎湖—鸡笼，而据《巴达维亚城日志》和《清实录》的记载，参照公农日历，则应如上所述，为巴达维亚—澎湖—鸡笼—闽安镇。至于荷舰到了闽安镇以后的去向以及为何没有根据约定和清军第二次合作，我国史籍未有确凿的材料说明。据《台湾外记》记载，“揆一王（应为波特）守候无期，仍率夹板尽上浙江，顺次普陀山。……十月，揆一王引诸夹板欲去舟山，船将出港……海中突出铁莲花，将荷兰所有夹板刺沉于海，死无遗类。十一月，部文到，允水师提督施琅……等进攻澎湖。琅差快哨于海外，寻揆一王夹板为先锋。……侦哨回复施琅云：夹板……尽沉于海”。但是这个记载过于神话，对于荷军的去向和爽约不可作为依据。《南海普陀山志》虽也有“红毛番人来山……将归，船忽自焚，番人多溺海而死”的记载，但已记明为康熙四年五月之事。荷人的记载似乎还有一点线索。《巴达维亚城日志》记明，1665 年 1 月 27 日，巴达维亚城殖民当局曾向鸡笼的荷兰军队发布停止进攻台湾的命令。5 月 7 日，又通过决议：“如果鞑靼人成为大员和

‘福摩萨’的主人并让我们占有其地，就由商务员诺贝尔接收。”5月29日，给诺贝尔的训令中有“当鞑靼人向我方移交大员时，在此次出航的八十名士兵之外，应从鸡笼守军中尽量增拨兵力，担任守卫”。另据美国学者约翰·E.小韦尔斯的著作《胡椒、枪炮及战场谈判》一书中说，这次“联合攻台，因荷军自称人数不足而作罢”。因此，可以作出这样的解释：这次合作没有成功，完全是因为荷兰人在金、厦战后进攻台湾的要求没有得到清方的积极协助，故对与清方的军事合作已经失去兴趣，而希望清廷通过议和或军事手段取得台湾后向其移交。康熙三年（1664年）十一月、康熙四年（1665年）三月和四月，施琅、周全斌等率舰队三次向台湾进发，都是清军的独自行动，没有荷兰舰只参加。此后，清朝与荷兰之间的联合关系也就此终止。

冲破封锁的枷锁

由于清朝和荷兰的联合，以及迁海令和封锁政策，使沿海人民大受其苦，也给远在台湾的郑氏军队的供给造成了极大的困难。故郑成功到台湾后，非常重视农业生产。他实施屯垦，寓兵于农，增加粮食，确保军需，使军队立于不败之地。

郑成功只留两个警卫部队守卫安平、承天二处，其余各镇，按镇分地，按地开垦。平时10人中1个人瞭望、警戒，4个人耕田种地，轮流更换，这样，既无闲丁，也无逸民。插竹为社，斩茅为屋，训练生牛犁田。丈量土地，划归版图，照3年开垦，然后定上、中、下三等，确定赋税。3年内的收成，

只给公家3/10。农闲时训以武事，有警则荷戈以战，无警便扶犁耕田。

郑成功分派各镇前往台湾北路、南路各地屯垦，发给6个月的粮饷，作为开垦费用。官兵们一手拿刀，一手拿锄，使垦区的面积不断向台湾西部平原南北扩展，从前人迹罕见的地方，也出现了袅袅的炊烟、绿色的田园。这种军垦，使士兵同时又是农民，把兵役、国防和农耕三者结合在一起，有组织、有领导、有力量，较之个体农民，在解决一些自然灾害带来的困难方面，较为有力。

郑成功还特别强调，军政人员实行生产建设，一定不要与民争利，尤其不能损害高山族人民的利益。开垦的总方针是“己力经营”，即完全依靠自己的努力去开垦荒地实行农业生产，绝不能强占他人的劳动成果。将士们每到一个地方，都要选择靠近水源的地方，盖起茅屋，开垦荒地。将士们并肩奋战，清除荆棘，铲除野草，历尽艰辛，开垦了许多荒地，建了许多屯田据点。这些据点，有许多后来成了人烟稠密的村落。那时随郑成功大军到台湾的名士卢若腾写了一首《东海屯卒歌》，讲述屯田官兵的艰辛劳动。这首诗歌写道：

海东野牛未驯习，三人驱之二人牵。
驱之不前牵不直，偾辕破犁跳如织。
使我一锄翻一土，一尺两尺已乏力。
哪知草根数尺深，终日挥锄不得息。

如今，从台湾的许多地名，仍然可以看出当年郑军屯田的规模。例如，六斗门有一处叫林圮埔的地方，当年由一名叫林圮的军官带着一些士兵来这里屯田。他们每天生活很苦，可是他们一点也不动摇。后来，林圮就死在那里了。后人为了纪念他为开发这片土地作出的贡献，便把那个地方称作林圮埔。到了清朝末年，那里已经发展成有几万人口的大地方了。生活在那里的林氏子孙，继承了先辈的遗风，都具有坚忍不拔的精神。后来，那里建立了县城，叫云林县。

嘉义县有一处地方叫林凤营，是一名叫林凤的将领率领士兵屯田的地方。距离林凤营十里之处有一个地方叫新营，新营的北面有旧营，东边有五里营，西边有查田营……这些地方都是郑军屯田旧地，直到现在，人们还沿袭那时候的旧称。

郑成功除了让士兵集体屯田之外，对于自己的亲属和文臣武将，还鼓励他们召佃开荒。发布屯田令之后，为了更好、更规范地实现“寓兵于民”政策，郑成功颁布了 8 条命令，对田地的开垦与分配、林木坡地的保护和捕鱼经商等都做了规定。这 8 条命令规定：“东都明京，开国立家，建立万世不拔基业。尔等文武官员及各镇大小将领，务必修造田宅，遗留子孙后代。今尔等应当以自己能力经营，不准侵占百姓产业。兹将条款开列，成使遵守，如有违犯，按法究治。”

另外，郑成功还在台湾大兴水利。据不完全统计，没几年，郑成功就兴修各种水利设施 20 多处，其中在台湾县的有公爷陂等 4 处，在凤山县的有三镇陂等 16 处。据考证，台南县的草潭、白衣潭、公爷陂，就是在郑成功和郑经的主持下修建成的。郑氏政权兴修的水利设施种类很多，有潭、陂、湖、港、坑等，都是根据地势、水源、流向修筑而成的。《凤山县志》中称：邑治田土多乏水源，淋雨则溢，旱则涸，故相度地势之下者，筑堤堵水，或截溪流，均名曰“陂”；至于地势低下、低尘积水，有泉不竭，而不甚广者曰“潭”、曰“湖”；有源而长者曰“港”、曰“坑”。

正是由于这些水利设施的修筑，才大大扩大了耕地面积，特别是增加了水田面积，保障了水稻等作物连年丰收，满足了军民的粮食需求，促进了台湾农业的发展。

除了上述措施之外，郑成功还经常带领官员视察台湾当地的农业生产情况，他发现高山族的农业生产技术是十分落后的。在视察中，郑成功看到高山族居民收稻谷，竟不知用镰刀收割，而是一穗一穗地用手去采拔。这样，一甲稻田，采拔数十日方能收完。不仅如此，高山族居民皆不知用犁耙锄头，而是用铁片一下一下地挖地。至于靠近水源的土地，本来使用价值很高，但高山族居民不去耕耘，而置之不用。高山族的生产方式，仍然处于原始状态。于是郑成功让散居在台湾西南平原的各社高山族同胞，学习和运用汉族的先进农业技术，使农业生产向前发展得很快。郑成功接受杨英建议，每社派去汉族农民一人，发给铁犁耙锄各一副、熟牛（耕过田的牛）一头，让汉族农民教给高山族同胞使用工具的技术。高山族同胞亲眼看到先进耕作技术的好处，都高兴地效仿，从而提高了社会生产力。

郑成功在台湾大力发展农业生产，取得了很大的成绩，使台湾逐渐成为一个世界著名的产粮宝地。

郑成功受其父亲郑芝龙的影响，一向重视商业与海外贸易。收复台湾以后，郑成功不仅很好地保护了荷兰人所建立的市街，同时着手城区、市区的建设。采取坊、市不分的方法，设坊以居商贾，同时兴建了一些街市。为了发展台湾商业，郑成功很重视台湾手工业的发展。当时数十万军民东渡台湾，定居创业，需要大量手工业产品。为此，郑成功组织人力，动员工匠，“制器造舰”。“制器”，主要是兴办冶铁业，铸造和打制刀、锄、犁等器具，以满足军民生活及农业生产之需。“造舰”，即造兵船以增强海上作战军力；造商船以载运货物，兴贩发展海外贸易，“时造巨舰，贩运东西洋而揽其利”。在郑成功及其后代的重视下，台湾的制糖、制盐、制樟脑、制陶、船舶修造业、砖瓦业等手工业均有所发展。

郑成功利用台湾四面环海，对外贸易方便的有利条件，大力发展海外贸易。在厦门时，他就经常派遣商船到东南亚各国进行贸易，到了台湾后，清朝实行“海禁”，寸板不得入海，沿海地区“尽委而弃之”，海上交通贸易停顿。然而，沿海商贾与民众不顾海禁之令，运货“潜通”郑氏，供应大量各色货物，然后再由郑成功转运各国。郑成功通过海外贸易，继续和日本、暹罗、越南、菲律宾、柬埔寨等国家通商，把台湾的土特产，如鹿皮、鹿脯、樟脑、硫黄、蔗糖等销往国外，换回所需要的刀剑、盔甲和生活日用品。在郑经时代，一些欧洲国家也常常与郑氏政权通商，譬如葡萄牙、荷兰与西班牙“皆与台湾贸易，岁率数十万金”。欧洲商人在台湾购买大宗“中国各货”，载运回本国买卖以谋利。当时，台湾成为远东的世界贸易中心。由此可见，郑成功与郑经所施行的海外通商之策，“裨益国计民生者甚大”。

海外贸易的发展活跃了商品经济，也增加了郑成功的财政收入。郑成功在发展贸易的同时，也与大陆进行直接贸易。早在东渡台湾之前，郑成功就很重视发展与各地的贸易关系，如地处闽、浙交界的沙埕港，就是郑氏海商与大陆私商交通经济的重要基地，贸易非常频繁。不久，台湾与福建、广东建立起直接的贸易关系。这些贸易措施推动了台湾经济的发展，以致在郑成功收复台湾之后的20多年里，台湾经济与大陆逐渐同步发展。同时郑成功也很注意保护民间贸易，特别是出售日用必需品，收购高山族同胞的鹿皮等土特产。

由于郑成功及其后代对商业和贸易的重视，台湾岛内商业获得了很大发展，商品种类增多，商品流通范围扩大。海外贸易不仅通达日本、东南亚，而且与欧洲也有频繁的商品交易。不过当时台湾仍是作为大陆货物的转运站而兴盛起来，这种兴盛在很大程度上受制于大陆与台湾的贸易情况和两岸政治形势的走向。

英雄去世，政权终结

郑成功常年统兵南征北战、东征西讨，戎马生涯16余年，再加上他整日为国事、家事担忧，积劳成疾，严重损害了他的健康。而郑成功在光复台湾之后，仍然没有时间休息，加之件件恼恨之事接踵而至，使他这位钢铁巨人再也支撑不住了。

1662年6月，郑成功偶感风寒，浑身乏力。他勉强登上将台，持千里镜，眺望大陆是否有船来。6月23日，他自知病情严重，便命人取来冠带，穿戴好，又登将台眺望，不见踪影，便回至书房，请出《明太祖祖训》。这是朱元璋为子孙规定的禁令和要求，目的是要大明王朝万年永固。郑成功行礼毕，坐定，命左右进酒，每阅一卷，饮酒一杯。当阅读到第三卷时，他哀叹道："吾有何面目去见先帝于地下也！"以两手抓其面而逝，终年只有39岁。

关于郑成功的死因，历史上有许多记载与猜测。一般的记载说他是感染风寒而死。同时代人李光地说："马信荐医生以为中暑，投以凉剂，是晚而殂。"林时对、夏琳等人提到郑成功临终前的一些异常症状："骤发癫狂""咬尽手指死"。人们不清楚他到底患的是什么病，猜测也有各种各样，恶性疟疾、流感、肺结核病、癫狂症等说法不一。

也有人根据郑成功临终前后异常情状和当时郑氏集团内部斗争的背景，推测郑成功是被人投毒致死的，不过都是基于猜测，缺乏直接确凿的证据。

因此，郑成功的死因至今还是一个未解开的谜。

郑成功百年之后魂归何处？他的陵墓到底在哪里？大致有三种说法：一说郑成功的陵墓在台湾；一说在福建省金门岛；一说在河南省固始县。但研究学者和郑氏后人推崇的说法，仍是泉州南安水头。支持第一种说法的依据是：1661 年 4 月，郑成功挥师东渡。经过一个月的浴血战斗，终于在 1662 年 2 月 1 日迫使号称“号上霸王”的荷兰殖民主义者、驻台总督揆一在投降书上签字，被荷兰殖民主义者霸占了 38 年的台湾宝岛回到祖国的怀抱。郑成功因久战沙场，积劳成疾，就在同年 6 月 23 日（农历五月初八）病逝于台湾，享年 39 岁，安葬在台湾省台南市州仔尾。清朝统一台湾后，康熙皇帝于 1700 年以郑成功系前明遗臣，不是“乱臣贼子”，应该受到一定的尊重为由，下诏批准将郑成功归葬故乡南安，在康店乡覆船山上为其修建墓室，附于先祖乐斋公茔内，由郑氏族人世代守冢。

支持第二种说法的依据是：有的人认为郑成功的陵墓在福建省金门岛，此说亦事出有因。郑成功北伐失利后，挥师南下，以金门、厦门两岛为根据地，整顿军务，训练水师，眼见被荷兰殖民者统治多年的台湾百姓处于水深火热之中，为了中华民族的尊严，为拯救台湾岛百姓于水火之中，郑成功毅然挥师东渡，收复台湾，300 多艘战舰就是从金门料罗湾出发的。因此，郑成功逝世后，为纪念郑成功的丰功伟绩，在金门岛建立了郑成功的衣冠坟，以供后人缅怀祭奠。

支持第三种说法的依据是：在固始汪棚乡邓庙村挖到了“郑成功墓”。固始研究学者认为，施琅攻占台湾后，郑成功的灵柩曾被作为战利品俘献北京，后郑克塽偷运到河南安葬。但因为当时出土的文物至今难以找到，这段历史只是从参与挖掘的老人口中讲出，因而仍无定论。

郑成功去世后，其子郑经继位。清政府则继续使用招降政策，而且兼顾到了郑氏集团的各个阶层。招降活动分头并进，越往后，政策规定越详备，

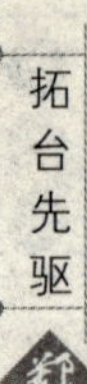

适应范围越广泛，招降活动也越频繁。

从康熙元年（1662 年）六月，清靖南王耿继茂、福建总督李率泰得知郑成功去世的消息，“遣中军王明、赏功李有功持书人厦门议抚”起，清政府又恢复了对郑氏集团首要的招降活动，到康熙二十二年（1683 年）七月郑克塽率郑氏集团投降为止，这类活动共进行了十次。从清政府答应的招降条件来看，可分为三种情况。第一，一般地表示将郑氏集团首要“从前抗违之罪尽行赦免”，并予以“厚爵加封”，“从优叙录，加恩安插”，但必须“剃发登岸”。康熙元年（1662 年）六月的招降，康熙二年（1663 年）年底李率泰、尚可喜乘郑经败失金、厦，退守铜山时的招降，以及最后康熙二十二年（1683 年）七月的招降，即奉行这样的政策。第二，允许郑氏驻守台湾，但必须“遵制剃发”。康熙六年（1667 年）五月，孔云章入台招降，“时议以沿海地方与郑经通商，欲其称臣奉贡并遣子入京为质等三事”。康熙八年（1669 年）六月，清政府遣明珠、蔡毓荣入闽，事前，皇帝敕谕二人：“若郑经等留恋台湾，不忍抛弃，亦可任从其便，至于比朝鲜不剃发、愿进贡投诚之说，不便允从。”康熙十六年（1677 年）三月，康亲王杰书派人到厦门以及康熙十七年（1678 年）姚启圣遣中书张雄到厦门的招降，即类于这一政策。第三，允照朝鲜事例，不剃发，只称臣纳贡。康熙十六年（1677 年）七月、康熙十八年（1679 年）五月，康亲王杰书两次派人到厦门以及康熙二十一年（1682 年）十二月姚启圣派黄朝用到台湾的招降，都曾经答应过这些条件。

同一时期，清政府对郑氏集团部属兵民的招降活动也进一步加强。康熙元年（1662 年）三月，清政府“遣郎中岳诺惠等六员分往浙江、福建、广东三省安辑投诚官民”。八月，“户部郎中贲岱、兵部郎中金世德入闽安城招抚”。特别是康熙十七年（1678 年）姚启圣代郎廷相为福建总督以后，提出“从海之人皆吾赤子”，招降政策进一步落实。

姚启圣主持下的招降活动，其主要做法有：第一，颁示招抚赏格，规定了投降、动员亲属投降、投降携带人员器械、献地投降的各种不同赏格。对于那些跟随郑氏集团越久的人，赏格越重，“投诚兵丁……制造银牌于初到时分别给赏，长发者给牌重三两，发长已半者给牌重一两五钱，短发者给牌重八钱”。赏格颁布之后，“海上……接踵来归者相率恐后”，“自康熙十七年（1678年）六月初四日起至康熙十九年（1680年）七月暂止，节次招抚到投诚官兵共赏银一十二万六千九百九十八两六钱”。第二，安置投诚官兵士民。原郑氏集团将领投降之后，清地方官“即照镇将原衔立即具题，实授经制之官”。并将“迁界”废地，“查有主还民之外，余应尽给投诚官兵开垦”。第三，“开第于漳州，曰‘修来馆’。不爱官爵、银币、袍服，无真赝皆收之。令降者华毂服，炫耀于漳、泉之郊”。

主“抚”的督臣姚启圣如此，即使一贯对郑氏集团主“剿”的施琅在攻破澎湖之后，“以台湾未灭，为攻心之法，迎降弁目赏以袍服、靴帽，凡降卒四千余人，给以粮米。伤未及死者，凡六百余人，医治之，送还台”。并礼待郑氏集团后期的支柱、自己的主要对手刘国轩，派其旧人曾蜚前往劝降。

另外，清政府为了表示对郑氏降将的恩宠和对从郑人员既往不咎的宽大态度，还采取了一些违背旧例的“特殊政策”。康熙三年（1664年）五月，“吏部议复：兵部左侍郎石图疏言：‘闽海投诚伪武职官内有人品单弱、熟晓文义者，请酌改文职官。’查无旧例，不准行。得旨：‘投诚官内有通晓文义，愿以文职效用者，该地方督抚察明具题酌用。’”康熙六年（1667年）四月，“户部议复：‘海上投诚郑世袭疏请还给伊父郑芝龙原产，查此系已入官估价变卖之产，不便准给。’得旨：‘此项田产，仍给予郑世袭。’”康熙十九年（1680年）四月，“刑部议复海贼奸细朱霖拟斩秋后处决事，上曰：‘将朱霖一人处决何益？朕意且将此人放回招抚，尔等以为何如？’索额图、勒德洪、明珠奏曰：‘臣等意亦如此。’”这类例子虽不多见，但它在招降活动中所起的感召作用是不容忽视的。

当然，在进行招降的同时，清政府并没有忘记对郑氏势力用兵。1662 年 10 月，清军与荷军联合攻打金厦两岛。郑经率师退往铜山，以避烽烟。次年 2 月，金、厦尽失，郑经遂引全师并诸宗室渡台。郑成功经略 20 多年的金、厦地区首次易手。

郑经退守台湾，虽能“克守厥成”，但终究与郑成功判若云泥，所幸“资议参军”陈永华忠心耿耿，职兼将相，拓展实业，整饬吏治，强固治安，台湾偏安一隅，以官田、屯田、私田三田并用，使饱经战乱的台湾人民得到休养生息的机会，也得到了发展的机会，一时允称乐土。1668 年，郑经收复了荷兰在台湾北部最后的据点基隆，改东都为东宁，在台湾南北路和澎湖设立了三个安抚司，在福建漳泉一带建筑了 19 个寨子，巩固了台湾内外围的防御。这期间，清将施琅曾统水师两次进攻澎湖，都因郑军防守得当和遭遇飓风无功而返，此后近十年台海维持了相对稳定的局面。在郑经治理下，台海的海权力量呈现出某种回光返照的势头。

1673 年，清廷发生“三藩事件”。郑经得讯后随即与福建的耿精忠联络，但只是联合发出讨清檄文，却未联合出兵北伐，而是借机扩大自己的地盘，派刘国轩率军攻打福建的漳州、泉州、兴化、汀州，广东的潮州、惠州等，共计 7 郡。郑经眼光短浅，战略失误，而且郑、耿交恶，为清廷各个击破，郑经所得闽粤 7 郡全部得而复失。前功尽弃，郑经只好再度退回台湾，从此一蹶不振。

1681 年 3 月，郑经因纵欲过度，痔疮暴胀，大肠紧闭，医治无效而逝，终年 39 岁。其后冯锡范趁乱部署谋刺储位藩主郑克臧，立其婿郑克塽嗣位。郑氏嫡庶之争，严重削弱台湾的抗清力量，给清朝攻台以可乘之机。

1683 年 7 月，清水师提督、郑军叛将施琅，统战舰 300 艘、水师 2 万，从福州出海进剿台湾，先陷澎湖，再进泊鹿耳门。郑克塽见大势已去，率文武齐集海边向施琅投降。郑氏三代对手施琅见状，且喜且叹道：“今日平定台湾，实是我朝威灵与生民之福。”

自郑成功海上起兵，由郑经到郑克塽降清，历经3代，共计37年，郑氏奉明朝为正朔，至此寿终正寝；明郑王朝，随之归于终结。历史无情亦有情，郑氏虽然衰亡，但台湾从此入版图。郑成功作为伟大的民族英雄，其光芒万丈，永照后人。

两代人的启示

1626年年初，郑芝龙在台湾以“十八芝”为基础草创海商集团时，即召集会议提出：“今诸务颇已就绪，岂可坐老其师。我欲领战船十只，快哨三只，配坐前往金厦。一以观边境，二可取粮饷。”郑芝龙对海商集团有很明确的角色意识，不可“坐老其师”，而必须主动出击，有着很强的进取精神和冒险精神；将金台海域既当战场，又当商场，使郑氏海商集团具备了西方意义上的海军雏形。

1646年年初，清兵即将进军福建，郑芝龙在给隆武帝的奏折中称：“今三关饷取之臣，臣取之海。无海则无家。”以海为家，可见郑芝龙对海的重要性的认识之深、对海的倚重之强到了无以复加的程度。同年3月，郑成功向隆武上条陈：“据险控扼，拣将进取，航船合攻，通洋裕国”，四条建议，前三条是军事内容，后一条是经济内容，所谓“通洋裕国”，就是通过对外贸易，与外国做生意，加快发展经济，达到富国强兵的目的，体现了郑成功对海洋意识有高度的认识，而“航船合攻”则体现了鲜明的海权战略思想。在

劝阻郑芝龙降清时，郑成功提出“大开海道，兴贩各港，以足其饷。选将练兵，号召天下，进取不难矣”。郑成功之所以胸有成竹，就在于他对海权有深刻的洞察，在回答郑芝龙劝他投降清朝的复信时，郑成功说：“夫沿海地方，我所固有者也；东西洋饷，我所自生自殖者也。进战退守，绰绰余裕。其肯以坐享者反而受制于人乎？且以闽粤论之，利害明甚，何清朝莫有识者？盖闽粤海边也，离京师数千里，道途阻远，人马疲敝，兼之水土不谙，死亡殆尽。兵寡必难守，兵多则势必召集，召集则粮食必至于难支，兵食不支则地方必不可守。虚耗钱粮而争必不可守之土，此有害而无利者也。”在这里，郑成功之所以对清朝有恃无恐，是因为他在战略上完全处于优势地位，海岸广阔，航线畅通，贸易繁荣，兵多将广，粮饷充足，占据有利的地理位置，更重要的是他牢牢地掌控了制海权。同时，这一论述还涉及用兵布局、后勤补给、战略腹地和攻守难易等命题。面对这份丰厚的海权思想遗产，值得我们进一步的挖掘和总结，更值得我们做进一步的理论思考和规律探寻。

武装力量历来关系政权（权力）走向。郑氏父子起自草莽，而能与明、清、荷三国强敌周旋数十载，最后收官东宁，名垂千古，全赖拥有一支“旗帜飞扬，盔甲鲜明”的郑氏水师。郑芝龙“从翻译、裁缝一跃而成为海盗大王”，在于他是一个有谋略和善于海战的海盗首领，他还别出心裁地打出“劫富济贫”的旗号，沿海贫苦人民于是争相投奔到他的麾下，不到几年，郑氏海商集团就发展为拥有海舶千艘、将兵十万的海上武装船队，几乎可以控制整个中国海。郑成功更加重视军队建设，作为明末杰出的军事家，他目睹明末军政废弛，武备不修，决心从严治军，改革兵制，健全组织，设置五卫亲军、五镇五协，形成大小相维、分层节制的严密组织；重视大规模的练兵，亲自颁行营盘法，亲自检阅各兵操练，并设计制定“五梅花操法”“各镇合操法”“水师水操法”，使全军官兵在海上战斗能做到“风吼涛立，踏浪如飞”，达到“邀击于海外，聚歼于海上”的战果。由于治军有方，法令森严，郑成功从初起时只有数百人、“船械两缺，部旅单弱”的一支弱小部队，迅速成长为“舳舻千艘，战将数百员，雄兵二十余万”的强大海上水师，而当时荷兰联合东印度公司在亚洲地区不过40艘船，无论从数量还是质量，都远远比不上郑成功。由此，郑成功成为中国海上真正的霸主。

海上斗舟不斗人，要夺取制海权，除了要看双方水师的实力，某种程度上还取决于造船业的发展。郑成功自海上起兵后，对于发展造船业，服务于建设一支强大的海商集团，十分重视。他任命忠振伯洪旭专门负责船务，以确保战斗和贸易之用。在造船材料中，木材是关键，郑成功派遣部下专司采购工作。1655年，洪旭命手下将900根杉木运至坑田，然后加工成木板；3500根桅木则储藏在矼窑、芹洲、南屿、阮洋、董屿诸港，乘机暗中输出异地。这些木材有的由船运出海，到外海岛屿或郑氏占领地供造船之用，有的则就地造船。郑成功的造船地点众多，主要集中在浙江、福建沿海各地；为了满足需要，郑成功还令人在暹罗造船。依靠造船来扩充水师船只是主渠道，郑成功还利用民间商船的力量开展对清斗争。郑成功北征时，颁发了1100张船牌，其中不少属于民船，有了民船的支持，郑军水师阵容更加鼎盛。在郑成功强大的水师面前，清朝一筹莫展，只好实行海禁和迁界政策。这一政策的实施，对郑氏水师和造船产生了消极影响，但并未从根本上动摇其优势地位。郑氏船只众多，战船质量优于清朝战船，郑氏控制制海权。因此清朝官员认为：“江洋大海，贼船任意往来，舟山虽守，亦属无益……似不必防守舟山。”强大的水师和坚致的巨舶，使郑成功掌握中国海权近20年。

郑氏父子主导的商贸时期，商业氛围之浓厚，商业活动之频繁，贸易边界之广阔，在中国商业史上，都是一个奇迹。在强大水师的保驾护航之下，郑芝龙、郑成功积极拓展海外贸易，西至欧罗巴，东至日本，然后下贩吕宋、暹罗、交趾等国，商船源源不断，利润滚滚而来。而其商业手段，既有和平的贸易，又有强制的收税。德国人阿尔布雷希特·维尔特在《国姓爷》中指

出："他（郑芝龙）除了那一项强暴的营业税外（指每舶例入三千金），又靠本身的投机生意，而终于赚到一笔莫大的资产，他的船只计有三千，他令其船主们巡航到暹罗、马尼拉、马六甲等地，就豪华以及财富来论，他几乎凌驾他主君的唐王，而的确他已瞩目帝位了。"当郑芝龙富可敌国时，他就变得尾大不掉，甚至骄横跋扈了，权力和财富使他的人性发生了变异，进而扭曲了他的命运。于是进入了郑成功时代，郑成功继承并进一步发展了郑氏海商资本。接受了儒家正统教育的郑成功比郑芝龙更擅长组织和管理，无论是贸易范围还是贸易组织，都比郑芝龙更广、更大、更有效率，更进一步把东西洋贸易制度系统化和军事化，因而也获得更为丰厚的利润。清人郁永河在《伪郑逸事》中说："成功以海外弹丸之地，养兵十余万，甲胄戈矢，罔不坚利，战舰以数千计，又交通内地，遍买人心，而财用不匮者，以有通洋之利也。"此外，郑成功还以其优越的海权，对往来日本、东南亚，中国大陆与台湾等地的船只，征收具有商业税、保护费性质的"饷"，西洋船 3000 两，东洋船小船 500 两，大船 2100 两，然后发给船舶籍证明文件的"牌"，一个海商向清政府供述道："彼时船出海外，非得国姓票必不能行。"海上贸易、通洋之利反过来又成为郑氏海商集团的生存保障。一个是强大的水师，一个是繁荣的贸易，成为维系郑氏海上霸权的鸟之两翼、船之双桨。

郑氏海商集团先后与大陆的明朝、清朝逐鹿中原，又与荷兰殖民者决战沧海，靖国难而建奇勋，解君忧而苏民困，陈列风云变幻，胸蟠甲兵纵横，以一家而敌三国，历三朝而霸一方，那种敢于向"红夷群凶"说"不"，"知其不可而为之"的大无畏精神和真英雄气概，是民族的脊梁，更是中国的国魂。中国人的血液里缺乏掠夺侵略和对外扩张的基因，是一个崇尚"和为贵"和"己所不欲，勿施于人"的善良民族。但当荷兰人打到家门口来的时候，郑芝龙、郑成功为了国家的尊严、集团的利益，敢于及时亮剑，多次重创荷兰人的劫掠和攻击。郑芝龙以其特殊地位大力发展海外贸易，与荷兰联合东印度公司争夺市场，使荷兰联合东印度公司的商业利益损失惨重，多次想动用武力来扭转这种被动的局面，而“芝龙则表示绝不畏惧，甚至声言将凿沉满载石块之帆船以堵塞台湾港口，并将阻止各种商品之输往台湾，并且准备以多数之兵员与船只攻击台湾荷兰城寨。如荷兰加害彼等，而芝龙将充分报复”。以牙还牙，以暴制暴，这是一个捍卫者应有的基本态度。郑芝龙甚至率大明水师和郑氏水师大败荷兰舰队于金门料罗湾，使荷兰人品尝了东来之后第一次惨遭失败的滋味，也奠定了郑芝龙、郑成功父子数十年称雄海疆、掌控海权的基础。

郑成功的拔剑而起、抗清复明，虽不无悲剧色彩，但更彰显其英雄气概。历史不以成败论英雄，更以精神存正气。

郑氏父子生当乱世，长在海边，海洋文化的塑造和海权文明的召唤，他们具有一种精神，这种精神我们姑且称为“海盗”精神。这种“海盗”精神，就是冒险精神、进取精神和开拓精神。郑氏父子都强烈地具备了这种中国人稀缺的精神。相比之下，郑成功则表现得更为鲜明。郑成功从海上起兵到南下勤王，从北伐金陵到东取台湾，始终都是主动的、自决的，充满进取心和战斗性，有着豪迈的气概、坚定的信念和钢铁的意志。正像郑成功在身世自述中所说的：“凤凰翱翔于千仞之上，悠悠于宇宙之间，任其纵横之所之者，超然脱乎世俗之外也。”这就是郑成功虽九死其犹未悔的英雄气概，也是其起自海隅终至成长为明清鼎革之际“国际性人物”的精神密码。

一个家庭，两条道路

郑芝龙和郑成功。他们虽是父子，但人们对其历史功罪，却有截然不同的评说。一个是明末清初东南沿海著名的海盗、政治上反复无常的“贰臣”：一个是“生而忠正”的明室延平王、功垂万世的民族英雄。他们出自一个家庭，却选择了不同的道路。作为郑氏集团的第二代代表人物的郑成功，他批判和扬弃了郑芝龙的哪些东西，又继承和发扬了哪些东西？这是一个饶有趣味的问题。

郑成功对郑芝龙的批判，最明显的事实，表现在对待隆武和降清的问题上。

隆武政权是郑芝龙、郑鸿逵依据自己的势力建立起来的南明小王朝。郑芝龙兄弟拥立隆武，并非出于真心。所以，他们在小朝廷内颐指气使，飞扬跋扈；而在出兵抗击清军、关系军国生死存亡的大事上则消极观望，甚至和清方互通声问，伺机待降。可是，因父亲关系而见宠于隆武的郑成功，却真心感戴隆武的知遇之恩。他对郑芝龙怀有二心的态度强烈不满，明确表示不愿苟同父亲的行为，而要誓死报效隆武。郑亦邹在《郑成功传》中记载：“一日，成功见隆武愁坐，悲来填膺，跪奏曰：陛下郁郁不乐，得毋以臣父有异志耶？臣受国厚恩，义无反顾，臣以死捍陛下矣。”另据《广阳杂记》记载：“芝龙怀逆谋，赐姓屡谏以尊朝廷，恢复中原，遭其父之怒骂。后芝龙、鸿逵皆提兵出关。思文诏赐姓谋，赐姓劝思文出关。思文曰：芝龙、鸿逵，朕将谁依？赐姓曰：臣父、臣叔皆怀不测，陛下宜自为计。与帝相持大哭。帝曰：汝能从我行乎？赐姓曰：臣从陛下行，亦何能为？臣愿捐躯别图，以报陛下，此头此血，总之，已许陛下矣。”这两段材料清楚地表明了，郑成功在对待隆武问题上对郑芝龙所持的批判态度。

然而，并非所有的史料都是有利于证明郑成功对郑芝龙的这种批判态度。据《明季南略》记载：“隆武尚未有嗣，郑芝龙乃令子郑森入侍，隆武赐国姓，改名成功。隆武每意有所向，成功辄先得之，以告芝龙。由是，廷臣无敢异同者，宰相半出门下。”根据这个记载，有人可能要说，郑成功不但没有对郑芝龙挟制隆武、心怀不测的丑恶行为持批判态度，反而成了郑芝龙安插在隆武身边的一个帮凶。怎样看待这个记载呢？我们以为，在郑成功刚入侍隆武之时，由于对其父的所作所为还没有看穿，以其父子天性，把隆武的一些意图事先透露给郑芝龙是完全可能的。等到他入侍隆武的时间长了，对军国大事有了一定的了解，特别是觉察了郑芝龙“有异志”“怀不测”之后，他的立场出现了根本的转变，进而对郑芝龙的行为持批判态度，这也是自然可信的。

如果说，在怎样对待隆武的问题上，郑成功对郑芝龙的批判还只是表现在思想和语言方面，在行动上还没有更多表现的话，那么，在要不要降清的问题上，郑成功则在行动上与郑芝龙完全决裂，终于分道扬镳了。

据《闽海纪要》记载，早在清军入闽之前，郑芝龙为了要郑成功从边关撤兵，和他一道降清，“遣心腹蔡辅至关，将授意于成功。辅入见，语未发，成功厉声先谓曰：敌师已迫而粮不继，空釜司爨，吾将奈之何耶？速请太师，急发饷济军，慎勿以封疆为一掷也。辅噤不敢发语，回见芝龙。备述前事，且曰：向若道及纳款，此头已断矣”。这是郑成功在郑芝龙正式表明要降清的意图之前，对他的规劝和警告。

在郑芝龙正式表明降清的意图，并遣员向清方进递降表之时，郑成功从

天下形势和闽粤地利方面，规劝郑芝龙抗清尚有可为，不应轻动降清的念头。《台湾外记》对此有非常详细的记载，成功说："吾父总握重权，未可轻为转念。以儿细度，闽粤之地，不比北方得任意驰驱。若凭高恃险，设伏以御，虽有百万，恐一旦亦难飞过。收拾人心，以固其本，大开海道，兴贩各港，以足其饷。然后选将练兵，号召天下，进取不难矣。"当郑芝龙责以"稚子妄谈，不知天时时势。夫以天堑之隔，四镇雄兵且不能拒敌，何况偏安一隅。倘画虎不成，岂不类狗乎"时，郑成功又说："吾父所见者大概，未曾细料机宜，天时地利，有不同耳，清朝兵马虽盛，亦不能长驱而进。我朝委系无人，文臣弄权，一旦冰裂瓦解，酿成煤山之惨。故得其天时，排闼直入，剪除凶丑，以承大统。迨至南都，非长江失恃，细察其故，君实非戡乱之君，臣又多庸碌之臣，遂使天下英雄饮恨，天堑难凭也。吾父若藉其崎岖，扼其险要，则地利尚存，人心可收也。"当这些关于形势地利的分析无法打动郑芝龙时，郑成功又从降清后的利害关系进行规劝："夫虎不可离山，鱼不可脱渊；离山则失其威，脱渊则登时困杀。吾父当三思而行。"作为人子，至此，郑成功确实已经做到仁至义尽了。其父不听规劝，一意孤行，成功与之决裂，是势所必然的了。所以，当郑芝龙准备往福州面见贝勒，寻郑成功同行时，"功不从，上疏有'从来父教子以忠，未闻教子以贰，今吾父不听儿言，后倘有不测，儿只有缟素而已'之句"。其后，郑成功又写信谴责郑芝龙："我家本起草莽，触法聚众，朝廷不加诛，更赐爵命，至于今上，宠荣迭承，阖门封拜。以儿之不肖，赐国姓，掌玉牒，畀印剑，亲若肺腑，即糜躯粉骨。岂足上报哉？今既不能匡君于难，致宗社堕地，何忍背恩求生，反颜他事乎？大人不顾大义，不念宗嗣，投身虎口，事未可知。赵武、伍员之事，古人每图其大者。惟大人努力自爱，勿以成功为念。"郑成功大义灭亲，对郑芝龙进行的这番义正词严的谴责，充满了浩然正气，可以说是古今少有的"教父篇"。

郑芝龙降清之后，曾多次配合清廷的招抚活动，对郑成功进行劝降，但无不遭到郑成功的抵制和谴责。

郑成功在对待隆武和降清问题上对郑芝龙的批判，从封建伦理道德观念来说，是大义灭亲、移孝作忠的英雄行为；用历史唯物主义的观点衡量，也是值得肯定的，因为，他违背父命所坚持的抗清斗争，在当时符合广大人民群众的利益。正像有人所说："郑成功能冲决封建礼教的传统，大义灭亲，和全国人民一道高举反清的大旗，这比起同时代地主阶级投降派，如洪承畴、吴三桂等媚敌求荣者不知远胜多少，所以郑成功是值得人民歌颂的地主阶级抗战派的领袖人物。"郑成功的抗清，从海上起义到江南战役的一系列活动，都应该说是一种反压迫的正义斗争，符合于广大人民的利益。

青出于蓝而胜于蓝

郑成功虽然在政治上选择了与郑芝龙不同的道路，但在许多方面，他却是郑芝龙事业的直接继承者。

首先，在海上商业活动和"牌饷"的征收方面，郑成功不仅继承了郑芝龙的做法，而且还使活动规模更为扩大。

郑芝龙早年主要从事海盗活动，在他积累了一定资产并垄断了东西洋饷之后，就"以此居奇为大贾"。对他的海上商业活动，中国史料记载不多。《明季北略》说他"置苏杭细软两京大内宝玩，兴贩琉球、朝鲜、真腊、占城、三佛齐等国"。台湾学者根据荷兰文献介绍，郑芝龙与荷兰东印度公司之

间商业活动十分频繁，曾经三次缔结商约。17世纪20年代末到40年代，郑芝龙的商船在中国大陆、台湾、澳门以及日本、巴达维亚和东南亚各国之间往来航行，十分活跃。

郑成功起兵之后得到的第一笔资财，就是从家族海外贸易活动的资金中强夺而来的。据《伪郑逸事》记载，成功起兵之初，“招集数百人，方苦无资，人不为用。适有贾舶自日本来者，使询之，则二仆在焉。问有资几何？曰：近十万。成功命取佐军。仆曰：未得主母命，森舍安得擅用？成功怒曰：汝视我为主母何人，敢抗耶？立斩之。遂以其资招兵制械，从者日众，竟踞金厦门”。郑成功在抗清事业有了一定的基础之后，为了进一步解决粮饷问题，便积极开展海外贸易活动。据《台湾外记》记载，“成功见士卒繁多，地方窄狭，以器械未备，粮饷不足为忧，遂与参军潘庚钟、冯澄世、蔡鸣雷、林俞卿等会议。澄世曰：方今粮饷充足、铅铜广多莫如日本。……藩主何不修书，竟以甥礼自待……且借彼地波粮以济吾用，然后下贩吕宋、暹罗、交趾等国，源源不绝，则粮饷足而进取易矣。成功是之，令兄泰造大舰，洪旭佐之，以甥礼遣使通好日本”。“通好日本”，实际上就是与日本进行贸易活动。顺治十四年九月，永历向郑成功的使者杨廷世、刘九皋询问郑成功的兵船钱粮情况，二人答曰：“舢舻千艘，战将数百员，雄兵二十余万，粮饷虽就地设取，尚有吕宋、日本、暹罗、东京、交趾等国洋船可以充继。”这个材料，即可说明当时郑成功海上商业活动的范围和规模。

郑成功的海上商业活动有严密的组织系统和管理制度。他在山海两路各设五大商，下辖仁、义、礼、智、信、金、木、水、火、土十行。金、木、水、火、土五行设在杭州及其附近，为山路五商，负责对外贸易物资的采购。仁、义、礼、智、信五行设在厦门及其附近，为海路五商，负责出口物资的派运事宜。此外，另设有东、西洋船，分别航行于我国台湾、日本、吕宋和东南亚一带，并设有裕国库和利民库负责各行及东、西洋船的财务核算。所有海上商业活动都在户官郑泰管理下进行。这种严密的组织系统和管理制度，在郑芝龙时代未见有记载。朱希祖先生在《延平王户官杨英从征实录》一书序评中说："郑氏养兵数十万，因全恃沿海之征收粮饷。然非经营东西洋商业及商行，亦不能措置裕如。盖成功藉芝龙余业，经商亦其家传……至于成功，则更扩而充之。"这个序评，就郑成功继承和发展郑芝龙的海上商业活动一事来说，确实是画龙点睛之笔。

至于"牌饷"的征收，郑芝龙在降明之后，即以福建海防官的身份征收原有的"水饷"，并擅为己有。这笔收入，对郑成功的抗清事业亦有莫大的帮助。故郑成功在答复郑芝龙的劝降信时说："夫沿海地方，我所固有者，东西洋饷，我所自生自殖者也，进战退守，绰绰余裕。其肯以坐享者反而受制于人乎。"

海上商业活动和牌饷的征收，是郑氏集团的主要经济支柱。这两大利薮，郑成功都是承袭自郑芝龙的，郑芝龙"以海利交通朝贵"，营求官爵，为的是一己和家族的利益；而郑成功进行此项经营却是为了抗清的事业。所以，我们既要看到郑成功"子承父业"的一面，也要看到他们出发点和落脚点根本不同的一面。

其次，在与荷兰殖民者的斗争和对台湾的经营方面，郑成功也是郑芝龙事业继承者。

郑芝龙的一生，有两件事情值得称道：一件是抗击荷兰殖民者，一件是对台湾的经营和开发。

郑芝龙与荷兰东印度公司之间，从各自的利益出发，有时是贸易伙伴，有时则成为仇敌。17 世纪 20 年代至 40 年代，郑芝龙与荷兰东印度公司曾三次缔结商约。然而，在此期间，他们之间也曾发生了多次冲突与战争。第一次冲突发生在明天启七年（1627 年）。当时，福建巡抚以"将获得皇帝的准许与中国贸易"为诱饵，勾引荷兰东印度公司派舰队联合攻打在铜山的郑芝龙。

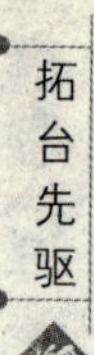

“该海贼对我方前去进攻甚为愤怒。他拥有帆船千余艘，多方危害我们。例如，他捕获了我方一艘大帆船，连同船员八十五人。以后，另一艘有两副锚链从此地开往司令处的船也被捕获。新港号帆船满载货物，值一万八千里尔以上，本来打算安全地运往中国，也被截获。……最后，该窃贼又劫走我方快艇西卡佩尔号及艇上人员物资。”第二次冲突发生在明崇祯六年（1633 年）七月，荷兰东印度公司企图用武力迫使明政府开放沿海口岸。乘明军无备，突袭厦门，击毁明军大量船只，包括郑氏的一些船只在内。当时郑芝龙已经投降明朝，他集合各种船只，并会合闽粤两省水师进行反击。九月，在金门料罗湾大败荷舰，焚毁大型夹板船五只，缴获一只，烧死、生擒大批荷兰人。“说者皆曰：闽粤自有红夷以来，数十年来，此捷创闻。”第三次冲突发生在崇祯十二年（1639 年）六月，郑芝龙在湄州湾再次击败前来骚扰的荷兰人，焚毁荷舰多艘。自此，荷人“不敢入闽境”。第四次冲突发生在崇祯十六年（1643 年）。“荷人据传译者称，芝龙阻止帆船航渡台湾，改航日本。荷人认此为芝龙背信之行为，将以俘虏中国船只为报复。芝龙则表示绝不畏惧。甚至声言将凿沉满载石块之帆船以堵塞台湾港口，并将阻止各种商品之输往台湾。并且准备以多数之兵员与船只攻击台湾荷兰城寨。……此项声明，果然奏效，三年间，芝龙之帆船与商人均未再遭荷人之骚扰。”郑芝龙与荷兰东印度公司之间的矛盾和冲突，虽然大多是由各自的商业利益引起的，但郑芝龙的斗争，客观上却打击了荷兰殖民者的势力，遏止了他们对闽粤沿海的侵扰，维护了中国商人和沿海人民的利益。

郑芝龙对台湾的开发和经营，也有很大的贡献。明天启四年（1624 年），他和颜思齐等进入台湾。为了扩大党伙，召集漳、泉无业之民 3000 余人至台，以台湾为基地，进行海上商业和劫掠活动。颜思齐死后，郑芝龙继为集团首领。他利用当时福建连年大旱的机会，劫富济贫，礼贤下士，使饥民

"归之如流水"。崇祯元年（1628年），他就抚之后，又向福建巡抚熊文灿提议，由他集资，安置一部分饥民到台湾从事开垦，获得允准。于是，招得饥民数万，每人发给一定数量的牛种银，用船舶载到台湾，让其开垦荒土为田。台湾汉人由此激增，开发日渐，这些人也以"衣食之余，纳租郑氏"。可以说，台湾最早的大规模开发，就是在郑芝龙的组织和领导下进行的。他留在台湾的部属，如领导反荷起义的郭怀一和引导郑成功入台的何斌等，对后来台湾历史的发展，也有一定的影响。

郑成功驱逐荷兰殖民者、收复台湾的历史功绩是举世公认的。事实上，郑成功进行这项伟大事业之时，在多种动机当中，也包含着一个极其平凡的动机，那就是：台湾是他父亲的产业，在他需要的时候，他完全可以而且应当继承下来。早在顺治十七年（1660年）十月，郑成功在击败清军对金、厦两岛的围攻，并开始准备进军台湾的时候，为了迷惑荷兰人，曾给荷兰东印度公司驻台湾长官一封表示亲善友好的信。信中说："多年以前，荷兰人前来大员附近居住，我父一官当时统治此地，曾予开放、指导，并维持该地与中国之贸易。"这封信，虽然口气友善，但也强调了一个事实：即郑芝龙曾经是先于荷兰人的台湾统治者。郑成功率领大军在台湾登陆以后，在最初与荷兰东印度公司代表的交涉中，即表示："他完全没有义务说明自己行动的理由，但也没有必要隐瞒如下的事实：为了顺利地同鞑靼人作战，他认为应该占领'福摩萨'。该岛一向是属于中国的。在中国人不需要时，可以允许荷兰人暂时借居。现在中国人需要这块土地，来自远方的荷兰客人，自应把它归还原主，这是理所当然的事。他说，尽管他的人民屡次受荷兰人的虐待，但此来的目的并非同公司作战，只是为了收回自己的产业。……但如果荷兰人无视他的宽大为怀，拒绝交还他的财产，企图继续霸占下去，他只好用自己所拥有的一切力量来求其实现，而其全部费用则将由公司负担。"在

经过长时间的对热兰遮城的围攻之后，郑成功又“遣通事李仲入城说揆一王曰：此地非尔所有，乃前太师练兵之所。今藩主前来，是复其故土”。在荷兰人被逐出台湾之后，郑成功在《复台》一诗中写道：“开辟荆榛逐荷夷，十年始克复先基（太师会兵积粮于此，出仕后为红毛荷兰夷酋弟揆一王窃据）。”这些材料都表明了郑成功的确是把台湾当作“先人故土”和家族“产业”加以继承的。

参考文献

[1] 骆芬美. 被误解的台湾史：1553—1860之史实未必是事实 [M]．北京：中信出版社，2014.

[2] 吴景希. 郑成功收复台湾 [M]．厦门：厦门大学出版社，2014.

[3] 张培忠. 海权战略——郑芝龙、郑成功海商集团纪事 [M]．广州：花城出版社，2013.

[4] 安之忠，林锋. 郑芝龙：海商传奇 [M]．北京：当代世界出版社，2013.

[5] 孔昭. 郑成功与明郑在台湾 [M]．厦门：厦门大学出版社，2013.

[6] 陈福郎. 海峡枭雄——开台先驱郑芝龙 [M]．北京：九州出版社，2007.

[7] 朱景和. 郑芝龙传奇 [M]．北京：华文出版社，2004.

[8] 吴高飞. 郑成功传 [M]．北京：百花洲文艺出版社，2007.

[9] 戚嘉林. 台湾史 [M]．海口：海南出版社，2011.

[10] 田珏，傅玉能. 台湾史纲要 [M]．福建：福建人民出版社，2012.

[11] 张崇根. 台湾四百年前史 [M]．北京：九州出版社，2008.

[12] 林仁川，黄福才. 台湾社会经济史研究 [M]．厦门：厦门大学出版社，2002.

[13] 周呈奇. 战后台湾经济增长思想研究 [M]．北京：九州出版社，2007.

[14] 陈支平. 民间文书与台湾社会经济史 [M]．长沙：岳麓书社，2004.

后　记

纵观中国历代名商，大多靠自强不息、艰苦奋斗、勤劳勇敢的精神，自我完善，自我升华，最终成为商界翘楚、商人典范，成为巨大财富的拥有者。

本书结合时代大背景，从中国名商巨富的成功与发家史中，学习他们积极进取、独立创新的精神；感受他们渴望变革、勇于突破、善于发现机会的品质。每一位有志于成为财富拥有者的人都会受到启发。品读本书，我们不仅能体会到中华商圣们艰辛的创富历程，还能体会到他们的处世和经营智慧。希望通过这些伟人的财富人生解读，以期给创业者和读者朋友以帮助和启迪，教你们掌握真正的中国式商道。

本书在编写过程中，得到了北京大学历史学系的众多专家、教授的大力支持，以及安徽师范大学文学院多位教授、博士的亲临编写、设计现场给以指导，在此表示衷心的感谢！尤其要特别感谢安徽省濉溪中学的一级教师田勇先生在本书编写、审校过程中给予的辛苦付出和大力支持！

本书在编写过程中，参考引用了诸多专家、学者的著作和文献资料，谨对这些资料著作的作者表示衷心的感谢！有些资料因为无法一一联系作者，希望相关作者来电来函洽谈有关资料稿酬事宜，我们将按相关标准给予支付。

联系人：姜正成

邮　箱：945767063@qq.com